自分を
愛せなくなって
しまった人へ

Shadows Before Dawn

Finding The Light of Self-Love Through Your Darkest Times

自らに光をともす29の方法

ティール・スワン 著　奥野節子 訳

ナチュラルスピリット

SHADOWS BEFORE DAWN
by Teal Swan

Originally published in 2015 by Hay House Inc.USA

Japanese translation published by arrangement with
Hay House UK Ltd. through The English Agency (Japan) Ltd.

この本を、二十一歳だった頃の私に捧げます。
自分を愛そうともがき苦しんだその頃の経験から、この本は誕生しました。

違う人生を望むのはもうやめて、今手にしている人生を生きようと決心した人たちにも、
この本を捧げたいと思います。
あなた方は、苦しみを喜びに、憎しみを愛に変容させようとする勇敢な魂です。
これは、まさにあなた方の本です。

いつも存在し、これからも存在するであろう最初で最後の唯一の愛——自己愛を、
あなたが知ることができますように。

自分を愛せなくなってしまった人へ　もくじ

パート1　愛を失い、愛を見つける

パート2 自分を愛するためのツールキット

まえがき

愛されない自分に愛を届ける

自分を愛することが大切だというのは、誰もが知っていることです。でも、「ただ自分自身を愛すればいいいだけだ」と言われても、幼稚園児が大学の物理学の方程式を解きなさいと言われるようなもので、どこから始めていいのかわからず当惑するだけでしょう。なぜなら、私たちは自分を愛することなどすっかり忘れてしまったからです。そのため、どこから始めればいいのか、どこへ向かえばいいのかまったく見当がつきません。

私は〝自分を心底嫌うことの専門家〟と言ってもいいでしょう。私にとって、新しい人生への旅は長くて複雑なものでした。自分自身を傷つけるのをやめて、なんとしても自分を愛する方法を見つけなければならなかったのです。さもなければ、私はもう生きていかれないとわかっていました。

本書では、私の苦悩に満ちた自己愛への旅路と、自分の人生を大きく変えることができた方法について紹介します。

パート1では、私自身の辛い経験をみなさんにお話しして、「どんなに絶望的な状況にあっても、自分を愛せるようになれるのだ」ということをお伝えしたいと思います。

パート2では、自分を愛せるようになるための方法——私自身が学んだ29の方法を紹介します。私がツールキットと呼んでいるこれらのテクニックは、きっとあなたの役にも立つでしょう。この道を歩みたいと思う人は誰でも歓迎します。大きな一歩でも、小さな一歩でも、今のあなたにできることから始めてください。ゆっくり進んでも、すぐに飛び込んでもかまいません。失うものは何もなく、愛に満ちた人生が手に入れられるだけです。

Part 1
愛を失い、愛を見つける

第1章　失われた子供時代

子供時代の苦悩

自分を嫌うことから自分を愛せるようになるまでの長い旅で、私には何の地図もありませんでした。まさに地獄のような苦しみの中から出発した私は、人生に何の希望も見いだせず、自殺願望ばかり抱いていました。私は地を這うような経験をしながら、今日の自由や喜び、愛の場所へとようやくたどり着いたのです。

その旅は、確かに価値のあるものでした。当時とは反対の立場にいる今だからこそそう簡単に言えるのだと、私も十分わかっています。でも、自己愛に向かって一歩ずつ歩み続けるなら、必ずあなたもこの場所に到達できるとお約束します。たとえ今、最悪の苦しみや悲しみ、絶望に苛まれているとしてもです。

まず私があなたに心を開いて、どのようにして今日の状態へとたどり着けたのかをお話ししましょう。そうしないことには、私と一緒に旅をしてほしいとお願いできないことはわかっています。ただし、最初に注意しておきたいのですが、気の弱い人にとって、私の話を聞くのはとても辛いことかもしれません。

社会的な基準から言えば、私の両親はリベラルな考えの持ち主で、教育、正義や平等、環境保護を重視していました。六十年代と七十年代に成長した彼らは二人とも、高学歴のヒッピーでした。彼らは子供時代の感情的トラウマを抱えていましたが、そのことに気づかないまま出会って結婚し、家庭を築き始めたのです。

父は子供を持つ決心がつきかねていましたが、母は母親になることこそ自分の使命だと考え、子供との完璧な関係を夢見ていました。ですから、彼女は女の子を妊娠したと知った時、どんな子供が生まれてくるか正確に思い描きました。つまり、娘は自分に瓜二つのニコニコした機嫌のいい子供で、自分と同じ興味を持ち、家族の一員としてすっかり溶け込むだろうと思ったのです。何よりも、この完璧な娘が、人間として母親としての自分の価値を証明してくれることを夢見ていたのでしょう。

私の個性が表れ始めた時、母はかなりショックを受けたに違いありません。私は母が自分の子供に思い描いていたイメージとはまったく違っていたからです。彼女はそのせいで、子供の頃と同じように、自分は無価値であると感じ始めました。

母は私のことをどうしていいのかわからず途方に暮れ、結局私とのつながりを持てないまま、条件つきの愛で子育てをするようになりました。父の方は、まったく愛情表現をしてくれませんでした。外から見れば幸せそうな家族で、私は十分な世話を受けていましたが、心の中ではひどく苦しんでいたのです。

超能力を持つ少女

両親は私の愛し方がわからず、とても苦労していました。私が小さかった頃、我が家でよく言われていた冗談が二つあります。両方とも、子供の私にはとても辛いものでした。最初の冗談は、ある日宇宙船が私を連れにやってくるというものです。それほど私は変わっていると思われていました。もう一つの冗談は、私は〝ビーズワックス家の赤ちゃん〟だというものので、私にとっては本当に聞きたくないものでしたが、両親は私を理解できない時によく言っていました。これは、私が生まれたニューメキシコの病院のスタッフほとんどがスペイン系で、スペイン語を話していたことと関係しました。彼らは私の両親の名字であるボスワースの発音や綴りが苦手で、私が新生児室から産後の病室へ移動する時、ベビーベッドに〝ビーズワックス〟という名前のラベルをつけたのです。

さらに、私が超感覚的な知覚を持っていたことによって、両親とのズレは百倍になってしまいました。私の並外れた能力について、彼らはまったく理解してくれませんでした。その能力を説明する一番いい方法は、私たちの感覚器官をフィルターにたとえることです。周囲の刺激がこのフィルターを通ることによって私たちは様々なものを認識できるのですが、子供の頃、私は自分のフィルターが破裂しそうだと感じていました。それは感覚統合障害だったからだと、成長してからようやく理解できたのですが……。

私の見ているものが、他人とどう違うのかを説明するのは困難です。なぜなら、私には他人にどのように見えているのかわからないからです。一人ひとりの見方が違うのは素晴らしいことですが、そのせいで、ほとんどの人が「普通」だと考えるものと自分の見方がいかに異なっているかを理解するのが一層難しくなりました。

私がどのように感じているのか、例を挙げて説明しましょう。あなたと私は、まったく異なった色を見て「黄色」だと言う可能性があります。また、あなたにとって固体のものが、私には固体に見えていません。にもかかわらず、私は小学生になるまで、他人が自分と同じようには見ていないことに気づいていなかったのです。

自分の認識が他人といかに異なるかを理解しようとして、人々に話を聞き始めたのは二十四歳の頃でした。初めはショックを受けましたが、今ではずいぶん理解できるようになりました。このような能力について知ってもらうことは、私の過去を理解する上で大切なことなので、少しお話ししたいと思います。

私から見た世界

私には、あらゆるものが固体ではなく「波動」のように見えています。私にとっては、エネルギーの振幅と振動が、特定のエネルギーの表現を決めるものなのです。宇宙にあるすべてのものは動いているエネルギー（私が波動と呼ぶもの）からなり、振動しているすべてが情報を伝えていると私は信じています。そして、この波動がエネルギーの現れる形態を決定します。物質は単にエネルギーの表現で、固体は多かれ少なかれ幻影であり、私には固体としては見えません。

生まれた時から、私にはオーラが見えます。オーラは、肉体のような物質構造の間で情報を送ったり受け取ったりする思考形態です。人や物の周囲にあるオーラは形や色、手触り、音やパターンを示しており、光も発しています。このようなものが子供の頃の私の世界に影響を与えていたのですが、私はてっきりみんなにも同じように見えていると思っていました。

オーラの様々な特徴が人や物についての貴重な情報を伝えていることを、私は理解するようになりました。それは、あなたという人についての完璧なストーリーを教えてくれることもあります。オーラは思考に反応し、それに合わせて変化します。オーラはまた、相互作用を及ぼしやすいので、私は自分のエネルギーフィールドを使って他人を癒すことができます。これは、ちょうどレイキのプラクティショナーがしているようなことです。私にとって、エネルギーフィールドを手で感じることは、他人が水を感じるのと同じくらい簡単です。

私は思考形態（それ自体が固有のエネルギーを持つ思考で、配置や形状、視覚的な現れ方が異なります）を見ることもできます。それらは静止した状態ではありません。思考形態には通常三つのタイプがあり、一つ目は思考者のイメージを表すエネルギー、二つ目は物体のイメージを表すエネルギーです。三つ目は思考自体を表すエネルギーで、それが引き寄せるものの特性を示しています。これのおかげで、私には人が幽霊と呼ぶものを見ること、それと触れ合ったり対話したりすること、さらには自分や人々の周囲に存在しているガイドや天使を感じることができるのです。つまり、私は〝霊媒師〟として、この世の人々にスピリットからのメッセージを伝える能力を与えられたわけです。

子供の頃はこの能力が何であるか正確にはわかりませんでしたが、私はとても敏感な聴覚を持っています。私には、地球の内部にある地殻プレートが動く音さえ聞こえます。月の引力によって潮の満ち干があることはすでにご存じかと思いますが、月の引力が水だけでなくあらゆるものに影響しているということを、人は理解していません。実はそれは地球をも揺り動かしており、私にはその音が聞こえます。

奇妙に聞こえるかもしれませんが、満月は私にとって非常にうるさいものなのです。さらに、多くの人には聞こえませんが、私はスキンケア用のコットンボールを使う時に出る音も嫌いです。他の部屋で人が話している声も私には聞こえます。また、とても高い波動の思考形態もキャッチすることができるので、私にはクレアオーディエンスの能力もあります。

言い換えれば、私は思考形態が見えるだけでなく、それを聞くこともできるということです。すべての感覚が並外れているので、音を見たり、色を味わったりすることもできます。子供の頃の私が、このような理由からいかに混乱や戸惑いを覚えていたか、想像にたやすいでしょう。両親には、私が何を見て、何を感じ、何を話しているのか、まったく理解できませんでした。

空白のスペースは存在しない

多くの人が「空気」と呼ぶような空白の場所は、私には見えません。私にとってはすべてがエネルギーで、その間に空間は存在しないのです。エネルギーフィールドは互いに融け込み合い、互いにつながった一つの大きな存在を創造しています。ですから、あらゆるものが影響し合っていると、私にはわかります。

たとえて言うと、この大いなるすべてのエネルギーの中に小石が落ちれば、さざ波が生まれ、全フィールドに影響を与えます。人間がそのように認識できないのは視覚や味覚や触覚といった感覚のせいであり、「物体は固体で、境界を持つ別個のものだ」という印象を持っているからです。

あなたにとって皮膚は身体の境界線に見えるでしょうが、私にとって皮膚は、人間を構成するエネルギー内のある特定の密度を表すポイントにすぎません。実際、私が見ているのは皮膚の下にあるものなのです。人に会うと、私には彼らの骨や臓器、神経や血管などが見えます。

さらに、体内にあるエネルギーの通路、つまりチャクラや経路と呼ばれるものも見えています。その人のエネルギーが適切に流れていない場所や病気も見えますし、そのような状況を招いている波動が見えることもよくあります。

私はその人の全人生、つまり将来も見ることができます。とはいえ、将来が決まっているわけではありません。私に見えるのは、現在の延長上にある結果です。その結果が変わることが少ないのは、私たちの思考というのは習慣化する傾向があるからです。でも、それを変えることは可能です。自分の周囲の世界を作り上げているのは思考ですから、自分の思考を変えることができれば、自分にとっての物質世界すべてが変わります。その新しい思考パターンが将来を作り上げていくのです。それは、実に素晴らしい事実です。

私は与えられた能力によって、私たち人類全体に起こる未来の出来事を見たり、感じたりすることもできます。それは予知夢としてやってきます。かつて私はそのことに苦しめられ、自然災害や人災、戦争といったことが起こる前に発作のような症状が現れることさえありました。

子供時代の戸惑いと葛藤

このような特別な能力はスピリチュアルな〝贈り物〟と呼ばれるかもしれませんが、幼い頃には周囲の人たちからまさに呪いのように思われ、医師たちは私を精神病だと診断しました。私は自分の能力に興味をそそられながらもイライラさせられることの方が多く、そんな能力を持つ人に会ったこともない両親にいたっては、恐怖感を抱いていました。

子供の頃、私が人々のオーラの色を言ったり、亡くなった人からのメッセージを伝えたりすると、みんなとても動揺しました。私はただ助けようとしていただけで、誰かの身体に手を置いて何の病気かを教えてあげたかったのです。でも、人々が恐れるような眼差しを向けながら後ずさりするのを見て、自分は何かおかしいに違いないと思い始めました。

私はまだ幼い子供でしたが、両親のところは私の居場所には思えず、自分はどこにも属していない感じがしていました。けれど、その寂しさや孤独感は、その後にやってくる状況と比較すれば取るに足らないものでした。まだ人生の複雑さについて何も理解していなかったある時、私は突然、大人ですら耐えられないような状況に直面することになったのです。

第2章　大自然の中で

ユタ州での生活

私が幼かった頃、両親はユタ州の森林警備隊の仕事につきました。そして、電気も水道も通っていない、たった二部屋の小さな警備小屋が我が家になりました。そう、トイレはロッキー山脈の大自然の中にあったのです。夏は日照時間が長く、夜遅くまで日が暮れませんでした。太陽が毎朝昇ってくる様子は、まるでなだらかな丘陵にキスしながら生命力を吸い取っているように見えました。

ここでは動物が檻の中にはおらず、人間もコンクリートやガラスに閉じ込められていませんでした。住人はほとんどいないので、隣人は大切な存在でした。でも私や家族にとって、ユタはのどかで美しい場所ではなかったのです。というのは、生活が落ち着くと、その社会と周囲の人たちは無常で容赦のないことがわかったからです。

厳しい冬がすべてを覆い尽くし、人々の心までも凍えさせていました。男性たちは、ひび割れてガサガサになった両手と同じくらい荒々しく無慈悲でした。そして、驚くことではありませんが、女性たちは途方に暮れて生きる意味を見失っていました。そもそも女性として生まれてきたことが間違いだったと思うようなこの場所で、彼女たちは優しい印象を与えようと一生懸命に見えました。

彼女たちは人生の残酷さに対処する唯一の手段として宗教にしがみついていたのだと、私は今になって理解できるようになりました。きっと、絶え間なくやってくる悲劇にほんの少しでも意味や目的を見つけようとしていたのでしょう。私はとても幼い時に、そこに住む女性たちがすでに知っていたこと――神の助けを借りずにユタで生きるというのはつまり、餌食になるということ――を、自らの辛い経験を通して学びました。その社会の原則（偏狭かつ規範的なルールと女性の従属的役割）は自然の法則と同じくらい過酷なもので、まさに食うか食われるかというものだったのです。

家での孤立

それでも、子供だった私にとってそこは私たち家族の新しい家でした。そして、幸いにも私はこれから起こることにまだ気づいていませんでした。

私が四歳の時に弟が生まれましたが、プラチナブロンドの髪と綺麗な青い目の可愛い赤ちゃんで、超感覚はありませんでした。私とはまったく違うニコニコした陽気な弟が生まれ、母は人間として母親として、ようやく認められた気がしたのです。弟の誕生は、私と両親との間にさらに深い楔《くさび》を打ち込みました。よそよそしい父親、私を嫌う母親、家族に受け入れられた弟に囲まれて、私はそれまで以上にたった一人だと感じるようになりました。そして、自分にはどこか悪いところがあり、間違った家族の中にいるのだと思いました。

そこで私は、ビーズワックス家の話は真実だと空想し始めました。本当の父親はニューヨークに住んでいて、過保護で裕福な弁護士だと想像しました。母親は美しく、芸術を愛する優しいオペラ歌手です。私たち家族は、絹やサテンやベルベットで装飾された美しいマンハッタンのアパートに住んでいるのです。ハイトップスニーカーを履いて、髪を編んでおさげにしたいと言って聞かず、クジラの保護のことばかり話している娘に両親は手こずっています。きっと、この娘と私は生まれた時に入れ替わってしまったに違いありません。ある日誰かがドアをノックして、入れ替わっていたことがやっと判明し、それぞれが本当の家族のところへ戻れることを私は夢見ていました。

言うまでもありませんが、そんなことは起こりませんでした。状況が違えば、大自然の中での生活は子供にとって、この上なく理想的だったでしょう。実際、私はその場所が大好きでした。壁の中から聞こえる電気の音や現代技術による騒音から逃れた、シンプルで邪魔されない、安らぎのある生活ができたからです。

私は孤立感を抱きながらも、自分の環境を愛する方法を見つけました。大自然に囲まれた生活の中で、自分たちにある娯楽手段を最大限に活用し、家族との食事や動物との触れ合いなどを楽しみました。ですから、学校に入学する前は、私の人生にも意味や豊かさがありました。このような環境で子供を育てることが、両親の下した最善の決断でもあったのです。ただし、彼らには一つ見落としていたことがありました。それは、ユタがいかに宗教色の強い場所であるかを考えなかったことです。

宗教に支配されたコミュニティ

モルモン教あるいはLDSとも呼ばれる末日聖徒イエス・キリスト教会の存在によって、ユタ州は同一宗教に属する人の数が全米で最も多い州です。その宗教は日曜礼拝に出るといったものではなく、むしろ教会員の生活すべてに浸透した、文化のようなものでした。その教義を認め、異議がない限り、それがそのまま家族やコミュニティの文化となっていたのです。

コミュニティの人々は、教会の最も重要な儀式である聖餐会で私たち家族の誰一人にも会わないことに気づき始めました。そしてまもなく、私の超能力についての噂も口伝えで町中に広がっていきました。また、両親がヒッピーである私は、モルモン教の女の子のような振る舞いをしていませんでした。そのために、手短に言えば、コミュニティでよく思われてはいなかったのです。

我が家を改宗させようとして失敗した後、多くの人が私たちとは意図的に付き合わないようになりました。子供たちも私と遊ぶことは許されず、私を家に入れることもできなくなりました。放課後、私は駐車場でやり玉に挙げられ、両親の不信心な選択に従ったせいだ、私の家族は救われない、と罵られたのです。

それくらいで終わっていたならまだよかったかもしれませんが、もう一つ問題がありました。末日聖徒イエス・キリスト教会は自らを〝ただ一つの真の教会〟であると公言し、神の真言と神権はその創設者であるジョセフ・スミスを通してのみ伝えられると信じていました。他のすべての宗教は偽りの預言者によるものだとされていたのです。モルモン教では自然治癒やあの世の存在との交流が実践されていましたが、あらゆる種類の超能力は司祭職の潜在能力であり、それは神からジョセフ・スミスへ、ジョセフ・スミスから信心深い洗礼者へ与えられるものだと考えられていました。

これが問題でした。つまり、超能力は神からジョセフ・スミスへ、そしてジョセフ・スミスから人間へという経路を通ってのみ授けられると信じられていたため、同じような超能力を持つ少女が街にいるという噂が一九八八年の夏に広がった時、私の能力は神からの贈り物と見られるどころか、悪魔が与えた能力だと思われたのです。

大部分のモルモン教徒は、「左頬を打たれれば、右頬を差し出すように」という教えを支持しています。でも、多くの宗教のようにＬＤＳの教会にも分裂派が存在しており、その一つが原理主義の末日聖徒教会でした。これに関してはたくさんのスキャンダルがメディアで紹介されていますが、特に、一夫多妻制や小児愛が知られています。

さらに、ほとんど知られていない血の聖約教会（The Blood Covenant）という分裂派も存在します。血の聖約教会は、この世から邪悪なものを取り除くことが神から与えられた使命だと信じています。彼らはまた、血の償いに関する末日聖徒イエス・キリスト教会のもともとの教えを信じ、罪は人間の血で支払われるべきだと考えています。これら二つの信念によって、信者たちは相手を密かに傷つける儀式をするために悪魔集会へと導かれ、さらにはサディスティック、あるいはマゾヒスティックな儀式を行うようになりました。彼らは、苦しみの中でこそキリストの光が見つけられ、血を流すことによって自分の罪を清められると信じていたのです。

暗黒の旅の始まり

一九八九年のことです。私は幼稚園で一緒だった女の子の家に遊びにいきました。彼女の父親はその地域の悪魔集会のメンバーでしたが、そこで私はドックに目をつけられてしまったのです。当時、彼は五十代か六十代くらいでした。母は気づいていませんでしたが、彼は血の聖約教会のメンバーで、地元の悪魔集会にも属していました。

何年も経ってから私はドックが多重人格者だと知ることになるのですが、私の両親や他の多くの人が見ていた彼の唯一の人格は、とても頭がよくてカリスマ性のある慈善家という姿でした。しかしながら、彼はその多重人格のせいで二重生活——一方では人間の心の研究に打ち込んでいる感じのいい健康の専門家、もう一方では暇な時間にカルト儀式に参加するサディスティックな精神病者という生活――を送っていたのです。

この日より前に彼と両親が会っていたかどうかはわかりませんが、ドックは私を自分のものにしたいという執着心を直ちに抱きました。そしてある日、私がお気に入りのピンクの自転車に乗っていると、彼がトラックで後をついてきて私を自転車から降ろし、モルモン教の教会の中でレイプしたのです。それから私は自転車のところまで連れていかれましたが、ものすごい痛みと出血とショックで、自転車に乗ることなど到底無理でした。

私は自転車を道路脇に寄せて原っぱへ走っていき、どれくらい泣いたかわかりません。まるで私の現実がガラガラと崩れてしまったような気がしました。たった今起こったことは自分に対する罰だ、教会の駐車場で自転車に乗っていたせいだと思いました。私はその瞬間まで、両親はサンタクロースのような存在で、私を救うためにいつでも飛んできてくれると信じていました。でもその日、私はとても危険で、残酷な世界に一人ぼっちなのだと理解したのです。私の子供時代が終わりを告げ、歪んだ大人時代が始まりました。私はまだ、たった六歳でした。

その日から、ドックは私に近づくための計画を立てるようになりました。彼は私が乗馬レッスンを受けているところまでやってくると、私の喉元をつかんで馬小屋の壁に押しあて、自分が本当の父親だと言いました。さらに、私は両親の実の子供を奪った悪魔で、そのことを誰かに知られれば私は両親のもとから連れ去られると告げました。そして、その恐ろしい運命から救えるのは自分だけだと言ったのです。

私は、もしドックの正体や彼に言われたことを誰かに告げれば家族全員が殺される、と吹き込まれました。まだ幼いながらも私は口数が少なく責任感のある子供だったので、すべては自分のせいで、何か悪いことをしたからだろうと思いました。ドックに言われたことを疑う理由もなく、両親には何も言えませんでした。もし誰かに言って、彼が家族に仕返しをしたらと思うと、怖くてならなかったのです。

偽りのメンター

その週の終わり、小学校の教頭先生が教室にやってきました。そして点呼の後、両親から私を迎えにくるという手紙を受け取ったと言いました。教頭先生は駐車場まで誰かについていかせようと言ってくれましたが、私は一人で大丈夫だと言い、バックパックを背負って駐車場まで歩いていきました。すると驚いたことに、そこで待っていたのは両親ではなく、トラックに乗ったドックだったのです。

これが十三年にわたる精神的、感情的、肉体的、性的な虐待の始まりでした。今となれば、それはドックが注意深く企んだものだったとわかります。彼は私と両親の間にすでに存在していた感情的な溝をうまく利用し、私に残酷な仕打ちをしました。小児愛の変質者が標的にするのは、家族から忘れられた子供たちなのです。

ドックが私の人生に入り込めたのは、私と家族の間にあった致命的な感情的ダイナミクスのせいでした。彼はすでにコミュニティで母とは顔見知りだったので、容易に親しい関係を築くことができました。そうすることで、自由にいつでも私に近づけるようにしたのです。彼は両親に、自分は私の超能力について理解している、ぴったりのメンターだと思い込ませました。

ドックの病的な策略のもと、私はすぐに彼に依存し、彼の承認を求めるようになりました。これは、いわゆる「ストックホルム症候群」と呼ばれるものですが、私は彼が自分の本当の父親だと心から信じていたのです。そして、彼の言うことすべてを信じました。両親はといえば、私には助けが必要で、目の前に助けを提供してくれる知的な紳士がいて、幸い彼はこの分野の専門家であり、私を真剣に助けようとしてくれているのだと思っていました。両親は彼のことを心から信頼していたのです。

両親は私がいつも塞いでいることにかなり悩んでおり、私には友人が一人もいないと知っていました。彼らは私には何か深刻な問題があるのだろうと思っていましたが、それが何であるのか、自分たちに何ができるのか、見当もつきませんでした。ドックと過ごした何年もの間、私ははっきりわかる症状を示していましたが、両親はたくさんの危険信号を目にしながらも誤った解釈をしていたのです。

私はナイフで自分の身体を傷つけるという自傷行為をずっとしていたので、ドックや教会のメンバーから傷つけられても、自傷行為か乗馬の怪我による傷だろうと誤解されました。また、ドックが与えた薬物でもうろうとしたり、超感覚的な能力によってイライラしたりしていると、統合失調感情障害のせいだと思われました。

子供の正常な発達の域を超えた激しい分離不安症を示したり、誰も友人を作らずに一人でこもっていたりしても、それは恥ずかしがり屋の性格によるものだと思われたようです。部屋の中に食料を溜め込んだ時は、変わった性格のせいだと両親は考えました。彼らは、私が他の子供のように遊ぼうとせず、運動競技などで完璧な演技をすることに取り憑かれていても、単に完璧主義者なのだと思っていたのです。

私が心配になるような暗い詩を書いたり絵を描いたりしても、とても繊細であるがゆえに、学校で虐待された他の子から影響を受けたのだろうと思われました。細菌感染や尿路感染に何度もかかり、ひどい胃痛や偏頭痛で苦しんでいても、免疫力が低いためか、ホルモンのバランスが崩れているせいにされました。

そして十三歳の時、看護師をしていた母の友人が診察をしてくれ、私の処女膜が破れていることが判明しました。でも、「誰かと付き合っているわけでないなら、乗馬のせいに違いない」ということになったのです。

虐待が見逃された理由

このように、私が幼少期から十代の少女になるまで受け続けた虐待の症状は、すべて何か別のもののせい、あるいは精神病のせいにされてしまいました。両親は、私が心理学者も精神分析医もわからない精神病を患っていると思っていました。勘違いしないでください。精神分析医や心理学者は私にたくさんの診断を下していたのです。ただ、私の症状は一つの精神病の型に当てはまらず、全員の診断が異なりました。

性的虐待の可能性を指摘されたこともありましたが、精神分析医は両親のどちらも加害者ではないと見て、他の説明を探らざるをえなかったのです。両親が信頼している人物から虐待を受けているというのは、誰も考えの及ばないことでした。それは、異星人による誘拐と同じくらいこじつけの考えだったのです。

すべてはドックがしていることで、自分は完全に彼に支配されているなどとは、恐ろしくて誰にも言えませんでした。そして、私の病気がひどくなって惨めになればなるほどドックはますます〝救済〟にやってきて、自分に任せるようにと提案したのです。両親は、自分たちやドックをはじめとする周囲のすべての大人が、私の悪いところを見つけて直してあげようと懸命になっていると思っていました。

こうして、両親はドックが私ともっと多くの時間を過ごすことを許可しました。彼らは私を助けるために何をすべきかわからず、奇妙な能力をどう扱えばいいのか教えてくれる人がほしくてたまらなかったのです。私をコントロールでき、しかも両親の前でそれができるということが、ある意味ドックをさらに興奮させたのかもしれません。まさしく中毒症状のように、ドックは同じ高揚感を得るために欺きやリスクのレベルをどんどん上げていきました。同時に暴力のレベルも上がっていき、私は絶え間ない危険や恐怖に満ちた状況に置かれることになったのです。

私の六歳から十九歳までの経験を簡単にまとめてお話ししましょう。私はカルト的な儀式で肉体的、性的に苦しめられ、レイプを受け、食べ物を取り上げられ、三回の中絶を強いられました(子供の父親だったドックの手によって行われました)。また、サドマゾのポルノ写真を撮られ、ガソリンスタンドのトイレで売春させられ、ドックの家の地下室に閉じ込められました。さらに、電気ショックを与えられ、縛られた状態でアイダホ州南部にある溶岩洞の中に一晩中置き去りにされました。

この間、ドックはいつも私に麻酔薬を打っていました。彼は獣医だったので、麻酔薬がいつでも手に入ったのです。私は追跡ゲームを楽しむドックによって、アイダホやユタ州内を追いかけられました。そのゲームは、もし彼に捕まれば、私は肋骨を折られるかレイプされるというものです。さらに、私は他の子供たちを捕えるためのおとりとしても利用されました。その子供たちは傷つけられ、時には殺害されることもありました。

ドックの犯した間違い

十九歳になった頃には、私はすでに抜け殻のようでした。自分の身体を切りつけ、ほとんどの時間は精神分裂状態で、何回も自殺を試みていました。また、私は十三年間、自分の家族は実の家族ではなく彼らとの生活は見せかけだと信じ、彼らの実の子を奪ってしまったという罪悪感を抱いていました。そして、自分は悪魔で、もしドックとの〝本当の生活〟を打ち明ければ、家族は容赦なく殺害されるだろうと信じていたのです。一方、私を助けるためのありとあらゆる手段を使い果たした両親は、無力感に苛まれ、あきらめるしかありませんでした。

ところが、私が十九歳の時、ドックは間違いを犯したのです。それは、十三年間で彼が犯した初めての間違いでした。そう、私に使っていた麻酔薬の量を間違えたのです。いつも彼は、私が自分のやってもいないことをやったと信じるに十分な量の麻酔薬を打っていました。でも、その日は量を間違ったために、私がやったと彼に言われても、私には「自分はやっていない」という記憶が残ったのです。

ようやく頭がはっきりしてきた私は、「もしドックがこのことに関して嘘を言っているなら、他にどんな嘘があるだろうか？」と考えました。彼が私に嘘を信じさせる理由は、私を怖がらせて完全に無力にし、依存させるため以外に思いつきませんでした。麻酔薬の量の間違いによってそのことが理解でき、私はついに逃げ出すチャンスを見つけて実行したのです。

その夜、私は二度しか会ったことのない男性のところへ逃れました。彼の名はブレイクといい、母が私に友人を見つけようとしていた頃に知り合った人です。母は躁鬱病と診断された息子（ブレイクではなく他の少年）がいる家族と付き合っていたのですが、それは、同じように精神病を持つ十代の子といれば私の寂しさが紛れるかもしれないという考えからでした。

ある日私は、その新しい知り合いと一緒にパーティへ行きました。そして、パーティ会場になっていた家の玄関へと歩いていったその時、すらりとした若者が「やあ」と言いながら元気よく手すりを滑ってきたかと思うと、茂みの中に落ちたのです。それがブレイクとの最初の出会いでした。私は、「なんてバカな奴だろう」と思いました。

でも、家の中に入ってお互いの視線が合った時、私たちは離れられなくなりました。その後、みんなと一緒に貯水池へ行って素っ裸で泳ぎながら、私は明らかに彼に友情を感じていました。彼はとても純粋で無邪気だったので、信じていいとわかったのです。

私がドックのコントロールから逃れた夜、唯一安全な場所だと思えたのがこのブレイクの家でした。ブレイクの家は、かつて一度だけ訪れたことがありました。彼がフットバッグのコレクションを見せたいと言って連れていってくれたのです。その夜ブレイクは留守にしていて、二人のルームメートもいませんでした。でも、窮地にいた私は仕方なく窓ガラスを割って、傷だらけになりながら侵入しました。私は自分を傷つける以外に、この苦境に対処する方法を知らなかったのです。

帰宅したブレイクは、浴槽の中で血を流している私を見つけて、とても驚いたようでした。彼は私の身体を洗って傷口の手当てをしながら、自分のところにいるようにと言ってくれ、私はその通りにしました。その時は永久にドックから逃れるためのしっかりした計画など持っておらず、そんなことができるとは考えてもいませんでしたが、せめて一日だけでもと、ブレイクと一緒にいることにしました。けれど、一日が二日になり、二日が一週間になり、一ヶ月が過ぎた頃には絶対に戻りたくないと思うようになって、私は結局そこにそのまま隠れていました。

両親とは時々話をし、誰と一緒にいるかを伝えてありましたが、場所は言いませんでした。最初ブレイクは、私がなぜそんなに動揺してひどく苦しんでいるのか、知る由もありませんでした。でも、幸いにして彼は尋ねようともしませんでした。私の気まぐれな言動にも献身的に対応してくれ、やがて私は感情的な地獄から少しずつ抜け出せるようになっていったのです。

第3章 苦悩に満ちた自己愛への旅路

自らが作った牢獄

とうとう私は、自分の子供時代のことや、ドックやカルト集団のことをすべてブレイクに打ち明けました。それを聞いた彼は、より一層献身的に私のヒーリングに専念してくれました。

ブレイクの家に隠れて安全に暮らしていた時、私はドックも他のカルトメンバーもすぐには探しにこないとわかっていました。なぜなら、そのような行為をすれば、彼らが長年にわたって私に植えつけた〝絆〟や〝呼び戻し〟のプログラムに背くことになる――つまり、私を探しにこなければならないようなら、コントロールしているのは私だということになるからです。彼らは、逃げた犬が戻ってくるように、私が自分から喜んで戻るようにプログラムされていると考えていました。でも、私はそうはしませんでした。その代わり、ゆっくりと自分の人生を取り戻し始めたのです。初めて自尊心を育ててくれるような人たちや活動にも巡り会えましたが、それは決して簡単なプロセスではありませんでした。

ドックに対しては、私が逃げ出してから何年か経ったのち、訴訟を起こしました。けれど、多くの虐待のケースと同様に、すでに何年も経っていたため、物的証拠がほとんどありませんでした。そこで地区の検事長は起訴するには証拠も証人も不十分だと判断し、結局は迷宮入りになってしまったのです。訴訟を続けるには新しい証拠か証人が必要だと言われました。

これで話は終わりだと思うかもしれませんが、私のヒーリングの長い旅は、実際には身体的に虐待者のコントロールという状況を逃れてから始まったのです。そこから逃れはしたものの、私はまるで抜け殻のようでした。私に残されていたのはボロボロになった人生の残骸だけで、これからどう生きていけばいいのかまったくわかりませんでした。日常生活に必要なスキルもなく、深刻な心的外傷後ストレス障害（ＰＴＳＤ）に苦しみ、自分のすべてが嫌でたまりませんでした。

私を虐待した相手から逃亡しても、彼は決して消えてはいなかったのです。それどころか私の頭の中に住みついてしまい、私は自分で自分を虐待し続けました。自傷行為に取り憑かれ、なおも自殺願望を抱き続けていました。当時の私がしていたのは、自分を愛することではなく、自分を破壊させることばかりでした。もし虐待をやめれば自分の中に存在する悪が勝ってしまい、私も虐待者のような恐ろしい人間になってしまうと信じていたからです。

私のヒーリングの過程においてずっと重要な存在だったブレイクは、やがて私の仕事の片腕にもなってくれました。現在私たちは会社と非営利団体を設立して、世界中でポジティブな変化を起こすために、ともに働いています。

私はどん底から大きな進歩を遂げることができたものの、そこまでの旅は決して容易なものではありませんでした。私は自分を愛する方法を一から見つけなければならなかったのです。本書では、私が自分の人生をまったく新しいものに変えることができた方法を紹介しています。

セラピーの助けを借りて

私が二十一歳の時、当時付き合っていた男性に無理やりセラピーに連れていかれました。子供時代に虐待を受けた名残が私たちの関係に暗い影を落とし、彼は私との関係に耐えられなくなっていたようでした。彼は私の顔をじっと見て、こう言ったのです。「君が経験したことは普通じゃない。君はそれを理解する必要がある。専門家の助けを得てくれなければ、もう君と一緒にいることはできないよ」

彼は私をレイプ被害者支援センターに連れていき、受付の女性に「彼女には助けが必要です」

と言いました。私は責任者に案内されて個室に入り、「あなたの友人によれば助けが必要だということですが、それはなぜだと思いますか？」と聞かれました。そこで私は、子供の頃に経験したことを正直に打ち明けました。その時彼女の顔がみるみるうちにこわばっていき、まだほんの少ししか話していないうちからソワソワしだしたのがわかりました。

「確かにあなたには助けが必要だけれど、あなたの経験したようなことはこのセンターで対処できる域をはるかに超えています」と彼女は言いました。そして、「カルト的な幼児虐待の専門家を知っているので電話してみましょう」と提案されました。

その週の後半、私は紹介された専門家に会いました。彼女はとても優しく愛情深い人で、それまでに会った心理学者とはまったく違いました。彼女の愛情とトラウマ治療に関する知識のおかげで私の心の壁は次第に崩れていき、彼女とともに私は自分の人生を再建し始めたのです。

セラピーによって、私は子供時代の虐待が自分のせいではなかったことをようやく理解できました。けれど、二十四歳になった時、セラピーが役立つのはここまでだとわかりました。私は心の奥で、被害者意識や哀れみやＰＴＳＤへの対処を超えたものが必要だと感じていたのです。

ゾッとするかもしれませんが、私にとって、自殺行為がいざという時の手段になっていました。私は「明日自殺できる」と思いながら一日一日を生きていたのです。そう考えると少し気分がよくなり、その日できることに集中できました。私は気分がよくなることなら何でもし、自分がいい気分になることを人生で最も大切なことにしたのです。

私は冬のスポーツに打ち込み、料理をし、安全な住まいを見つけ、瞑想を始めました。すると、「明日自殺できる。だから今日は何をしようか?」というマントラが、「今週いつでも自殺できる。だから今週は何をしようか?」にゆっくりと変わっていったのです。それはやがて、「私は来年自殺できる。だから今年は何をしようか?」というマントラになりました。

そして、とうとう私は「本当は自殺したくないのだ」とわかったのです。たまに自殺願望と闘うことはありましたが、それは一時的なものでした。

虐待から逃れた後、自分の超能力とも関わりたくなかった私は、それから逃れようと競争の激しい冬のスポーツにのめり込み、できるだけ大地に根ざそうとしました。絶望的な状況の人がいれば超能力を使って助けることもありましたが、その能力のせいで苦しみを経験したと感じながらもそれと縁を切れないことに私は苦悩し、まだ世の中が怖くてなりませんでした。

不純な動機による結婚

私は二十二歳で、愛してもいない男性と結婚しました。安全な場所と頼れる人がほしかったのです。当然ながらその結婚は失敗に終わり、六ヶ月後に離婚しました。そして、同じ年に二度目の結婚をしました。それもまた、安全な場所がほしいという理由からでした。その時は気づいていませんでしたが、私は自分自身から逃げるために男性を利用していたのだと思います。相手に私を世の中から守ってほしかっただけでなく、自分からも安全な場所にいたかったのです。私は心の中ではまだ自分のことが嫌いでたまらず、自分を信頼することなど到底無理な状態でした。

二十五歳になった時、息子が生まれました。十代で三度も中絶していたので、私は自分の子供を持つという素晴らしい経験をとても望んでいました。でも、想像とは裏腹に、妊娠と出産は私にものすごい精神的衝撃を与えました。

赤ん坊が男の子であると知った時、私は活発でスポーツ好きな息子がいいと思いました。自分と同じような苦しみを経験させたくなかったからです。息子への愛は、これまでの人生で感じたどんな愛とも比べものになりません。驚いたことに息子は透明なオーラを持っていて、それはクリスタルの光のように見えました。これはその色からクリスタルオーラと呼ばれますが、生まれつき超能力を持つ人だけが持つものです。

宇宙はまさに私が必要としている子供を与えてくれました。息子が自分と同じように苦しむのではないかと思うと怖くてたまらなかった私は四十分間も泣き続け、その後ようやく「息子に自分の能力を受け入れることを教えるには、まず私自身がそうしなければならない」とわかったのです。

スクラットとドングリ

二〇〇九年のことです。生後六ヶ月になった息子が昼寝をしている時、私は台所の床に絶望的な気分で座っていました。母親になって子供向けの娯楽の世界に足を踏み入れたのですが、その中の『アイス・エイジ』というアニメーション映画が引き金でした。この映画のキャラクターに剣歯を持ったスクラットという名前のリスがいて、スクラットはいつも自分の大好きなドングリを探しており、それにとても執着しています。

スクラットは、ドングリを自分のものにするために不運な探求を絶え間なく続けていました。ようやくドングリを見つけたかと思うと、考えられないような出来事によって運悪く取り上げられてしまうのです。スクラットは「失敗する可能性のあるものは必ず失敗する」というマーフィーの法則に取り憑かれ、自分の望むものを手に入れられずにいます。

母親業をしていると、頭の中がディズニーの世界でいっぱいになります。その日、私は台所の床の上に座りながら、スクラットのことばかり考えていました。彼のユーモアや深い悲しみを感じ、スクラットのジレンマに共感を抱いていたのです。スクラットは私自身によく似ていて、彼にとってのドングリはまるで私にとっての幸せのようでした。

私の人生は、幸せを見つけて自分のものにするという終わりのない不運な探求にほかなりませんでした。私は床の上に座り込み、それがうまくいかなかったことに敗北感を抱いて、「どうしてうまくいかないのだろう？」と心の中で自問しました。その答えは明白で、私が自分のことを望んでいなかったからです。ありのままの自分で生きるというのは、まるで刑務所に入れられることのように感じられました。私は「自分が望んでもいないことに、どうやって取り組めばいいのだろうか？」と考え続けました。

自分の現状を認める

「私はずっと自分を愛していなかった」ということが明白になりました。どうやって自分を愛せばいいのかこれっぽっちもわからなかった上、そもそも私は自己愛という考えが嫌いでした。無私無欲、自己犠牲、奉仕を大切に思う家庭で育ったために、自己愛というのは悪のように感じられたのです。自己愛は、私の美徳を破壊し、他人に愛されるすべてのチャンスを奪い取る悪魔のように思えました。

私はどん底にいる気分でした。人生に打ちのめされてもう何も残されていない時、人はこんなふうに感じるのでしょう。私は自らを窮地に追い込んでいました。ありのままの自分に満足するための試みはすべて失敗に終わりました。そして、自分がアルコール依存症だと認めた人のように、私は自分のことが大嫌いだということを認めたのです。

自分の今の状態を認めることは、苦しみであると同時に安堵でもありました。自分の中に敵がいると知るのは楽しいことではないけれど、それを認めることによって、ずっと抵抗してきたことをやっと受け入れられるような気がしたのです。実際、自分の現状に抵抗するにはうんざりするほどのエネルギーが必要でした。今の自分を認めることは、流れの速い川の上流へと泳ぎ続けた後で、ゆっくり身を浮かべながら下流へと流れていく感じです。そのような安堵の気持ちとともに、私は決心しました。「自分を愛する方法を見つけなければならない」と。そのためなら、何でもやってみるつもりでした。

自分を愛するための方法は、有り余るほどあるように思えました。でもセルフヘルプの分野では、みんなが自己愛について話しているものの、ほとんどの人は自己愛が何を意味するのかわかっていないようでした。彼らは自分を愛する必要がある理由や誰もが愛すべき存在である理由などを延々と語っていましたが、誰一人として、どうやって自分を愛せばいいのか、現実的に自己愛がどのようなものなのかを教えてはくれなかったのです。

私の自己愛の探求はそれまで以上に挫折感を抱かせることになり、結局私は一つの質問を突きつけられることになりました。その質問とは、「自分を愛している人と愛していない人では、どこが違うのか？」というものです。私は、「両者の性質や行動の違いがわかれば、自分を愛するために必要なことが明らかになる」と考えました。

自尊心を高める一般的な方法の多くは、私には何の役にも立ちませんでした。まるで果物スプーンでアラスカの氷河を削っているような気持ちになり、アファメーションを唱えたところでなおさら気が滅入るだけでした。台所のテーブルの前に座り、紙切れに「私は自分を愛しています」と百回書いて言葉の意味を感じようとしても、書いている最中に「これを信じるほどバカじゃないわよね」という声が聞こえてきます。「私は自分を愛しています」と一日中繰り返したりもしましたが、私にとってこの言葉は嘘のままでした。

ところが、その年の終わりになって、大きな進歩があったのです。

水の波動

私には超感覚があるので、思考が物質に及ぼす影響や、一つの物の波動が他の物の波動に与える影響を目で見ることができます。たとえば、「私なんか……」という思考はすぐに胃に影響を及ぼし、胃炎や潰瘍を生み出すのです。

私はできるだけ水道水を飲まないようにしています。化学物質や水道管が水のエネルギーにどんな影響を与えているのかが見えるからです。すでにお話ししましたが、思考と現実、物質と非物質を隔てるものは、私にとっては存在していません。それにもかかわらず、自分を嫌うという無力な状態にいたがために、私は素晴らしいチャンスを見逃していました。

ある晩、映画を借りに市立図書館へ行くことにしました。私はドキュメンタリー映画が好きで、その日は『Water：The Great Mystery』（水――素晴らしいミステリー）という映画に惹かれました。それは「水の構造化」という考えを紹介するもので、まさに私がいつも観察していることを説明していたのです。「水の周囲にあるものすべてが水に影響を与えており、大部分が水である人間の身体についても同じことが言える」という内容のこのドキュメンタリー映画では、構造水が海水にポジティブな影響を与えるという考えのもと、海に構造水を注ぎ入れていました。

私は半分くらい観たところで映画を止め、ワクワクしながら紙とペンを探しました。これほど明らかなことを見逃していたなんて、と信じらない気持ちでした。ポジティブな意識を自分を愛するに足りるほど自分自身に向けることはできないとしても、他のものに向けることは私にもできるはずです。自分の好きなところを見つけようとすれば胃がムカムカしますが、息子について愛しているところはたくさん見つかるに違いありません。それならば、水の入ったグラスを手にとって息子の愛しているところをすべて考え、彼に対する胸がはちきれんばかりの愛情を水に注いでから私がその水を飲む、というのは理にかなっているはずです。

私は〝自己愛に関するトロイの木馬〟を思いついた名将のような気分でした。毒が無効になるように、自己嫌悪にプログラムされた体内の水を、愛を注入したグラスの水によって構造化し直すことができるのです。どんな反応が起きるかわからなかったのでその夜は怖くて実験できませんでしたが、翌日息子が昼寝をしている時に、私はいよいよ勇気を出して試すことにしました。

自分を実験台にする

歴史には、ベンジャミン・フランクリン、ジョナス・ソーク、アルバート・ホフマンのような偉大な心の持ち主がたくさん存在しています。自分で実験して仮説の検証を行った彼らと同じようなアプローチを、私もとることにしました。そしてその日、仮説を立てた私はビクビクしながら台所に立っていました。もちろんベンジャミン・フランクリンのように嵐の中で凧をあげようとしたわけではありませんが、まるで大きな間違いを犯そうとしているかのように、私の全身が「逃げろ！」と叫んでいたのです。

グラスに水を注ぎ、息子の愛しているところに集中し始めた時、私の心の綱引きは最高潮に達しました。五分間経ってタイマーが鳴ると、私はグラスを手にとって、薬を飲む時のようにグイッと水を飲み干しました。きっとすぐに喜びがあふれてきていい気分になるだろうと思っていたのですが、それは大間違いでした。それどころかガクガクと身体が震え、胸がムカムカしてきたのです。全身が火照ってきて、私はむせび泣き始めました。私の身体は何年間も抑圧されていた悲しみを吐き出しながら、まさに洗い清められているような感じでした。

私は台所の床の上に身体を丸めて横たわり、まるまる二十分くらい泣き続けました。そしてやっと泣き止んだ時、ものすごい安堵感を覚えました。しっかりと地に足をつけている感覚もありました。それから散歩に出かけ、生まれて初めて心が安らいでいることに気づいたのです。舞い上がった感じはありませんでしたが、自分から逃げる方法を必死に探そうという気持ちはなくなっていました。私はこの小さな実験を続けることにし、一ヶ月間毎日同じ時間に行おうと決めました。

最初の週は、同じ反応が現れました。水を飲むと化学反応のようなものが起こり、二つのエネルギーが身体の中で対立しているような感じがしました。でも次の週からそのような反応は少しずつ減っていき、私は馴染みのない愛の波動に順応していったのです。

そして、面白いことが起こり始めました。内側が変化するにつれて、外側も変化しだしたのです。ある時私は、友人の前で自分の料理をほめました。以前ならそんなことをすれば罪悪感が湧いてきて自己嫌悪に陥ったはずですが、この時はそうなりませんでした。アファメーションを試してみても前ほど難しくはなく、心から「自分の肌の色が好き」と言えたのです。「面倒な奴だから誰も愛してくれない」とか「お前は口先だけだ」「よくやったよ、おバカさん」といった心の声は消え始め、だんだん不安が減っていきました。

私は、以前車を運転していた時に偶然ラジオから流れてきた、インタビューの会話を思い出しました。それは「anxiety（不安）」という言葉についての話でした。その文字の順番を入れ替えると「any exit（あらゆる出口）」という意味になりますが、もともと「anxiety」とはそういう意味らしいのです。つまり、不安とは何かから逃げるために出口を探している状態を指すということです。私は自分自身から逃れようとして不安になっていたのだと理解することができました。そして、自己愛の学びが進んでいくにつれて自分から逃れたいという気持ちはなくなっていき、それに従って不安も消えていったのです。

愛を注いだ水を飲むことによって自己嫌悪の裏側に回ることができ、自己愛に関連する他の実践もやりやすくなりました。これまで愛を邪魔していた重い扉を、私は打ち破ることができたのです。その時から自己愛を学ぶための一般的なやり方も取り入れられるようになり、私はあらゆる方法を試してみようと決心しました。

自傷行為への依存

自分を嫌うことの最大の悪影響は、自傷行為への依存でした。これが私にとって次のハードルだとわかっていました。私は十一歳の時から自傷行為にのめり込んでいて、それによって生じるエンドルフィンが痛みを和らげ、安心感と喜びを与えていたからです。それは、コデインやモルヒネのような鎮痛剤と同じ役割を果たしていました。エンドルフィンが大脳辺縁系（視床下部を含む部分）のオピオイド受容体に到達すると、人は安心や喜びや満足感を経験し、心が落ち着いて元気が出てくるのです。

身体が痛みを経験すると、あなたの脳はエンドルフィンを放出します。エンドルフィンはあなたをなだめて活力を与え、危害から逃げられるようにしてくれます。このように、自傷行為が私のネガティブな感情を和らげてくれました。それは、不安や罪悪感、憂鬱やストレス、感情の麻痺や敗北感、自己嫌悪や自尊心の低さ、完璧さへのプレッシャーに対する一時的な救済になったのです。

人は、麻薬中毒になるのと同じように、自分の身体が生み出す化学物質に対して依存するようになります。私たちは、自傷行為と安堵感を結びつけるやいなや、ネガティブな感情を持つと安堵感を求めるように強いる神経経路を脳の中に生み出すのです。その結果、自傷行為を繰り返すようになります。

この感じが、私にはとてもよくわかります。自傷行為をする人は檻に入った動物のようだと言えるでしょう。その檻とは、絶望や嫌悪感、怒りといったネガティブな感情を表現できない牢獄です。このような感情は自分の一部になってしまい、その感情のエネルギーを外側に向けることができないがために、自分に対して向けるようになるのです。

子供の頃の私にとって、一番の重荷はとても大きな秘密を抱えていることでした。私はずっと二重生活——一つは両親との生活、もう一つは私のメンターであった精神病の男性との病んだ生活——を送っていたのです。

私は虐待者から、「罰を受けた時に感じる穏やかな気持ちは、自分の罪から救ってくれるキリストの光だ」と教えられました。そして、自傷行為が長い間私の対処方法になっていて、罪悪感や絶望感、怒りを感じるたびにいつもそれを繰り返してきたのです。自分の何かが悪いと感じた時には特に、自分の身体を傷つけました。さらに、その傷によって、虐待者から与えられた傷を隠そうともしていたのです。

精神病というラベル

不運にも、知らず知らずのうちに両親は私の自傷行為という火に油を注ぎました。家の中で私の感情は理解されず、〝精神病〟というラベルが貼られました。両親は私にはそんなに不幸で惨めだと感じる理由は何もないと思っていたため、私が自傷行為をする理由について唯一納得のいく説明は、私にどこか悪いところがあるというものだったのです。多くの両親は、そのような論理的な結論に至るものです。そのせいで私は自分を敵に回すことになり、両親はますます私に悪いところがあると確信して、自傷行為のそもそもの原因を強化させてしまいました。

心理学者や精神科医も助けにはならず、これは成長の一段階にすぎないと両親に言うだけでした。そして、十代の少女によく見られるもので、十八歳頃までにはなくなると約束したのです。けれど、十八歳になっても私は自分を傷つけていました。すると精神科医は、二十五歳までには治ると約束しました。二十五歳になっても私が自傷行為を続けていると、今度は私が母親になれば治ると言いました。私は母親になりましたが、それでも自傷行為に頼ることがたまにありました。言うまでもありませんが、両親はお手上げ状態でした。その一方で、私は自傷行為を止めるためにあらゆる方法を試していました。そんな時、自分のインナーチャイルドに出会ったのです。

トラウマからの回復に効果的な方法の一つは、トラウマとなっている記憶を意識的に訪れて、一つひとつの記憶から自分のインナーチャイルドを助け出し、安全な場所に連れていって自分が親になってあげるというものです。

警察に行って自分の状況を打ち明けた時、少額ながら犯罪犠牲者へのお見舞い金をもらい、私はそのおかげで州内でも有名なトラウマ専門家にかかることができました。その先生はこれまで会ったことがないくらい優しい女性で、私を呼びに待合室にやってきた時、少し年配のバービー人形のようだと思いました。彼女の誘導によって初めて自分のインナーチャイルドと出会い、私は泣き止むことができませんでした。自分がいかに小さく、傷つきやすく、純粋であるかわかったからです。それまでずっと自分は邪悪で汚れた存在だと感じていたので、無垢で脆い自分の一面を目にしたことは非常にショックでした。

インナーチャイルドとの出会い

最初私は自分のインナーチャイルドを恐れていて、心の中で彼女に会いにいった時、恐ろしくて触れることもできませんでした。ですから、天使の助けを頼み、インナーチャイルドを辛い記憶から救い出し、慰めてもらわなければなりませんでした。でも、やがて自信が生まれてきて、自分でもインナーチャイルドを抱きしめてあげられるようになりました。そして私は彼女とつながり、彼女を愛し始めました。インナーチャイルドのワークは、感情を癒すテクニックとして最も素晴らしいものだと思います。このワークをすれば、現れている症状だけでなく、トラウマの原因も癒すことができるでしょう。私の場合には、それ以上の成果がありました。

私は数年前、自分が大人になってもインナーチャイルドは消えてしまわないのだと理解しました。そして、私が今自分に対してしていることは、結局はインナーチャイルドにしていることなのだと気づきました。そこで、自傷行為をしそうになった時それを思い出せるように、子供の頃の写真を利用してみることにしました。

自傷行為をする人にはたいてい、その儀式を行う特定の場所があります。私の場合は浴槽の中でした。私は車庫にある古い写真の山をくまなく調べて、自分の子供時代の一番可愛く無垢な写真を見つけ、浴槽のそばの壁にテープで貼りつけました。

再び、その日がやってきました。自分を傷つけたいという衝動に襲われたのです。私は浴室に入って鍵を閉め、コップを割り、一番大きなガラス片を手にとりました。そして浴槽の中に入り、小さな頃の自分の写真を見ました。最初は、自分が感じた責任の重さに腹が立ちました。私には安堵感が必要でしたが、写真の中の小さな子供は信頼し切った無邪気な目でまっすぐに私を見ています。私はその信頼を裏切ろうとし、その無邪気さを打ち砕こうとしていました。

「自分自身にしていることは、インナーチャイルドにしているのと同じだ」ということを思い出した私は、自分がしようとしていることについて考えました。そして、インナーチャイルドがニコニコしながら遊んでいる様子を思い浮かべたのです。彼女の細い腕をつかんでガラス片を当てると、血が流れてきました。彼女は泣きながら、自分の腕を私から引き戻そうとしています。どうしてこんなことをされるのかわからなかったのでしょう。

自分が幼児虐待者のように感じられ、その行為の悲惨さに涙が出てきました。その時、子供の時に奪われた純粋さや信頼と、再びつながることができたような気がしました。大人の自分を傷つけることはできても、子供の自分を傷つけることはできなかったのです。私はガラス片を浴槽の中に落とし、その写真を見つめながらむせび泣きました。私の身体は傷を求めていましたが、傷つけることはできませんでした。

私はインナーチャイルドと出会うことで、自分の人生の悲劇を理解したのです。その結果、自分自身を悪い存在としてではなく、傷ついた存在として見られるようになりました。それまでずっと再起不能だと思ってきましたが、自分の純粋さは決して失われたわけではなかったと悟りました。マッチ棒の先で揺らめく炎は、小さくなりながらも完全に消えてはいなかったのです。

私は再び、生まれ持った自分の美徳を発見しました。それだけは、どんな人にも傷つけられないのです。時間をかけて、私は自分自身を育て直しました。自分のインナーチャイルドを愛し、お世話しながら、自分を愛して大切にする方法を学びました。そしてついには、二十年以上も苦しんできた依存症を乗り越えることができたのです。

第4章 人生の目的を見つける

幸せへの近道

自己愛への旅を始めたばかりの頃、自分自身を愛している人たちを観察しながら、嫉妬心を抱いてしまったことを認めたいと思います。おそらく私は、その人たちの前でものすごいしかめっ面をしていたことでしょう。自分も人生も嫌っている時、目を輝かせて人生を楽しんでいる人が目の前に現れれば、殺したい気分にもなるものです。意地悪に聞こえるかもしれませんが、あなたにも私の気持ちをわかってもらえるのではないでしょうか。

彼らは自分が一番いい気分になるような決断をしており、私はそのことに腹が立ったのです。でも、やがて私もそうできるようになりました。それはとても簡単なことで、きっと自分で難しくしていただけなのでしょう。私はずいぶん回り道をしてしまったことに気づきました。自分を愛している人は、近道を知っているのです。私はずっと幸せを追いかけていましたが、彼らは幸せを選択していました。

私には、何が自分を幸せにしてくれるのか、自分の目的は何なのか、まったくわかりませんでした。でも、今になってようやく本当のこと——幸せや目的を見つける道に関して、間違った選択というのはありえないこと——がわかりました。なぜなら、たった一つの道など存在しないからです。幸せになることや自分の目的を見つけることには、あなたのあらゆる決断や選択が関係しています。これについて、私の経験をお話ししながら説明しましょう。

若かった頃、私はプロのモデルになろうと決めました。一見したところ、それはまったくおかしな決断でした。というのも、私は何でも深く考えるタイプ、かつおてんば娘だったからです。さらにとても内向的で、空いた時間には書き物をするのが好きでした。

時間が経つにつれ、どうしてその仕事をしているのか、どんどんわからなくなりました。私はモデルの仕事が嫌いでした。モデルの世界は意地悪で表面的で卑劣な世界だったのです。自分をその世界に合わせようと努力することは、四角い釘を丸い穴に入れようとしているようなものでした。でも、間違いというのはありませんし、このステップも自分にとって価値があったと今ではわかっています。ただ、それは私の天職ではありませんでした。

大学という道

二〇〇六年、自分の進むべき道を探し求める中、私は大学に入って哲学を専攻することにしました。私の家族は高学歴だったので、自分も学位を取ればもっと信頼や尊敬が得られるだろうと考えたのです。けれど、この決断には一つ問題がありました。私は教室で勉強するのが大嫌いだったのです。私にとって、薄暗い大講義室に座って講義を受けることは、歯医者で神経を抜かれるに等しいものでした。それほど嫌な気分だったということです。

私は他の学生の顔を眺めながら、「哲学に関心のある人は私のように落胆していて自殺願望があり、人生に何らかの意味を見いだしたいと必死にもがいているのだろうか？」と思いました。そして一ヶ月が過ぎた頃、哲学の学位から得られるものは何もないとわかり始めました。たとえ卒業したとしても、部屋に座って考えることにお金を払ってくれる人などいないでしょう。

「どうして信頼や尊敬がほしいのだろうか？」と自問した時、私が受け取った答えは「信頼や尊敬を得られれば、いい気分になるからだ」というものでした。私はまったくわからなくなりました。私はいい気分になりたいために大学に入り、惨めで嫌な時間を過ごしているのでしょうか？言い換えれば、悪い気分を我慢すればやがていい気分になれると思っている、ということです。ますますわけがわからなくなりました。

私は哲学を学んでいたので、このような心の謎解きには慣れていました。でも、どんなにぐるぐる考えてもこの意味についてはわかりませんでした。勇気を出して気分がよくなる方へまっすぐ向かう代わりに、回り道をしていい気分になろうとしているのです。そこで私は、「自分を愛している人ならどうするだろうか？」と自分に尋ねました。

その答えは直ちにわかりました。今すぐに、自分の気分がよくなることをするのです。では、私の気分をよくさせるものは何でしょうか？　それは、冬のスポーツでした。なめらかな氷上で滑ることから競技で拍手喝采を受けることまで、そこから得られる自由な感覚が私は大好きでした。

この一年前のことですが、私はテレマークスキーのアメリカチームのメンバーに選ばれました。でもスポンサーが見つからなかったため、競技スキーからスピードスケートに転向し、長距離のスピードスケート競技選手になろうと思ったのです。けれど、スピードスケートの世界で私は最高の選手にはなれずにいました。他のプロ選手のように三歳でスケートを始めたわけでも、ずっとインラインスケートをしてからスピードスケートの世界に入ったわけでもなかったからです。私には才能しかありませんでしたが、それでもスピードスケートのすべてが大好きでした。

別の近道を探して

「自分を愛している人ならどうするだろう?」と自問した時、「学校をやめてスピードスケートに打ち込み、後ろは振り返らない」という答えが聞こえました。私はその声に従いました。幸せへの近道を選び、「自分を愛している人ならどうするか?」と問いながら自分の人生を生き始めたのです。その時から、私は自分の人生を楽しむようになりました。自分の情熱に従って生きるというのは素晴らしいことでした。

でも、まもなくして再び決断の時がやってきました。とても厳しいトレーニングのせいで、早発閉経の症状が現れたのです。子供時代に生殖器官を傷つけたために、私が子供を産める可能性はすでにかなり低くなっていました。二人の婦人科医に相談したところ、二人ともこのままトレーニングを続ければ子供は産めないだろうという意見でした。

私は「子供を持つこととオリンピックの夢を追いかけることでは、どちらが重要だろうか?」という重大な選択に直面しました。十代の頃、私は赤ん坊を四人も失っており、その中には双子もいました。無理やり中絶の手術をさせたのは私の虐待者でした。私には、自分の赤ん坊を胸に抱くのはどんな感じか知りたいという強い願望があったのです。ですから、少なくとも一度経験しなければ、自分の中にずっと空虚感を抱き続けることになるだろうと思いました。

当時結婚したばかりだった私は、二人にとって子供を産むことの方が重要だと確信し、それを選ぶことに決めました。それでも妊娠するのは容易ではなく、不妊治療の専門家のところへ通い、私はようやく健康な男の子を産むことができたのです。

息子が生まれた時、もう一つの決断に迫られることになりました。専業主婦になって静かな生活を送るのか、それとも自分の過去を世間に明かし、他人のために自分の知識や経験を生かすべきかというものです。

この質問に対する答えはもうご存じでしょうが、一番いい部分をお話ししたいと思います。私は今でも、すべてのことがいかに結びついて一つになったかを考えるたびに、驚きと嬉しさが込み上げてくるのを感じます。

私はモデルをしていた時、社交的に見せる方法を学びました。そのおかげで、カメラやたくさんの人の前でも落ち着いていられるようになったのです。現在の私の生活も、ほとんどがまさにそのような状況です。

プロのスポーツ選手だった時には、心の中にいる悪魔と向かい合ってそれを癒さなければ勝つことはできないと学びました。スポーツが私の心のリハビリになり、力を与えてくれたのです。私は成功するために、健康的な生活を送らなければなりませんでした。その結果、心も身体も健康になっていきました。プレッシャーへの対処法も学びました。大勢の目にさらされる勇気も身につけました。そこでのすべての経験が、現在の仕事の下準備となったのです。

また、息子を産んだことで自分の超感覚という能力を受け入れざるをえなくなり、それが私の仕事の基盤になりました。

一番大きなことは、哲学の学位を取っても部屋で考えることにお金を払ってくれる人はいないと気づき、大学を辞めたことです。今は「自分を愛している人」がすることに従って幸せへの一番の近道を歩いており、人々は私が考えることにお金を払ってくれているのです！

クライアントとのセッション

私は少しずつクライアントを受け入れるようになりました。むしろ、彼らが私のところへやってくるようになったと言った方がいいかもしれません。そして、私がこの宇宙について知っていること、私が当然だと思っていることについて、ほとんどの人が知らないということに衝撃を受けました。でもそれ以上に、自分が人々を助ける能力を持っていることに驚きました。クライアントを受け入れ始めてから一年が過ぎた頃、私は自分がヒーリングの仕事を愛していることに気づきました。私の一番大きな愛は、それまでずっと自分が最も嫌っていたものから生まれてきたのです。

ある月曜の朝、寝室で最初のクライアントに会う準備をしていた時のことを思い出します。これは私が生まれながらに持つ恵みの一つとも言えるのですが、私の場合、自分の身体に入るためには全意識を集中し、努力しなければなりません。そうしないと、知らず知らずのうちにアストラル界へ意識が移行してしまうのです。初めのうちはコントロールできずに意識を失うこともありましたが、今では〝今ここ〟に留まる技術を身につけ、それを選択できるようになりました。「アストラル界に移行する」とは、身体の持つ知覚から距離や時間に制限されない知覚へと、意識が移行することを意味します。

私のハイアーセルフとのつながりは、辛い子供時代にも失われていませんでした。たとえそれを無視する選択をすることがあったとしても、ハイアーセルフと対話する能力は常に存在していたのです。そのため私は、自分がこの世に生まれてくる前の記憶も失っておらず、死んだ時に起こることも知っていました。

そう、私は宇宙の真実についての知識を携えてこの世にやってきたのです。この贈り物の利点の一つは、アカシックレコードにアクセスできるというものでした。アカシックレコードは宇宙の過去から未来のすべてを記録した情報の総体で、非物質的な次元に存在し、マインド・オブ・ゴッド（神の意識）とも呼ばれています。それは無限の情報が集まったもので、そこには瞑想やアストラル旅行、催眠療法などによって到達する変性意識状態でつながることができます。

つまり、私は自分の状態次第で、過去世も正確に知ることができるということです。これは、逆行認知と呼ばれます。人に会うと、彼らの人生や子供時代や過去世からのイメージが押し寄せてくるのですが、それは目の前にいる人に注意を向けるのに役立つこともあれば、邪魔になることもあります。ですから私は、誰かと一対一で会う前には、意識的に地に足をつける必要があるのです。

この月曜日の朝、十一時きっかりにベルが鳴った時、私は地に足をつけるプロセスを終えようとしていたところでした。ドアを開けると、リンダが立っていました。彼女は四十三歳でしたが、中学生くらいの背丈でした。家の前には彼女の錆びた小型トラックが駐車してあり、まだエンジンから煙が出ていました。彼女は髪の毛が薄くて柳の枝のように細く、男性的な力強い物腰で悲しみを隠しているように見えました。

自己批判の源を探る

彼女が家の中に入ってきた時、ベビーベッドの中で抱き上げてもらえずに泣いている子供のイメージがやってきました。続いて、自宅の階段に座り、自分なんていない方がいいと感じている子供の様子が見えました。おもちゃを片づけなかったせいで母親に怒られたようです。私には、彼女が子供時代に感情をズタズタに傷つけられた様子がありありと見えました。さらに、十代の時、父親がベッドに入ってきてセックスを強要したところも見えました。私はそのような情報を受け取っても、それらについてはひと言も言いませんでした。彼女のエネルギーや身体をありのままに観察し、私に対して心を開いてもらいたかったからです。

セラピールームに座ると、リンダはどうしてここにいるのかわからないと口を開きました。彼女はスピリチュアルと言われるような奇妙なものは信じていなかったものの、多発性硬化症と診断されて仕事に大きな支障が出たために、藁にもすがる思いで私のところにやってきたのです。

私はリンダに、何に困っているのか正確に教えてほしいと言いました。すると彼女は、自分は建設作業員で、毎日道路に立ちっぱなしで仕事をしなければならないと説明してくれました。ところが頭がクラクラし、足が疼いて次第に感覚も麻痺するようになったのだと言います。座らなければ倒れてしまうほどで、その後杖なしでは歩けない状態になってしまったようでした。

リンダは、私がエネルギーヒーリングをしていると聞いたので、自分にもしてくれないかと言いました。それに対して私が、その前に病気の症状ではなくもともとの原因に取り組みたいと伝えると、彼女は不服そうな顔をしました。それでも、自分の心の奥に入っていって問題は何かを見つめてほしいとお願いすると、彼女はまるでバンジージャンプをすると決めたかのように、深くうなずきました。

私はさらに、身体的な状況は人が直面している感情的、精神的な問題によって引き起こされているのだと説明しました。そして、「あなたはどんな精神的、あるいは感情的な苦しみに直面していますか？　多発性硬化症の症状を感じ始めた頃はどうでしたか？」と尋ねました。自分の過去が感情に影響していることに、彼女がどれくらい気づいているか見たかったからです。彼女は「私は自分が死に近づいている感じがします。私の身体は食べ物を受けつけません。だんだん痩せていきますが、なぜだかわかりません」と答えました。

そこで、「あなたは生きたいと思っていますか？」と優しく尋ねると、彼女は驚いたような表情で私を見つめ、少し沈黙して感情をこらえようとしていましたが、とうとうしくしく泣き始めました。

「いいえ」彼女は泣き叫ぶように言いました。私は彼女の椅子のそばにひざまずき、むせび泣く彼女を抱きしめました。彼女は気持ちが落ち着くと「とても寂しかった」と言い、「でも誰とも親しくなれず、特に男性に恐怖心があったので、自分は同性愛者だと思ったこともある」と話しました。

「どうして男性に対してそう感じるのかわかりますか？」

「母が妊娠中、父が私と寝ていたせいだと思います」

私は、「今のところ、それで十分です」と言いました。リンダは再び涙ぐみ、それが唯一両親のどちらかが認めてくれた時だったと説明しました。そして、そのように認められたいと思っていた自分に罪悪感を抱いているとも言いました。父親はリンダを抱いた後、彼女がとても綺麗だから一緒に寝たいんだと言ったそうです。彼女は彼の一番のお気に入りで、このことは二人の小さな秘密だと……。

私は、恐れていながらも父の愛情がほしいと思う彼女の反応は、性的トラウマでよく見られるものだと説明し、彼女が自分についてどう感じているかを尋ねました。

「まあまあだと思います」と彼女は答えました。

「私がどう思っているか知りたいですか？　あなたは自分を嫌っていて、自分なんて生まれてこなければよかったと思っています」と私は言いました。

彼女は再びむせび泣きながら、「その通りです」と認めました。自分を責めることが自分の一部になり、自己嫌悪が第二の天性のようになってしまうのは、虐待経験者に共通することなのです。

病気はいかに現れるか

それからの一時間、リンダについて私が見たものを話しました。そして、彼女が死に近づいているという感覚は正しいと伝えました。「人生がとても苦しいから、もう生きたくない」と心から思うと、私たちの身体は力尽きてしまうのです。それは、消極的な自殺とも言えるでしょう。多発性硬化症というだけでなく、彼女の身体はゆっくりと餓死しつつありました。

私は、多発性硬化症とは愛されるために誰にでもいい顔をしようとする人の病気だと説明しました。ストレスやプレッシャーがあまりに大きく、また、助けを得ようとしないために、ついには身体が参ってしまい、結局は誰かに助けを求めざるをえなくなるのです。私はリンダに、この病気は「他人の人生のことは他人に責任をとらせ、自分のことだけを考えるように」というメッセージなのだと伝えました。

リンダの問題は自己愛にまつわるものでした。彼女には、自分に対する愛がこれっぽっちもなかったのです。そのせいで、他人からの愛を受け入れることもできませんでした。エネルギーレベルから見れば、愛なしに生きるというのは、身体が水なしに生きるようなものです。

私はリンダと一緒に、自己愛を育てるための実践計画を作成しました。彼女に準備ができていたからか、あるいは切実な思いだったからなのか、それから六ヶ月間、彼女は毎週私に会いにやってきました。リンダはあらゆる決断を自己愛に基づいてすることを学んだのです。そして一年後、彼女はまったくの別人になり、生活も一変していました。

自己愛による癒し

初めての訪問から一週間後、リンダは私に電話をしてきて、自分の洋服ダンスを見てみたら黒と茶色のものしかないことに気づいたと言いました。そこで彼女はカラーパレットが印刷されたものを持ってきて寝室の床に座り、「自分を愛する人ならどうするだろうか?」と自問したそうです。カラーパレットを見ながら、リンダはすぐに淡いピンク色の腕時計に心惹かれました。

自分はずっとピンク色が嫌いだと思っていた、と彼女は私に打ち明けました。でも実は、ピンク色を〝いかにも女の子っぽい感じ〟と結びつけていて、女の子っぽさは傷つきやすさを表すと信じていたのです。彼女は二度と傷つきたくなかったために、ピンク色を拒絶していました。傷つきたくないがために男性のことも拒絶し、自分の女性的な側面も拒絶しました。そして、男性的に思える仕事だけを選択していたのです。

最初の訪問から二週間後、リンダは今の仕事がずっと嫌いだったことがわかったと言いました。灼熱の太陽の下、アスファルトの粉塵の中に立ちっぱなしなこと、運転手から怒鳴られること……すべてが嫌だったのです。彼女はその仕事を辞めて、本当に情熱を注げる植物を扱う仕事をすると決めました。

ところがその一週間後に再び私のところにやってきて、家の中に入るやいなや泣き始めたのです。「これまでの人生で一番大変です。すべてのことを変えなければならないのですから。本当にすべてです。自分が誰であるかさえわからなくなりそうです」

これは通常の反応です。何年も自分を無視してきたのちにやっと自分を敬えるようになると、最初はとてもいい気分になるものです。でも自分を敬うということは、不確かな世界へと身を投じ、これまで自分が望んでいると思っていたあらゆるものを捨てて、まったく新しいものに変えなければならないことを意味するのです。

初めからやり直すというのは簡単なことではなく、ものすごい苦しみになるかもしれません。でも、リンダが発見したように、自己愛によって人生を書き直す苦しみは、本当の自分と断絶された人生を生きる苦しみとは比べものにならないほど小さなものでしょう。私のところに通っていた一年の間に、リンダはカリフォルニア州の海辺に引っ越しました。彼女は借金をして小さな土地を購入し、テントを張って生活を始めたのです。そこで薬用ハーブを育て、やがてはインターネットで自然化粧品を販売するようにもなりました。

二年後、チェーン展開する健康食品専門店が彼女の製品を扱い始め、そのおかげで小さな農場を購入することができました。髪の毛も再び生え始め、食生活を変えたために体重も増えていきました。そして、自分のレストランで使うために新鮮なハーブを買いにきていた男性と、デートをするようになったのです。まもなく彼らは結婚しました。リンダは妊娠できるか不安を持っていましたが、最近になって最初の赤ん坊が生まれました。さらに、彼女の医師も驚いているのですが、この一年間、多発性硬化症の症状はまったく現れていません。

リンダの話は「自分を愛し、自分の感情を大切にして人生の正しい選択ができるようになった時、何が起こるのか」を示す、一つの例にすぎません。彼女が人生を大きく変えられたのは、他人が癒してくれたからではありません。また、奇跡的な治療法を見つけたからでもありません。そうではなく、これまで他人から与えられていると思っていたものを、自分で手に入れる勇気を持ったからです。自分を愛するという学びのもと、彼女は勇敢にもあらゆる危険に挑んだのです。

第5章 シンクロニシティ

人生の転換点

ドックから逃れて一年間は、彼からは自由になれたものの、自分につきまとう悪魔からは逃れられずにいました。特に、ある出来事とその時の感情が、私の意識の中に強く焼きついていたのです。それは、私が十八歳の時のことでした。ドックと一緒に車でソルトレークシティの駅へと向かう途中、私はパニック発作を起こしました。すると彼は車を脇に寄せ、スプーンを取り出してヘロインを載せると、少量の水を足してライターの火で熱しました。それから熱くなった液体を注射器で吸い、空気を抜いてから私の腕に打つと、血管に入ったのを確かめてピストン棒を引いたのです。

彼はまだ熱い液体を私の腕に注射しました。それは私の血管を焦がし、まるで何千匹という虫が腕や首を這い回り、脳の中まで入り込む感じがしました。私の身体はヘロインによる強い快感、そこから生じる安堵感でぐったりしましたが、ドックはそんな私を駅に降ろしたのです。列車がやってくるまで二時間ありました。私はセーターのフードをかぶって駅の汚い床の上に座り、腕が焼けるのを感じながら、ホームレスの人たちがうろついているのを眺めていました。

ホームレスの中には長距離バス乗り場を探している人もいれば、ベンチで寝ている人、あるいは〝傷病退役軍人、どうかお恵みを〟と書いたボードを持った人もいました。私はドラッグの影響で心の深い穴の中に落ちながらも、自分の人生がこうなってしまったことに落胆していました。「これが私の現状だ」と、どん底にいる気分でした。

でも、ここで二〇一一年まで話を早送りすると、私はようやく自分の人生が日の目を見たと感じ始めていました。私はプロのアスリートとしての経験を楽しみ、オーガニック食品を支持し、まだ一歳にもならない息子と夫と暮らしていました。また、一対一でクライアントに会い、直観医療とスピリチュアルな導きを与えることもしていました。

そんなある日、私はソルトレークシティの幹線道路を南方へと運転している途中、信号で車を止めました。窓の外に目をやると、ゴミ箱をあさっている汚らしい男性がいました。十八歳の時の列車の駅での出来事以来、私はホームレスの人を見るたびに、まるで自分の人生を見ているような気がしてなりませんでした。

たいていの人は、自分のことを社会ののけ者とはまったく違うと感じているのでしょうが、私の場合、まさに髪の毛一本くらいの違いしかないと思っています。ほんの少し状況が違ったおかげで、今のような結果になっただけなのです。私はゴミをあさる男性を見ながら、「あれは私の姿かもしれない。いくつかの不運が続けば、私も同じようになるかもしれない」と思いました。

処女作の執筆

その日、私の中に、もっとたくさんの人たちへ自分のメッセージを伝えたいという願望が生まれました。一人ひとりのクライアントに教えるのではなく、世界中の人に教えたかったのです。そのためには、個人セッションを受けるゆとりのない人にも届ける方法を見つけなければなりません。その燃えるような情熱を持って、その夜、私は処女作を書き始めました。

本を書く人は誰でも、結局は自分のために書いているのだと思います。ですから、本を書くプロセスというのが自分を愛する行為になるのです。私はペンを持ちながら、あの日ヘロインを打たれて駅に座っていた過去の自分と一緒にいるような気がしていました。「私はあの十八歳の少女に、世の中について何を教えたいのだろうか？　人生はどんなものだと伝えたいのだろうか？

私が伝えることによって、少女がこの宇宙についての見方を変えて、自分の状況を改善できるようになってほしい」と思い続けました。

そうして、三ヶ月間で最初の本を書き上げました。『The Sculptor in the Sky』（未邦訳）は宇宙に関する本で、宇宙がどう働いているか、なぜ喜びは宇宙全体にとって大切で、私たちはどうすれば幸せになれるのかについて書かれています。また、同年私は初めてシンクロナイゼーションのワークショップを開催し、そこには二十人の参加者が集まりました。小さな定期刊行物に私のことについて書いた人もいましたが、その内容は嬉しいものもあれば、誹謗中傷で泣きたくなるようなものもありました。でも、短期間のうちに、私にもファンができたのです。

「自分を愛している人ならどうするだろうか？」と自問するたびに、私は新しいインタビュー、誘導瞑想、ワークショップなどを行うように導かれ、それが私のキャリアになっていきました。また、インターネット上で「Ask Teal（ティールに尋ねよう）」というクラスも始めました。毎週土曜日に、何千通という手紙の中から質問やテーマを一つ選んで、ビデオカメラの前で質問に答えながら私の考えを話すのです。このシリーズには、最初の一年間に何百万回ものアクセスがありました。

さらに、私が「波動絵画」と呼んでいる、エネルギーの絵も描き始めました。私は生まれつき持っている超感覚の能力によって、物質世界を構成しているエネルギーを見ることができるのです。私の絵は、自分が描こうと決めた特定のテーマの波動を表しています。

このような絵を描こうと決めたのは、この絵を家に飾って意識を集中するとその人のエネルギーが絵の波動と共鳴するようになり、それが現実化の助けとなるからです。

すでに百枚以上の絵を描きましたが、今は「波動広告板キャンペーン」の一環として描いています。その目的は、絵の波動を使って集団の意識にポジティブな影響を与えることです。全体的に波動が低く、たくさんの人が通勤で行き来するような場所を選んで絵を飾ります。すると、絵の波動がホメオパシー療法のような働きをして、そこにいる人や絵を見た人たちによい影響を与えるのです。

ありのままの自分をさらす

こういった活動に加え、自分の日々の喜びや苦しみなどをみんなに知らせようと、ブログも始めました。私は、悟りを開いたグルへの崇拝をやめる時が来ていると思っています。先生は自分よりも偉大でいつも覚醒した至福の状態にあり、世の中の事柄に影響を受けることはないと信じていれば、人は自らの神性から引き離されてしまいます。スピリチュアルな教師も自分と同じ人間だとわかっていないと、スピリチュアリティからむしろ遠のいてしまうのです。ですから私のブログでは、ブログの読者と私の間にある垣根を取り払うようにしています。そうすれば、彼らが自分の神性にもっと近づけると思うからです。

長い間、精神世界の教師にとって「ありのままの自分をさらすことは、仕事上での破滅を意味する」というのが共通の見解でした。つまり、自分の影の部分を生徒に見せれば欠点があると思われる、そんな教師に従おうとする人は誰もいない、と考えられていたのです。今私は、この思い込みに挑戦しています。私は自分の感情をそのまま伝えて、世の中に自分の真の姿をさらしています。まず自分がそうしなければ、人々に一番大きな恐怖や悲しみや苦しみを話してほしいとお願いなどできないからです。

初めての海外ワークショップがロンドンで開催された時、四百人以上の聴衆を前にして、私は心から驚きました。その時はまだ、自分が人々に大きな影響を与えているとは思いもしなかったのです。家では夢中で自分の説をいじくりまわしてばかりいる自分を、スピリチュアルの教師などとは思ったこともありませんでした。

でもそのワークショップでは、参加者たちが、私のおかげで人生が変わったと涙ながらに抱きしめてくれました。この海外での初めてのワークショップの後、私はホテルの部屋で「私の人生は、思っているよりもずっと壮大なものかもしれない」と考え続けていました。自分の人生の展望が、ようやくわかり始めたのです。箱に完成図がついていないパズルのように、長い間私の人生にはそれがどのようなものになるのか手がかり一つありませんでした。それでも、私の人生という絵が完成するまで、パズルのピースは一つずつが正しい場所にはまり続けていくのでしょう。

全体的に見て、私の道のりは楽しいものではなく、地獄のような苦しみを伴うものでした。それはまさに、被害者の人生そのものでした。私は「死ぬか、それとも人生を全うするか」という選択を突きつけられ、生きることを選択しました。ボロボロになった自分の人生をつなぎ合わせて、新しい人生を創造したのです。地獄から抜け出し、その道程でパンくずを落としながら、他人にもその方法を示そうとしてきました。そして、現在ではたくさんの人が私の話に耳を傾け、同じことを実践するようになりました。

今の私は、自分がこの仕事をすることになっていたのだとわかっています。若かった頃を振り返って自分の書いたものを読み返すと、私は常に人生に対する考え方について書き、話していました。それは第二の天性のようでした。まるでこれと違う人生など存在しえなかったかのように、私の目的は思い通りに実現したのです。

私は今、新たな夢の実現に取り組んでおり、世の中をポジティブに変えることを目的とした「ヘッドウェイ（進歩）」という名前の会社を立ち上げました。私たちが住む世界に真の利益を与える新しいアイディアに投資する会社、というのを想像してみてください。この会社の利益は、金持ちの経営陣のポケットではなく、啓蒙的なプロジェクトへの投資に使われるのです。このようなアイディアが現実のものになれば、やがてこの会社は政府や政策に影響を及ぼせるだけの権力や財力を得られるはずです。ヘッドウェイは、教育改革、刑務所の改革、食品産業の改革といった様々な領域での改革に関わることになるでしょう。

このような私のビジョンに対して「理想が高すぎる」と言う人もいますが、そう言われた時は、私がどんな逆境を克服してきたかをお話ししています。私よりも不運だった人は誰もいないに違いありませんから……。世界中の人には永続的な変化を起こす準備ができており、みんなが互いの幸せの顔を見たいのだと私は信じています。私は人間の醜い部分と向かい合ってきましたが、その経験によって、人は本質的に善であることを知りました。

シンクロナイゼーションのワークショップ

シンクロナイゼーションのワークショップでは、始まる一時間も前から何百人という参加者が席を埋め尽くします。楽屋にいながら、彼らのざわめきが聞こえることもあります。私はいつも音楽を聴いて気分を整え、事前の不安感を取り除くためにトラウマ解放のエクササイズをします。そして警備員の人たちに挨拶をして、開始時間になったら箱や照明器具のある舞台裏を通ってステージの幕の後ろに立ち、マイクをつけてもらいます。

幕の隙間から参加者たちの顔が見え、私を紹介してステージへと迎える声が聞こえます。私はステージに置かれた二つの椅子の一つに腰掛けます。スポットライトが煌々と部屋中を照らし、夢のような温かさで私を包み込みます。聴衆の方へ目をやると、彼らのエネルギーフィールドが広がり、混じり合っているのが見えます。私は彼らのオーラの中にあるパターンも見ることができます。その人のエネルギーフィールドの中で最も特徴的なパターンが、はっきりと際立ってくるのです。

新しい都市を訪問した時はたいてい、人々が知りたがる二つのことについての話から始めています。二つのこととはつまり、その都市で一番強いポジティブな波動は何か、最も支配的なネガティブな波動は何か、ということです。料理批評家が料理の批評を求められるように、私はエネルギーの批評家として知られるようになりました。

たとえばボストンのように、「他人のことに口出しするな」という考えの人が多いところでは、エネルギーに孤独のパターンが見えます。孤独の中にいるとオーラは閉じてしまい、外側のものと融合しません。これは、私がエネルギーの〝封じ込め〟と呼ぶものです。

すべての都市には特有の波動があります。数ヶ月前のことですが、ロサンゼルスでのシンクロナイゼーションのワークショップ直前、私は少し神経質になっていました。一般的にこのワークショップに参加する人はとても意識が高く、他人ともつながっており、ヒーリングに対して強い興味や忍耐力を持っています。けれど、ロサンゼルスのような、人々が追いつけないほどのペースでエンターテイメントが変化する都市では、人は単に面白い見せ物やショーが見たくてワークショップにやってきて、結局はがっかりするのでは……と私は心配していたのです。

さらに、「ロサンゼルスを愛している人は、この街に対する私のエネルギー批評が気に入らないだろう」とも思いました。素晴らしい評価をしたかったのですが、エネルギーフィールドに敏感な人たちはロスに行くのを恐れている、というのが現実でした。私自身も、ロスは真空の渦巻きのようなところで、全米でも非常に大変な場所の一つだと思っています。

ロサンゼルスで最も強いネガティブなエネルギーは有害な野心で、それがこの場所を世界でも競争の激しい都市の一つにしています。でも興味深いことに、一番強いポジティブな波動もまた野心なのです。それは、有害な野心の裏側にあるものです。

集団としての波動

ワークショップの参加者たちを見渡すと、彼らが共有しているポジティブな波動、ネガティブな波動が見えます。そこで見えたものによって、私はその日話す内容を決めています。彼らが集団として持っている一番強いネガティブな波動を、その日のテーマに選ぶのです。これにはちゃんとした理由があります。

参加者たちが持つポジティブな波動はすでに彼らの役に立っているので、私がそこに注意を向ける必要はありません。彼らは自分を悩ませているものについて、助けを求めてやってきているのです。それは、会場の集合的なエネルギーを見ればはっきりわかります。ですから、たとえば彼らが闘っているエネルギーが「孤独」であれば、私は孤独、連帯感、開かれた心について話し始めます。

エネルギーを読んで全体的なテーマを選ぶというのは、ワクワクすると同時に神経がすり減ることでもあります。なぜなら、事前の準備ができないからです。聴衆の前に座るまで、私には自分が何を教えるのかわかりません。参加者がみんなの前で質問するまで、どんな質問をされるのかもわかりません。質問で困らされるとはまさにこのことです！　でもこれは、最も素晴らしい癒しが起こるやり方でもあるのです。

人々が同じ経験をするには、波動が一致していなければなりません。つまり、特定の場所と時間に引き寄せられる共通したものがなければならないということです。会場で起こるのは大規模なシンクロニシティで、それが、私が主宰するすべてのシンクロナイゼーションのワークショップが独特なものである理由です。人々はワークショップに参加するために世界中から集まってきます。どんなに遠くで暮らしていようと、どの言語を話していようと、彼らに共通する確かなことが一つあります。それは、もし身体的にワークショップに参加できるならば、その人の波動は他の参加者と完璧に一致しているということです。

このワークショップの大半は個人からの質問と回答という形をとりますが、それでも全員が癒しを経験します。私は、学校でそうだったように、質問したい人に手を挙げてもらいます。すると、グループ全体の潜在意識に最も近い質問のある人のエネルギーが、まるで光源がその人のオーラに当たったかのように明るくなるのです。私はその人をステージへと招き、向かい側の椅子に座ってもらい、みんなの前で質問してもらいます。

参加者からは「このワークショップは偽りがなく、信頼できる」というフィードバックをもらっています。ワークショップの一環として、人とは違う考えのために孤独感を抱いている男女が出会い、ありのままに互いを受け入れられるような社交グループ作りもしています。それによって、彼らは自分が受け入れられるだけでなく、影の部分があっても愛されるのだということを発見するのです。もともと参加者たちは私に会いに集まってきているかもしれませんが、私は私一人の力よりもはるかに大きなことが起こるように促しています。

シンクロナイゼーションのワークショップでは、部屋にいる全員の波動が一致しています。ですから、舞台に上がった人に私が言うことは、残りすべての人に適用されます。私の向かいに座っている人の苦しみの小宇宙を気づきと進歩へと導くにつれて、大宇宙も同じ気づきと進歩を経験するようになり、さらにそれが、その場にいるすべての人の助けになるのです。こうして、新しい参加者が舞台に上がるたびに部屋中の波動が上がっていきます。

第6章　自分を愛する人生を生きる

小さなことへの感謝

有名人はジェット機で世界中を飛び回り、大金を稼いで、すべての気まぐれを叶えてもらえると思われがちです。彼らも自分と同じ人間だと思うのは、難しいことなのかもしれません。「もし誰かが私のありのままの生活を見たとしたら、どんな反応をするだろうか」と想像して笑いが込み上げることがよくあるのですが、私も他の人と同じように、息子が学校へ行く準備をし、シャワーも浴びれば足の毛も剃ります。階段の上り下りもします。石鹸の泡に映る様々な色やお米の手触りなど、小さなことに喜びを見いだしています。

子供時代、私の家は一番近い隣人宅まで二十五キロ以上も離れていました。私は孤独で、仲のいいのは自分の馬だけでした。それが、自己愛の道を歩むことによって、今や私の周りに人々のコミュニティができたのです。私たちは友達であり家族になりました。自分の小さな部屋で眠っている時も、私は彼らの存在を感じています。息子の部屋にイーゼルを立てて波動の絵を描いている時も、自分のベッドの上であぐらをかいてインターネット上に講義をアップしている時もです。

私に大きな喜びを与えるのは、並外れた出来事ではありません。むしろ、私の人生に夜明けが訪れたという事実です。何年も前、人生がまだ闇に覆い隠されていた頃、私はトンネルの先にまったく光が見えませんでした。私に喜びを与えてくれるものは何もありませんでした。夕暮れの風景、パーティや休暇といったみんなが楽しんでいるものでさえ、私には苦しみでしかなかったのです。まるで、ガラスの牢獄で暮らしているようでした。私からは外が見えるのですが、外にいる他人からは中が見えないのです。私はみんなのように喜びに触れることができずにいました。

でも今は、ジャズを聴きながら台所でピーマンの詰め物をしています。そよ風が吹き抜けると、オーブンで焼いているルバーブパイのいい香りが部屋中に漂い、遠くからベランダで戯れる家族の笑い声が聞こえます。私はこれが喜びなのだとつくづく思います。やっと、喜びとはどんな感じなのかがわかったのです。

それでも、私の生活は完璧なものではありません。すべてが素晴らしいと言えば嘘になるでしょう。私は今でも自分に起こったトラウマの名残と闘っています。さらに、私がお金を儲けるために話をでっち上げていると言う人たちとも闘っています。私のしていることが気に食わない人たちから、脅迫の手紙を受け取ることさえあります。

有名になるというのは虫眼鏡の下で生きるようなもので、自分の人生のあらゆる側面が拡大されます。よいものも悪いものも、です。当然ながら、私はいつも喜びを感じているわけではありません。私の人生をいつも太陽が照らしているわけではないのです。でも、夜明けがやってきた今、時々自分の頬に太陽の光を感じて、私の未来が約束しているものを味わうことができます。「チャンスを与えられたら、もう一度同じことを経験してもいい」とは言えません。でも、この新しい夜明けとともにやってきた光が、闇の素晴らしさを私に見せてくれました。私は今、自分が耐え忍んだ暗闇の中に途方もない贈り物があったと理解したのです。暗闇の中にある美しさに気づくには、光を見ることが必要でした。

容易な道を受け入れる

今いる自由や喜び、愛の場所へとたどり着くために、私は地を這うような努力をして必死に進んできました。でも振り返ってみて、ここにたどり着けたのは自分が必死に努力したからではないとわかりました。私が今の場所に到達できたのは、あるがままに任せることを学んだおかげなのです。

自己嫌悪から自己愛に至る道は容易なものにもなりえますが、容易な道にする勇気があればのことです。これは、私にとってはとても難しい学びでした。なぜなら、自己愛を得ようともがきながら、自分で進歩を妨げていたからです。あなたのように、そして多くの人のように、私は自分の人生が極めて苦しいものだったことを受け入れました。私たちは頑張ってもがくことに慣れているので、楽なことを受け入れるのが苦手なのです。

本書で紹介するツールキットのテクニックを練習し始めれば、人生の辛かった部分が再び私たちを苦しめたり、人生自体を滅ぼしたりするようなことはないと理解できるはずです。このツールによって、私たちが思いやりを持って自分を受け入れ、癒される方法が学べるからです。自分の一部と闘っているうちは、決して癒されません。自らの一部である苦しみを愛せずにいる限り、あなたの愛は条件つきの愛であり続けるでしょう。

苦しみは自分を嫌うことによって癒されるのではなく、自分を愛することによってのみ癒されるのです。自己嫌悪は流砂のようなもので、もがけばもがくほどあなたはどんどん深く沈んでいき、やがて息ができなくなってしまうでしょう。でも、もがくことさえやめれば、そこから逃れられるのです。

自己愛とは、もがきながらたどり着く場所ではありません。それはむしろ在り方であり、誰もが今この瞬間に手に入れられるものです。ただそれが起こることを許せばいいだけなのです。

あなたはきっと自分の本質、つまり、愛にたどり着くことでしょう。あなたの内なる本質が傷つけられたり、失われたりすることは決してありません。それが自分の中を流れるのを邪魔してしまうことはあっても、その時でさえ、あなたが自分を愛しさえすれば状況は好転させられるのです。

一歩前へと進むたびに、あなたは新しい瞬間と新しい自分を経験します。自分に優しくしてください。あなたはこの世界というパズルの貴重なピースです。あなたがいなければ、この世は完全にはなりえません。あなたが何をしているかではなく、あなたが存在すること自体が尊いのです。今はまだわからないかもしれませんが、やがて自分自身こそが人生の愛なのだとわかるようになるでしょう。

素晴らしいシフトの経験

ねじ曲がり、崩壊してしまった私の人生が最終的に成功話のようになったことは、この上ない喜びです。完成したジグソーパズルを初めて見たかのように、私は自分の人生の全体像を見ることができました。そして、自分が子供の時にどうしてあのような経験をしたのか、その理由がようやくわかったのです。私は自分の人生の目的を感じ、何のために今世にやってきたかをついに知ることができました。

数年前、二十六歳だった時、私はとても驚くような経験をしました。生まれて初めて「自分の人生を愛している」と人に言えたのです。自己嫌悪の最たるものである自殺願望に苦しむ状態から「自分の人生を愛している」と宣言できる状態へとシフトするために、私が一体何をしたと思われますか？　答えはとても簡単です。自分を愛する方法を少しずつ学んでいったのです。

私が発見したのは、どんな子供時代を過ごそうとも（狼に育てられた場合は別として）、みんな自分を愛せずに苦しんでいるということでした。苦しみは私の内側にあった目覚めの扉を開いてくれ、私はその扉を通り抜けました。今私は、生まれつきの超感覚的な能力と自己嫌悪を乗り越えた経験の両方を用いながら、多くの人に自分を愛する方法を教えています。その詳しい内容については、この後のツールキットで紹介していきましょう。

Part 2

自分を愛するためのツールキット

はじめに　自分を愛するツールキットを使う

自己愛の花を育てる

「雑草は根っこから抜かなければならない」という格言を聞いたことがありますか？　これはまさに自己嫌悪についても言えることです。あなたはそれを根っこから引き抜いて、そこに自己愛の種を植えなければなりません。そうすれば、あなたの人生から雑草がなくなり、そこに花が咲き誇るでしょう。あなたの人生のあらゆる状況が改善し始めます。自己愛はあらゆるものの最も高次の状態なのです。自己愛があれば、あなたは幸せです。自己愛を育て始めれば、あなたの望むあらゆるものが手に入るでしょう。

では、そのために一体どうすればいいのでしょうか？　自己啓発の分野には、生活を改善するための方法があふれています。あまりにもたくさんありすぎて、圧倒されてしまうかもしれません。でも、本当に必要なのは、自分を愛することを学ぶことだけです。私が「自己愛は素晴らしい近道だ」とよく言っているのはそのためです。心から自分を愛することを学べば、あなたは全宇宙を受け入れられるでしょう。

繰り返しますが、この人生で私たちが学ぶ必要があるのはたった一つ――自分を愛することだけなのです。「私はあなたを愛しています」と自分に対して言えば、それが自己愛です。この二元性の世界で、あなたは自分と周囲の世界との違いを目にしていることでしょう。でも、現実にはそのような違いは存在していません。あなたの人生のあらゆるものは、実はあなたが投影したものなのです。

思いやりを育てることは、自己愛を育てることにほかなりません。他人を助けるのも自己愛、誰かを許すことも自己愛です。少しでも抵抗するものがあれば、心から自分を愛することはできません。この本を読んでいるなら、おそらくあなたは自分の愛し方をまだ知らないのでしょう。

この本を読んでいるほとんどの人は、自己愛はわがままだと教えられたに違いありません。「自分が大好きな人は、他人のことなど気にもしていない」などと言われてきたはずです。さらに、「あなたには欠点があり、人生の目的とはもっとよい人間になることだ」と教えられたことでしょう。私たちは、「愛されるには、よい人にならなければならない」と言われて育ってきたのです。その結果、「愛されたければ、他人の考える成功の基準に到達しなければならない」と信じてしまいました。

おそらく一番有害なのは、「よい人間になって愛されるために、その基準に合わない自分を罰しなければならない」と教わったことです。それは真実ではないということが、この本の教えの大前提です。

人間にとって最大の集合的病の一つは「自分は十分ではない」という信念を持っていることです。これこそ自己愛の欠如と呼ぶべきもので、それは人生のあらゆる側面に広がっていき、欠乏感を生み出します。ほとんどの人は心から自分を愛していません。もしあなたが自分は十分でないと思い、自分を愛していないとしても、それはあなたに限ったことではありません。これは、そんなすべての人のために書いた本です。

どうして自分を嫌うようになるのか

初めに、私たちがどうしてこのようになってしまったのかをお話ししましょう。子供の頃に完全に愛された人は、誰一人としていません。それは、私たちが今世で取り組むべき仕事なのです。私たちは、自分を愛することを学ぶためにこの世にやってきます。自己嫌悪を抱くのに、子供時代の虐待が必要なわけではありません。自己嫌悪は私たちが暮らす社会の中で教えられ、〝よい両親〟によってさらに強化されるものなのです。

私たちが自己嫌悪を学ぶプロセスは、「社会化」と呼ばれています。あなたの子供時代がどんなに健やかなものであったとしても、次に挙げるようなセリフを少なくとも一度は耳にし、それが胸に突き刺さった経験があるに違いありません。それは、「恥を知りなさい。何をしたかわかっているの？　すぐにやめなさい。ダメって言ったはずよ。どうして何回言ってもわからないの？そんなにバカじゃないでしょう？」といったものです。

ひょっとすると、今でも頭の中で次のようなネガティブなセリフが聞こえているかもしれません。「悪い子ね。言って聞かせたでしょう。自分を何だと思っているの？　よくもまあそんなことを。口ごたえはやめなさい。そんなふうに思っちゃいけません。それは当然の報いよ。他人のことを考えたことがあるの？」

大人たちは、あなたを意識的に傷つけようとして言ったわけではありません。単に自分が知っている唯一の方法で、あなたに社会生活について教えていただけなのです。両親は、自分が親に育てられたのと同じようにあなたを育てました。祖父母も同様です。

あなたが子供の頃、おそらく両親も無力さを抱いていたのでしょう。彼らがもし自分のことを利己的だと思ってしまえば、自尊心を保つことはできません。それゆえ、「あなたのため」だと言ったことが、実は自分自身のためだったと認めようとはしないのです。

親や大人たちは、彼らの自己概念を守る方法を見つけました。つまり、「それはあなたのため」という信念をあなたや自分自身に与えるということです。私たちはこの世に生まれてすぐに、この嘘を与えられます。とても愛に満ちた家庭で育った人でも、です。子供は学校と呼ばれる牢獄のような環境で一日何時間も授業を受けさせられますが、それも自分のためだと言われます。大人は子供の身体や心が痛みを感じるようなしつけをし、それは彼らのためだと言います。

さらに、子供の欲求は不適切なので別の欲求を選ぶ必要があると言い、それもまた子供自身のためだと言います。ここで、もう一つの問題が生まれます。子供が、おそらく両親は正しいのだと信じ始めてしまうことです。子供は親の言う通り、自分のためなのだろうと思い始めます。子供は親なしには生きられないので、親は自分よりも世の中のことをよく知っていると信じてしまうのです。

混乱を生み出すメッセージ

こうして私たちは、自分に与えられる苦しみは自分のためであると信じるようになります。喜びは自分にとって悪いもので、苦しみがよいものだと信じ始めるのです。私たちは親が苦しみを与えながら「愛しているわ。あなたのためにこうするのよ」と囁くのを聞き続け、次第に「愛というのは苦しみなのだ」と信じるようになりました。そして、自分自身は信頼できないと思い始めてしまったのです。

私たちは、「自分の感情に従っていると、正しい道から外れてしまう」と感じるようになっていきます。つまり、母親が「あなたのためにならない」と言うことをしている時には喜びを感じ、「あなたのため」と言うことをしている時は苦しみを感じるのだと思ってしまうのです。ですから、もし気楽さや喜びを感じていたとしても、しばらくすると何かが間違っているような気がしてしまいます。それは、無理もないことです。こうして私たちは自分の欲求を信用しなくなり、自分の幸せが大切だという考えもなくしていきます。

痛みや苦しみ、自己嫌悪が自分をよい人間にし、それによって愛されるようになると信じた瞬間、私たちは苦しみを手放せなくなるでしょう。なぜなら、苦しみが自分の役に立っていると考えるからです。そして私たちは、苦しみが続くように専念し、苦しみの正当性を主張するようになります。もし苦しみを手放して喜びや自己愛の方へ向かえば、自分は社会の困り者になり、見捨てられ、愛されない存在になると信じてしまうのです。

両親はあなたを傷つけようとしたわけではなく、彼らのやり方が悲惨な結果を招くこと、つまりあなたが「自分は十分ではない」と思うようになることを理解していないのです。あなたは「自分が両親から必要としていた愛を得られないのは自分のせいだ」と結論づけました。この正しくない仮説が、あなたの人生で自己嫌悪のサイクルをスタートさせてしまったのです。

罰と報酬

社会化は、社会の秩序を保ち、〝よい〟人間を作るためのものです。問題は、社会が罰と報酬の観点から物事を考えており、愛され受け入れられるにはよい人にならなければならないと教えていることです。そして社会は、よい人になるには自分を罰する必要があると言っています。私たちは、「よい人とは自分や他人のあらを探し、それを批判して、自分自身あるいは他人がそれを変えるまで罰する人である」と学びました。この社会化のモデルは私たちの家庭だけでなく、教育や司法制度においても見られます。

自己嫌悪は私たちの世界ではあまりに当たり前すぎる状態なので、私たちはほとんどすべての人が同じ感情を抱いていることに気づいてさえいません。自己嫌悪は薬物や自傷行為、過食、売春や犯罪などに依存する人たちだけの問題ではないのです。これらは自己嫌悪がはっきり目に見える行為として現れた例にすぎません。自己嫌悪は様々な形態をとっており、その多くが危険なものでありながら、目には見えていないのです。

私たちが大人になる頃には、「自分には生まれつき悪い部分があり、罰を与えて悪い部分を懲らしめなければ愛されない」という揺るぎない信念が根づきます。自分でそのサイクルを壊すまで、あなたはいつまでも嫌いな部分を見つけ続けるでしょう。

そのサイクルを壊すのは、非常に難しいことです。その理由を説明しましょう。私たちは、自分を愛するのは利己的なことで、それゆえに悪いと教えられました。となると、私たちが愛を手に入れる唯一の方法は他人から得ることで、そのためには他人がよいと考える基準に到達しなければなりません。このような理由から私たちは他人の期待を受け入れ、それに添うことができないと自分を罰するのです。でも、他人からの期待は自分の真の期待ではなく、本当の欲求を映し出してはいないので、いつも期待に添わない状況が起こってしまうでしょう。

しかも、他人の期待に応えて得られる愛は、真の愛ではありません。なぜなら、それを手に入れるために自分を変えなければならないからです。社会は、私たちに欠陥があるに違いないと言ってきます。そこでひとたび自分の欠点に注意を向け始めると、より多くの欠点が見つかるようになり、やがて人はそのことしか考えないようになってしまいます。そして、このサイクルが永遠に続くのです。

こうして私たちはさらに見失い、混乱し、人生の状況も悪くなって、深い自己嫌悪と無力感に陥ります。自分を嫌いながら前に進もうとすることは、ブレーキを踏みながら運転するようなものです。当然、にっちもさっちもいかなくなるでしょう。そこから自由になる唯一の方法は、自分が捕らえられた自己嫌悪のサイクルに気づくことです。

自分を愛するためのツールキットの使い方

あなたが果てしないサイクルにはまっていることに気づき、自分の人生はうまくいっていないと認めたなら、愛について間違った思い込みがないか調べてください。このプロセスを始めると、破滅へと落ちていくような気持ちになるかもしれません。というのも、私たちは自分を愛するのは悪いことだと教えられてきたからです。でも、どうか辛抱強くいてください。あなたがこの本を読んでいるのは、おそらくこれまでと同じようにはできないとわかっているからです。

新しいことに挑戦しようと決心したあなたを称賛したいと思います。どうぞハートを開いてください。そして、この本に書かれていることがもしもあなたの役に立たなければ、いつでも元に戻れることを覚えていてください。

では、あなたにやる気があるならば、私と一緒に自己ヒーリングの旅へと出発しましょう。次の章からは、あなたに役立つツールキットを紹介しています。各章で自己愛を学ぶための様々なツールやテクニック、新しいものの見方を提供していますが、すべての提案を取り入れて、すぐにあらゆる変化を起こそうとは思わないでください。そんなことをすれば、圧倒されてお手上げ状態になるだけです。そうではなく、一度に一つか二つのテクニックやツール、アイディアを試してみましょう。少しずつ前進すれば、自分自身とそのプロセスに自信を持てるようになるはずです。

あなたがこの本を読み終えた時、特定の章に焦点を当てて、その情報を自分の生活の中で使ってみたいと思うかもしれません。最も自分に役立つ変化を起こす方へと、直感的に引き寄せられるのを感じる場合もあるでしょう。

もう一つのこの本の使い方として、朝目覚めた時、その日あるいはその週、どの部分に集中すればいいかを宇宙に決めてもらうのもいいでしょう。そのためには、本を手に持って自然にページが開くのに任せればいいだけです。ある文章や一節、あるページへと無意識に目がいくかもしれません。あなたが読んだものは宇宙からの導きです。一日あるいはその週を通して、そこで目にした内容について考えましょう。

この本から学んだ情報をどう使っていいのかわからない、と心配する必要はありません。必ずあなたの生活に役立てる方法を見つけられると私は断言します。後になってこの本を再読した時、自分が自主的に始めた何かの結果として、この本に書かれている変化のいくつかを自然に成し遂げていたと気づくかもしれません。

この情報の使い方が正しいとか間違っているということはありません。あなたがこの本を手にとったという事実が、自分を愛する方法を必ず見つけると誓ったことを示しています。

自己愛は私にたくさんの喜びをもたらしてくれましたが、それは今でも変わりません。私は自信を持って、あなたにも同じことが起こるとお約束します。

ツール 1

自己愛のための三百六十五日

自己愛に取り組む一年

今ここで「私は自分を愛している」と言えば、あなたは真実というより嘘を言っている気がするかもしれません。この言葉はあなたの知性が言うことと矛盾しているので、現在の自分に満足するどころか、もっと不満を感じることになってしまうでしょう。でも、あなたがまだ自分を愛していないなら、自分のためにできる最善のことは、自分を愛しているかのように振る舞い始めることなのです。そうすれば、自己嫌悪感があなたの行動に及ぼしている影響を小さくしていくことができるでしょう。

自己嫌悪から自己愛に至る旅には、献身的な取り組みが必要となります。私はこの取り組みを「自己愛のための三百六十五日」と呼んでいます。それは、現在いる場所と自分を愛する人生との間にあるギャップを埋める足がかりになるはずです。

今のあなたは決断や約束をする際、おそらく悪戦苦闘していることでしょう。なぜなら、自己愛に基づいて決断していないからです。きっとあなたの決断は、規則、承認欲求、症状の緩和といったものに基づいています。でも、自分の人生を全うするには、自分の真実や喜びとのつながりを取り戻さなければなりません。この二つがあなたの決断の主たる動機となるべきなのです。自己愛が最初の基盤となり、その上に自分の人生を積み上げていく必要があります。

これを必ず実現するために、カレンダーを持ってきて、いつから始めるかしるしをつけてください。次に、その取り組みを終える三百六十五日後にもしるしをつけましょう。それができたら、いよいよ実際に行動を起こす時です。きっちり一年間、毎日「自分を愛している人ならどうするだろうか？」というマントラに従って生きると自分に約束しましょう。

簡単に聞こえますが、これは繰り返して言わなければなりません。今ここで声に出して言ってください。「自分を愛している人ならどうするだろうか？」。これからいつも言うことになる言葉なので、どうぞ慣れてください。どんな小さな決断をする時にも、この質問を自分に問いかけましょう。

基本的に一年間、毎日この簡単な質問に基づいて生活するのです。この質問をすると、直感のひらめきのように答えがやってくるでしょう。直感とは、意識的に考えずに突然やってくる考えや理解のことです。それは第六感、思考やイメージ、感情や身体感覚などとしてやってきます。

ほとんどの人は自分の直感に注意を払わず、それを無視することを学んできました。でもこの簡単なマントラを唱えることで、生来の贈り物である自分の直感と再びつながれるでしょう。幸いにして、たとえあなたが本当の自分からのメッセージをずっと締め出していたとしても、本当の自分はメッセージを送り続けています。それゆえ、自分の直感を完全に失うということは不可能なのです。

直感に耳を傾けて、行動する

真に直感に耳を傾けるとは、自分のすべての感覚で聞くということです。直感がやってくる方法は人それぞれです。あなたが心の中で質問をすると、答えが聞こえたり、見えたりするかもしれません。あるいは頭の中で答えがわかったり、肌寒さや火照りのような身体感覚があったり、感情を通して答えを受け取ったりすることもあるでしょう。自分の直感に耳を傾けてそれを大切にする練習をしていけば、それがどのような形で現れようと理解できるようになるはずです。

「自分を愛している人ならどうするだろうか？」と自問するたびに、あなたは直感という形で正しい答えを受け取れるのです。答えは直ちにやってくるでしょう。それは頭の中に突然浮かぶかもしれません。そうしたら、行動を起こすという次の段階へ進む時です。

行動を起こす段階では、あなたが受け取った答えを実行に移します。直感の答えを心に留めて、自己愛に基づきながら必要な方向へと進むのです。

たとえば、家でやることがありすぎて優先順位がつけられないとしましょう。あなたは、「自分を愛している人ならどうするだろうか？」と自分に尋ねて、内なる声に耳を傾けます。もし「お風呂に入る」という答えがやってきたら、そうしてください。「家の掃除をする」という答えであれば、掃除をしましょう。

三百六十五日、決断の必要があるたびにこの質問を繰り返すのです。特に、「今の仕事を続けるべきだろうか？　それともやめるべきだろうか？」といった重要な決断の場合、この方法は明らかにふさわしい方法と言えるでしょう。あなたの直感は、間違いなく人生を導く助けとなります。「リンゴを食べた方がいいだろうか？　それともオレンジの方がいいだろうか？」などという日常の些細な決断だとしても、質問を続けてください。自分の周囲で何が起こっていようと自分を愛する訓練を一貫して続けるというのは、十分価値があることです。

簡単な行動が大きな変化をもたらす

このプロセスを始めると、あなたは自分が一日中常に選択していることに気づくでしょう。このプロセスのパワーは「三百六十五日後には、自己愛によって生きることが習慣化される」というところにあります。あなたはもはや、他の生き方ができなくなるでしょう。

これは、あなたが思うよりもはるかに深いプロセスです。「自分を愛している人ならどうするだろうか？」と尋ねると、あなたの直感が答えを届けてくれます。そしてあなたがその答えを実行に移すと、あなたが望む人生の邪魔をしていたものがはっきりわかるのです。

この取り組みをするという約束が、自己嫌悪から自己愛に至る旅の基礎となります。この先に書かれていることは、この約束の上に成り立っています。私に言わせれば、本書で紹介している他のすべては、「自分を愛している人ならどうするだろうか？」という質問に従って生きることに比べれば、二の次なのです。

本書を読んで、たとえこの質問しか学ばなかったとしても、それで十分と言えるでしょう。

ツール2 自分は受け取るのにふさわしいと知る

「与えない」という悪習

自己愛に到達するための最大の障害は、「自分は愛を受け取るのにふさわしくない」という感情です。このパターンは子供時代に始まります。私たちは幼い頃に、「望むものが手に入らないのは、自分にそれを手に入れる価値がないからだ」と結論づけるのです。

赤ん坊は、自分の欲求を満たしてもらったり、世話してもらったりする価値が自分にはないと考えて、この世に生まれてくるわけではありません。オムツを替えてもらい、抱きしめられ、寝つくまであやしてもらうのにふさわしくないと思ったりはしていないのです。また、私たち大人も、赤ん坊にそのような世話を受ける価値はないと考えてはいません。

でもたいていの場合、両親は子供が自信やポジティブな自己イメージを持てるように励まそうとはしません。大人はしばらくは子供の依存を許していますが、ある時点で、子供のためにすべてを提供させられるのは不公平だという気持ちを抱き始めます。

その時両親は、「何かを得るのにふさわしい」ということと「何かを得る権利がある」ということの違いを認識できずに、これまで自分が与えていたものを子供は受け取るのにふさわしくないという印象を急に与えてしまいがちです。すると子供は、「自分が何か悪いことをしたからだ」という論理的な結論を導き出します。「自分に悪いところがあるに違いない」と思うことさえあるでしょう。

実際、私たちの社会は子供たちに「あなたたちは不十分な存在で、よいものを受け取るのにふさわしくない」と伝えています。つまり、「与えない」ことによって彼らを罰しているのです。このようなことが起きるのは、何かを得るのにふさわしいということと、何かを得る権利があるということの違いを理解していない人が多いからです。

受け取るのにふさわしいのか、受け取る権利があるのか

「自分が何かを得るのにふさわしいと思うのは、自分本位なことだ」という思い込みを捨てられない人にとって、「受け取る権利がある」ことと「受け取るのにふさわしい」ことの違いを理解するのはとても重要なことです。

「受け取るのにふさわしい」と思っているということは、自分は必要としているものやほしいものに値する存在だと心の中で深く知っているということです。ですから、何かを受け取るのにふさわしくないと信じているということは、自分に価値があると感じていないということになります。つまり、これは自尊心の問題です。自分が何かを受け取るのにふさわしいと思っている人は、自分の価値を信じています。そういう人は、他人から奪い取る必要もなく、自分が望むものは何でも得られると信じているのです。

「受け取る権利がある」という考えは、これとはまったく別のものです。それは、自分が他人から受け取るのにふさわしいと主張する権利を信じているということです。このような考えを持つ人は、自分に望むものを手に入れる能力があるかどうか不安を抱いており、その不安をプライドや「他人から与えられるべきだ」という横柄な考えで覆い隠しているのです。

受け取る権利があるという考えは深い苦しみの表れで、受け取るのにふさわしいという考えは

自己愛の表れです。自分を愛するには、時間をかけてこの二つの違いを理解できるようになることが重要です。まず最初に、自分は愛を受け取るのにふさわしい存在だと決めなければなりません。自分が愛にふさわしいと感じられなければ、愛を得ようとするたびに、その思いが邪魔をしてしまうでしょう。

愛にふさわしい存在として自分に接する

自分は愛にふさわしい存在だと信じようと努力している時、自分自身に対して愛を受け取るのにふさわしくない存在であるかのように接していないか、よく見てみてください。これが出発点です。そのような部分をすべて見つけ出して、書き留めましょう。

自分に対して十分な注意を向けていますか？　いつも二番手で甘んじていませんか？　鏡を見るたび、欠点ばかりに目がいっていませんか？　悲しい時、「いつまでもくよくよするな」ときつい言葉をかけていませんか？　怒りを素直に表現しなかったり、何かに依存することで自分の感情を抑圧したり、黙らせたりしていませんか？　少し時間をとって自分の生活をじっくり眺め、あなた自身を愛にふさわしくない存在として扱っている振る舞いを、すべて書き出してください。

そのリストが出来上がったら、あなたが自分を扱ってきたのと同じように、他人に接しているところを想像してみましょう。

たとえば、あなたは悲しみや恐怖を感じている時、自分に対して「早く立ち直りなさい」と言っているかもしれません。もしそうなら、泣きながら電話をかけてきた友人に「早く立ち直りなさい」と言っているところを想像するのです。友人にそんな言葉をかけて、申し訳ないと思いませんか？そんなふうに言うのは、「あなたは愛を受け取るのにふさわしくない」と言っているのと同じです。あなたはそれをずっと自分に対して行い、自分自身を徹底的に痛めつけてきたのです。このエクササイズによって、あなたは自分だけでなく他人を愛することも学べるでしょう。

では、今書いたリストを見ながら、一つひとつの例について、どのように接し方を変えればいいか考えましょう。次の文を書いてください。


私は（　　　　）する準備ができており、喜んで（　　　　）します。


空白の部分を自分で埋めましょう。正しい答えも間違った答えもありません。答えは人それぞれですが、自分に対する新しい接し方を見た時に気分がよくなることが必要です。

たとえば、元のリストの文章が「早く立ち直るようにと自分に言っている」であれば、新しい文章は「私は自分が感じていることに耳を傾け、いつも自分の感情を優先する準備ができており、喜んでそうします」という感じになるでしょう。

自分にこう接したいというリストを作り終えたら、そのために今すぐ実践できる五つの約束事を書いてください。大げさなことでなくてかまいません。もし新しい文章が「私は自分が感じていることに耳を傾け、いつも自分の感情を優先させる準備ができており、喜んでそうします」であれば、あなたの約束の一つは、「ネガティブな感情が現れるたびに、それを抑圧せずに日記に書く」というものになるかもしれません。

インナーチャイルドを癒すビジュアライゼーション

マインドはあらゆる種類の思い込みを喜んで受け入れます。それらをじっくり見てみれば、ばかばかしく思えるようなものもたくさんあるでしょう。「自分は何かを受け取るのにふさわしくない」という考えも、そのような思い込みの一つです。こういった思い込みを無効にし、もっとポジティブで真実である考えと置き換えるために、少なくとも二十分間、座って目を閉じ、次のビジュアライゼーション（視覚化）をしてください。

＊　＊　＊

静かに座り、安全で素晴らしい場所を想像しましょう。現実の場所でも想像上の場所でもかまいません。そこは、あなたの心の中にある天国のようなところです。この安全な場所で、自分を子供だとイメージしましょう。幼子が見えるかもしれませんし、もう少し成長した子供かもしれません。その子供をただ観察してください。

その子は何をしているでしょうか？　どんな様子ですか？　どのように感じていると思いますか？　では、あなたが見ている子供は幸せになるのにふさわしいか考えてみましょう。その子は愛されるのに値しますか、それとも不幸になるのに値しますか？　恵まれず、愛されず、一人でいるのにふさわしい存在ですか？　あなたはその子に対して「愛されるのに値しない」とは決して言えないとわかるはずです。どんな子供に対してであれ、そんなことをするほどあなたは愚かではないでしょう。

ビジュアライゼーションを続けます。目の前に座っている子供とあなたとの間にある人生を振り返ってください。あなたが幸せや愛を受け取るのにふさわしくなくなった時点を探し出してほしいのです。見つけることができましたか？　おそらく答えはノーでしょう。

もう一度人生を振り返り、その子供が存在しなくなった時点を見つけてください。その子が消えて、突然その場所に大人が現れた時点はありませんでしたか？　この質問に対する答えも普通はノーです。

では、その子のところへ行って自己紹介をしてください。「もう強がらなくていい」と言ってあげましょう。「あなたは立派に成長したのだから、もう安心して楽しんでいい」と伝えるのです。子供時代の自分に対して、「あなたは愛され、幸せになるのにふさわしく、ほしいものを何でも手に入れるのに値する」のだと言ってあげてください。

あなたがその子のほしいものを与えてあげると伝えましょう。あなたは大人になり、その子の世話をする準備ができたのです。その子に対して「とても愛している」と伝え、どんなところを愛しているか言ってあげてください。

それから、その子供をしっかり抱きしめましょう。もし子供が泣き始めたら、そのまま泣かせてあげます。自分が慰めてほしいと思うように、その子を慰めてください。安堵感がやってくるのを感じましょう。

あなたとその子に準備ができたら、「必要な時はいつでもそばにいて慰め、話し相手になる」と言ってあげてください。そして、心の中の安全な場所にその子のための温かなベッドと好きな食べ物があり、遊び相手もいると想像しましょう。その子にその場所を教えて、しばらくはあなたが大人の役割を果たすことを伝えます。

子供のそばを離れてもいいと感じたら、もう一度抱きしめて、「ずっと愛している」と言ってください。彼らをベッドに寝かせたり、好物を食べている様子や友達と遊びにいくところを見ていましょう。

では、ゆっくりと自分の注意を部屋の中へと戻します。つま先や手の指を少し動かしてください。深呼吸をしてから、両目を開きます。

あなたはいつでも受け取るのにふさわしい存在

もしビジュアライゼーションがうまくいかなかったら、あなたが子供だった頃の写真を見つけてください。その写真をじっと見て、その子供は幸せになるのに値するか、自分に問いましょう。その子供は愛されるのにふさわしいでしょうか？　それとも愛されず、一人ぼっちでいるのにふさわしい存在でしょうか？

その写真と現在の間にある人生を振り返りましょう。あなたが突然、幸せや愛を受け取るのにふさわしくなくなった時点を見つけてください。見つかったでしょうか？　それに対する答えは、おそらくノーです。ではもう一度人生を振り返り、写真の子供が存在しなくなった時点を見つけてください。その子供が消えて、突然その場所に大人が現れた時点はありますか？　この質問に対する答えも、きっとノーです。

このエクササイズで明らかになるのは、子供を見て、彼らが幸せや愛を受け取るのにふさわしいと思うのは簡単だということです。でも、「私は○○に値しない」と思ったり、そのように行動したりするたびに、あなたは自分の中に存在する子供に対して、それを受け取るのにふさわしくないと言っているのです。

子供には幸せや愛や夢の実現にふさわしくない存在だと言ったりはしないのに、なぜ自分に対してそう言ってしまうのでしょうか？　このエクササイズを通して、今でも子供時代と同じように、あなたは受け取るのにふさわしい存在であることをぜひ思い出してください。

愛にダイヤルを合わせる

私たちの住む宇宙は、「あなたが何かにふさわしい存在かどうか」という視点で動いているわけではありません。あなたに受け取る価値があるかどうかは問われるまでもないでしょう。それは、確実に与えられるのです。あなたが愛や幸せを受け取るのに値しなかったことは一度もなく、これからもありえません。あなたが望んだ瞬間、それが何であろうとあなたは手に入れられるはずです。人生で望むものが手に入らないのは、私たちがそれを「受け取るのにふさわしいかどうか」ということとは関係ありません。むしろ、私たちが「自分に価値があると信じているかどうか」に関係するのです。つまり、自分が望んでいるものと波動的に一致するかどうか、ということです。

あなたが想像できないほど、宇宙はあなたを愛しています。そして、宇宙では引き寄せの法則が働いています。この法則によれば、あなたは自分の波動と一致したものだけを現実のものとして経験できるのです。

この意味を理解するには、ラジオの電波塔を思い描いてください。そのラジオの電波塔は、常に90．1FMのラジオ番組を放送しています。でも、その放送を受信するにはまず自分のラジオを90．1FMに合わせなければなりません。宇宙はこのラジオの仕組みにたとえることができるでしょう。宇宙は常に、あなたの望むチャンネルを放送しています。たとえば「愛」というチャンネルはいつも放送されていますが、それを受信するにはまず「愛」の波動にダイヤルを合わせなければならないのです。

仕組みとしては簡単に聞こえますが、では、あなたの波動に影響を与えているのは何でしょうか？　答えは、あなたの思考です。つまり、「自分は敗北者だ」と考えていたら、成功にふさわしい存在ではいられないということです。自分はすべてにおいて悪いと思っていれば、自分のことをよく感じさせてくれる人や自信を与えてくれるチャンスには出会えません。代わりに、自分を悪いと感じさせる人と出会い、その思いが強くなるような状況ばかりを経験することでしょう。

宇宙が疑いや失望や批判の目であなたを見ることは決してありません。宇宙はあなたが「何か足りない存在」などではなく、「自分の望むものに注意を向けた瞬間に、何でも手に入れられる存在」だと知っているのです。

この引き寄せの法則のもと、あなたは「自分は求めているものを受け取るのに値する」と信じた瞬間に、すべてが思い通りになることに気づくでしょう。自分の思考を変えれば、この宇宙はすぐにあなたの新しい思考に見合う現実を生み出してくれるのです。

あなたに何かを受け取る価値があるかどうかは問題にもならないことを、どうぞ覚えていてください。あなたはすべてを受け取るのに値します。これは、あなたという存在に与えられたものなのです。宇宙はあなたが成功し、豊かさや自由や喜びを経験することを願っています。それらを創造できない存在として、宇宙があなたに接することは決してありません。つまり、宇宙はあなたが望んでいるよりはるかにあなたを愛しているのです！

ツール3 最も重要な決断をする

幸せになるという決断

さて、あなたは自分を愛することの一番大切な部分を学ぶ準備ができました。自己愛にとって大切なのは、何かの知識を習得することではなく、決断することです。それは、自分を愛したいと思う人は避けて通れない決断です。つまり、自分が感じていることを最も大切にしようと決める、ということです。言い換えれば、幸せを人生の一番の目標にするのです。

もし自分を愛したければ、自分がどう感じているかに注意を向けて、それを人生で最も重要なことにしなければなりません。そうすれば、危険を冒していると思ったとしても、喜びの方向へと進めるでしょう。

自分を愛している人たちは、幸せを一番の目標にしています。彼らは他のすべてのことは二の次だと知っているのです。彼らは、この世で何かをする唯一の動機は、自分の気分がよくなり、幸せへと導かれることだとわかっています。

初めは意味がよくわからないかもしれませんが、次に挙げる例を参考に、ぜひ深く考えてみてください。これは理解と思いやりのエクササイズであり、他人に対することから始めたとしても、結局は自分に返ってくるものです。

母親はなぜ、子供が生まれると自分の生活を犠牲にするのでしょうか？　それは、自分本意で生きるよりも、そうする方が自分の気分がよくなると思うからです。

麻薬密売者は、なぜドラッグを打つのでしょうか？　その理由は、ドラッグを打てば今よりも気分がよくなると思うからです。

人はなぜ、誰かに結婚を申し込むのでしょうか？　それは、相手が承諾してくれれば自分の気分がよくなると思うからです。

それが自分本位のことであろうとなかろうと、よいことであろうと悪いことであろうと、私たちがすることはただ一つの理由――その行動によって、自分がもっと幸せになれるという思い――からなされるのです。

幸せはこの宇宙で唯一の、動機となる力です。そして、自分を愛することとは、幸せのための仲介者を省くことです。「どうやって」幸せを得られるかを考えることが仲介者だとわかれば、「どうやって」を手放して、ただ幸せを目標にできるのです。先ほど紹介したシナリオで言えば、自分の生活を犠牲にすることが、母親の人生における「どうやって」です。ドラッグが、麻薬密売者の人生における「どうやって」です。結婚が、花婿の人生における「どうやって」です。

何があなたの動機になっているか

この重要なメッセージを受け取るには、動機について理解する必要があるでしょう。多くの人が、自分や他人にとっての一番の動機は外から与えられると信じています。外からの動機とはつまり、お金のような報酬や、牢獄に入れられるといった罰などです。これはいわゆる〝アメとムチの作戦〟で、簡単に言えば、「もし○○すれば、△△してもらえる」ということです。たとえば、子供の時「お皿洗いをすればお小遣いをあげる」と言われたことがあったでしょう。

でも、アメとムチの作戦は動機を生む最善のものではありません。実際、この種の動機は本当の動機を打ち砕いてしまいます。本当の動機とは内的なもの——自分の人生を方向づけ、新しいことを学んで創造し、進歩しながら目的を見いだそうとする、人間の深い本質的欲求——にほかなりません。

本当の動機は、内側からやってきます。個人的な満足は内側からやってくるものだからです。子供の時、私たちはこの内発的な動機から離れ、外発的な動機の方へ向かうように訓練されます。そして、他人の承認という報酬の方が人生の成功のために重要だと結論を下し、内発的な動機を放棄してしまうのです。報酬は一時的に幸せにしてくれるので、子供は周囲の大人が与えてくれる報酬のために自分の満足感はあきらめようという気持ちになっていきます。

こうして私たちは幼い時に、承認といった外的報酬を求め、叱られるといった罰を避けるよう、外部から動機づけされます。この動機に従うという決断は、自衛本能からすればとても賢いものですが、真の幸せをもたらしてはくれません。このやり方では本当の内なる喜びは決して見つからず、むしろ空っぽの感じがするだけです。そこには内側の動機も楽しみもないからです。

人はその空虚感を満たそうとして、自分の外側にあるものを求めるのです。大人になると、私たちは給料という報酬を得るために、嫌いな仕事も続けようとします。不満のある結婚生活を続けるのは、離婚して他人から批判されたくないからです。厳しい出世競争を続けるのは、それで幸せになれるからではなく、お金を約束されているからです。それはすべて、外側からの動機です。

真の動機を見つける

私たちは、自分の真の動機が何であるかについて、正直になる必要があります。この本を読んでいるなら、あなたは自分を愛する方法を学びたいと思ったということです。そして、自分を愛するとは人生で何よりも幸せを優先することだ、とすでに知っているはずです。

では、あなたはどんな幸せがほしいのでしょうか？　外的な報酬を手にする、外的な罰を避けるという一時的な幸せがほしいですか？　それとも、心の中の内発的な動機に気づき、それに従って生きるという永遠の幸せがほしいですか？　自分の中の空虚感を外側にある代用品で満たそうとする人生を望んでいますか？　それとも、自分に楽しみや満足感を与えるものを大切にして、空虚感のない人生を生きたいですか？

私たちの誰もが、空虚感のない幸せな人生を望んでいるとしましょう。では、「もし自分が世の中のお金をすべて持っているとしたら、何をするだろうか？」と自分に尋ねてください。この質問を言い換えるなら、「たとえお金がもらえなくても、したいと思うことは何だろうか？」です。「私は何もしたくない」と自分が答えるのでは、と心配しないでください。なぜなら、それは存在の本質に反するからです。私たちは「外的な報酬や罰がなければ人は何もしない」という嘘をずっと信じてきましたが、それほど真実からかけ離れたものはありません。

すべての存在は、内発的な動機を持って生まれてきます。誰もが自分の人生を方向づけ、新しいことを学んで創造し、進歩しながら目的を見つけたいという欲求を持っています。これが私たちの本質です。すべての存在は、そうすることによって喜びを感じるのです。それが内なる報酬です。

自分の幸せを優先する

ですから、幸せを優先するための最も大切な要因は、外的な動機ではなく内的な動機に従って生きることなのです。もしそれ自体に喜びを感じるような仕事を選べば、あなたは自分に満足するでしょう。そして、自分を愛し始めるに違いありません。お給料のような外的な報酬はおまけのようになるはずです。

「自分にとって価値のある幸せとは何だろうか？」と自問してみてください。自分の内的な動機と外的な動機を交換するには勇気がいるかもしれません。報酬を得たり罰を避けたりすることよりも自分の楽しみを優先するのは大変でしょうが、最終的には、それが長続きする幸せを見つける唯一の道なのです。

今世にやってきたばかりの時、あなたは幸せを一番の目標にしようと思っていました。なぜなら、それが存在する唯一の動機だからです。自分の幸せに従っていればまっすぐに自分の目標に到達できると、あなたは知っていたのです。もし物心ついた頃から幸せを優先していれば、人生の途中で本当の自分を見失い、自分や他人を傷つけるようなことにはならないでしょう。

あなたは自分がほしいものは何でも望んでいいのです。それがお金持ちになることだろうと、お金に支配されていない世界に住むことだろうとかまいません。また、幸せな結婚を望んでも、独身で世界中を放浪することを望んでもかまいません。大邸宅に住みたいと思おうと、シンプルな生活を好もうと、自由なのです。

自分を愛することは、自分自身の幸せのために生きようと決心することから始まります。幸せと愛は無限です。幸せになり自分を愛するというのは、他人の幸せを奪うという意味ではありません。あなたが幸せを優先しても、誰も傷つけることはないのです。それどころか、あなたの中から幸せがあふれ出てきて、その光によって暗闇にいる人たちを助けることができます。あなたは自分が手本となって、他人にも幸せを見つける方法を教えられるでしょう。

そう、真の自己愛とは、幸せ以外のものはすべて目的ではなく方法にすぎないと理解することからやってきます。幸せそのもの以外の欲求は、「どうすれば幸せを手に入れられるか」と考えることによって生じるものなのです。とてもシンプルです。

ツール4　自分のカップをいっぱいにする

愛の妙薬

自分を愛することを学ぶのに大変な時間がかかるわけではありませんが、自己愛というのは生涯にわたるプロセスです。あなたが誰かを愛している時、「自分はこの人をどれくらい長く愛さなければならないだろうか？」と自問したりはしないでしょう。ただその人を愛するはずです。自分自身との関係にも、同じことが言えます。

自分との関係を素晴らしいものにするには、愛を持ち続けることが必要です。多くの人は他人に愛を与えることに時間を費やし、自分自身に愛を与えようとはしていません。でもこれこそが、あらゆる不幸を招く行為なのです。誰もが愛を得ようとしていますが、私たちの〝愛のタンク〟は空っぽです。ちょうど、乞食同士でお金を求め合っているようなものです。

コップのたとえで説明しましょう。この世のすべての存在がコップだと思ってください。この世はたくさんのコップがひしめき合っており、愛はこのコップが満たしたいと願っている液体です。でも、私たちの住むこの世界では、コップが傾くことはありません。ですから、他人に自分の愛の液体を与えて愛を示そうとする試みは無駄に終わります。それは、コップが傾かない世界ではうまくいかないのです。

では、この世界ではどうすれば他人のコップをいっぱいにできるのでしょうか？　答えは、あふれるまで自分のコップをいっぱいにすることです。これは、あらゆるものについて言えることです。あなたが何かをあふれるほど手にした時、そのあふれ出たものが世の中を潤すでしょう。

「不足している」という認識が苦しみを生む

では、貪欲な人たちはどうなるのでしょうか？　彼らは我先に自分のコップを愛で満たそうとしますが、それはうまくいくのでしょうか？　貪欲さは人間の自然な状態ではありません。実のところ、どんな存在にとっても自然の状態ではないのです。貪欲さは、誰かが「十分持っていない」と感じた時に起こります。つまり、その人は欠乏に注意を向け、自分の人生に不足しているものがあると信じているということです。それこそが、深い苦しみを生み出す原因です。貪欲さは、自分のコップを満たすことに集中していない人が経験するものです。それはたいてい、自分のコップを自分自身でいっぱいにできないと感じ、他人から奪う必要があると思っている場合に起こります。

一方、人は十分に持っていると感じると、自然に分かち合いたいと思います。分かち合うことが喜びになり、豊かさの感覚が私たちの存在を満たすのです。でも、「あなたは十分持っているのだから、分かち合う必要がある」と他人に言ったところで、うまくいきません。彼らは自分でその豊かさを感じなければならないのです。たとえあなたが真実を話そうとしても、彼らはほんの少ししかない貴重なものが奪われると感じてしまうでしょう。

たとえるなら、十分にないと感じているものを分かち合ってほしいと頼むことは、おなかをすかしている子供に食べ物をくれと頼んでいるのと同じです。欠乏は心の中に存在します。愛の欠乏も同じです。ですから、自分を愛する方法を学ぼうとする時は、まず自分のコップを満たすことを考えなければなりません。

太陽に向かって咲く花のように

もし私が今あなたに「誰かに愛を示すやり方をリストにしてほしい」と頼んだなら、あなたはおそらくいくつかの例を挙げてくれるでしょう。私たちは、他人に与えるということには慣れているからです。

でも、ここでは自分に愛を示すやり方のリストを作ってほしいのです。自分の人生を調べて、「自分に愛を示す方法にはどんなものがあるだろうか？」と自問してみてください。考えつくあらゆるものを記録して、できるだけ自分らしいリストを作ってください。創造性を発揮するほど、いろいろなアイディアが浮かんでよいものになります。では、リストの例を紹介しましょう。

❋自分に愛を示す方法〈例〉

- 「自分を愛している人は、今何をするだろうか？」と、自分に尋ねる。
- 真実を言う（特に、自分に対して）。

◆自分の感情を大切にして、その感情に応える。

◆感情は重要なシグナルであることを忘れない。

◆自分を幸せにして、自分がどう感じるかを人生の最優先事項にする。

◆自分を幸せにするものは自分にしかわからないので、ありのままの自分を大切にする。

◆宇宙は愛から出来ていると知る。太陽に向かって咲く花のように、私がハートを開いて受け取ろうとすれば、あらゆることが可能になる。

◆自分を取り巻く環境や人々の中に楽しめるものや感謝できるものがないか、一日かけて探す。

◆自分について、心から信じているポジティブな側面をリストにする。

◆自分の願いとそれを願っている理由を受け入れ、それを望むのは自分の権利であると知る。たとえ無茶で危険に思えても、自分の幸せの方向へと進む。

◆自分が恐れているものを認める。

◆自分のことを好きにさせてくれるような本を読む。

◆何が起こっていようとどんな緊急事態であろうと、危険を感じる時は特に、自分が安全だと思える方法を見つけてそれを優先する。

◆いい気分になり、インスピレーションを得られるような映画を観る。

◆笑いは魂の糧なので、笑う、もしくは笑わせてくれるものを探す。

◆自分の心や身体に最も有益な食べ物を食べる。

◆身をもって教えることでしか奉仕できないのだから、自分の健康と幸せを何よりも優先する。

◆自分のこれまでの誤りを許す。

◆恐れに自分が望むことの邪魔をさせない。

◆大丈夫でなくてもいいということを理解する。

◆自分が望まないことはしない。

◆自分が間違っていた時、間違いを犯した時には、それを認める。

◆ハイアーセルフを信頼する。手放して信頼すれば、ベストな方向に自然に流れていくと信じる。

◆自分を批判するのではなく、ほめ言葉を与える。一つの批判に対して三つのほめ言葉を見つける。

◆「原則」に従うよりも楽しいことの方を大切にする。たとえば、何かしなければならないことがあっても、それをするのが苦になるならやめる。

◆すべて白紙に戻ってしまうと思ったりせずに、自分が間違うことを許す。

- 自分に役立つ信念だけを持ち続ける。
- 自分の本当の気持ちを周囲の人に伝える。
- 自分が友人として望まれ、そばにいてほしいと思われる理由のリストを作る。
- 自分がうらやむ人と自分を比較しない。
- 自分を嫌いにさせるような人のそばにはいかない。
- 身体的接触がほしい時にはそうお願いする。
- 他人からの愛情を受け入れる。
- 自分の身体が告げていることに気づき、その忠告を心に留める。
- 他人の価値観、信念、願望、優先順位によって生きるのはやめて、自分の人生を生き始める。

- 思い込み、パターン、行動、依存症、思考などのうち、自分の役に立っていないものは手放す。
- 他人を扱うのにふさわしく、他人が望んでいると思う接し方で自分にも接する。
- 助けを求めてもいいのだと理解し、実際に助けを求める。
- 最も抵抗の少ない道を選ぶ。
- 自分が願望ではなく恐れから生きている時、そのことに気づく。
- 瞑想する。
- タバコをやめる。
- 好きな時に外食する。
- 料理したい時にはそうする。

◆自分を大切に思っていることを示すために、たまにはほしいものを買う。

◆自分は安全だと感じられるように、お金を貯める。

◆絵を描いたり、コラージュを作成したり、書き物をしたりするなど、自分が楽しめるやり方で創造性を表現する。

◆日記をつける。

◆小さなものから大きなものまで、自分を幸せにするもののリストを作り、そのリストから毎日一つずつ実践する。

努力を続ける

あなたが自分を愛することを学べば学ぶほど、このリストはもっと長くなるでしょう。月に一度このリストを見直して、自分が書いたことに沿って生きているか自問してください。もしそうでないなら、どのように自分のリストに反しているか考えましょう。そして、もっと自分への愛を反映するような生き方をするために、自分にできることを一つ決めてください。一つと言っているのは、あまり無理をせずに取り組んでほしいからです。

自分を愛していないと、失敗しそうな理由をあれこれとまず思い浮かべて、動きがとれなくなってしまいがちです。そこで自己愛のリストに従って生きていないことに気づき、その一つに取り組もうとすれば、スタート地点に立つことができます。

もしいい気分ではないことに気づいたら、その場で立ち止まって「自分のコップを満たすために、今自分にできる一つのことは何だろうか？」と自問してください。それから、受け取った答えに従って行動しましょう。あなたが何を考えていようと、人から何を言われていようと、あなたには大変革をもたらす勇気があります。あなたは自分の幸せのために行動するのに必要なものを持っているのです。

自分を愛することの目標は、他人から何ももらう必要のない孤立した小宇宙になることではありません。そうではなく、むしろあなたが自分の幸せに加えたい人や物を経験できるようなスペースへと入っていくことです。そこで、あなたはあなたがずっと望んでいたように、愛されることでしょう。

ツール5 自尊心を高める

価値について考える

自尊心の欠如は、自己愛が欠けていることの副産物です。逆に、自己愛の欠如は自尊心が欠けていることの副産物だとも言えるでしょう。どのように自尊心の欠如が自己愛の欠如につながるのかを理解するには、まず価値というものについて見てみる必要があります。価値とは、何かを望ましいもの、役に立つもの、あるいは値打ちのあるものにする性質と定義されます。

ですから、価値とは望ましさ、有益さ、重要性に基づいたものということになります。ここで問題となるのは、誰に対する価値かということです。私たちの多くは、自分が他人に対してどれくらい価値があるかということによって、自分の価値を決めています。もしあなたが自己嫌悪でいっぱいなら、自分は望ましい存在ではなく、役に立たず、欠点だらけで何の価値もないと信じているでしょう。でも、実際にはこれはありえないことです。なぜなら、日々あなたは良心に恥じないように生きているはずだからです。であれば、明らかにあなたはとてつもなく価値のある存在だと言えるでしょう。

でも、ただそう言うだけでは自己嫌悪は消え去りません。自己嫌悪の根は相反する二つの方向――プライドと恥の方向――へと伸びています。この中心にあるのは不安感で、その場所からあなたは世の中を比較して見るようになります。この見方は「垂直思考」と呼ばれる、とても重要な概念です。この思考をする人は限られた世界観の中に生きていて、自分の人生の状況よりも〝よいか悪いか〟でものを考えるのです。

プライドの高い人は垂直思考をしており、彼らの自尊心はひどいものです。彼らは自分の大きな不安を傲慢さやナルシシズムによって隠そうとしています。彼らの人生で真の自尊心に取って代わるのは、「自分は他人よりも優れており、他人より重要だ」という思いであり、彼らは自分が人よりも優れていると固く信じています。

羞恥心の強い人の自尊心もまた、とても低いです。彼らは不安の中で動きがとれず、自分のことを塵のような存在だと考えています。自分自身を感謝の目で見たことは一度もありません。彼らの人生で真の自尊心に代わるものは、「自分は劣っている」という考えです。彼らは自分が他人よりも劣っていると固く信じているのです。

真の自尊心

真の自尊心は、「自分より優れている人も劣っている人もいない」という理解からもたらされます。実のところ、それは真実です。真の自尊心を持つ人は、不完全さは完全さとともに存在するとわかっています。この不完全さは、自分が人より優れていたり劣っていたりするという意味ではないと知っているのです。彼らは「他人は自分とは違うけれど、等しい存在だ」と考えており、世の中を水平的に見ています。

この平等という世界観のさらに一歩先へ進み、周囲の世界や人々はすべて自分の投影であることを受け入れれば、そこには優劣などありえないとわかるでしょう。存在するものはすべて自分ということになるからです。このことが理解できれば、世の中との闘いは終わります。世の中との闘いが終われば、自分自身との闘いも終わるのです。

自尊心は、いつも存在する光のようなものだと考えてください。それは、取り去られたり付け加えられたりできるものではありません。手に入れたり失ったりするようなものでもなく、ただ存在しているものなのです。それは、いつも流れている不変で触ることのできない光です。ポジティブな個人特性や業績や才能といった、あなたが価値があると誤解しているものは、光の美しさを際立たせるために光の前に置かれたステンドグラスのようなものにすぎません。

同様に、ネガティブな個人特性や失敗や欠点といった、あなたが価値がないと考えているものは、光の美しい表現を邪魔している蜘蛛の巣にすぎません。光の前にあなたが何を置こうと、その光の美しさを高めたり邪魔したりするために何をしようと、あなたの存在価値という光はいつもそこにあるのです。その光は、私たちみんなの中にあるのと同じ光です。この価値が私たちの潜在能力だと考えていいでしょう。

自分の価値を理解する

自尊心の欠如は、「自分はありのままでは十分でない」という思いから始まります。その思いがあるために、本当の自分を愛することができないのです。もし自分のことを十分であると思えない場合、どうすれば自分を愛することができるでしょうか？　二つの答えが考えられます。一つは完璧な状態になること、二つ目は自分が十分でないという思い込みを手放すことです。

自分の本当の価値を理解するには、あなたの中に生来備わっている特質――あなたという人を輝かせるもの、活かす方法、あなたの重要性など――を探すことから始めなければなりません。

自尊心は、生まれながらの資質、潜在能力、貢献や成功に基づくものなのです。

生まれながらの資質とは、「私は周囲の人の幸せを深く気にかける人間だ」などといった性質です。潜在能力とは、「私には他人に愛を伝える能力がある」というような生来の能力です。過去の貢献や成功については、あなたが人や世の中や自分の幸せにいかに貢献したか——たとえば「六歳の時、私は巣から落ちて死にそうになっているひな鳥を救った」とか「二年前仕事で昇進した」など——を考えればわかるでしょう。

ここでの鍵は、あなたの価値を見つけるには自分でそれを探さなければならない、ということです。自分の注意を、価値を欠いている部分ではなく、価値のある部分を探すことへと転換しなければなりません。もし何年間も欠けているものばかりに注目してきたなら、ないものでなくすでにそこにあるものに注意を向けるには努力が必要でしょう。でも、自分に感謝するというもともとの自然な状態に、あなた自身を訓練し直すことができると私が約束します。自分への感謝は自己愛のための栄養分であるだけでなく、それ自体が自己愛なのです。

愛を育てる

愛という言葉は非常にたくさんのことを表すのに用いられ、包括的な語句になりました。でも実際に、愛とはどんなものなのでしょうか？　私は、愛とは「あなたが本当は誰であり、何者なのかを表すもの」と思っています。それは、ポジティブで感謝に満ちた純粋な意識の状態です。物質世界においてその純粋でポジティブな意識に沿った思考を持つ時、それは「愛」と呼ばれる感情によって反映されます。愛は、あらゆるポジティブな状態を含む感情です。自由や至福、安らぎや平静といった状態はすべて、愛という一つの感情の中に含まれているのです。

愛はワンネスの波動の感情的な現れであり、今この瞬間にだけ存在します。また、愛という感情の現れは、あなたが自分の中にある永遠の意識——魂とかハイアーセルフなどと呼ばれるもの——と同じ視点に立っているというしるしです。愛は、あなたが魂と完璧に一つになった状態なのです。

ですから、自分を愛するとは、魂があなたに対して持つ見方を維持すること、つまり、いつも感謝に主眼を置く実践と言えます。シンプルに言うなら、愛とは純粋でポジティブなものに意識を向けるということです。他人あるいは自分のポジティブな点に注目しているときはいつでも、あなたは愛の状態にいます。もしネガティブな点に注目していれば、愛の状態にはありません。

このように、愛とは一瞬一瞬の決断なのです。愛という状態は私たちの自然な状態なのですが、人は容易にそこを抜け出てしまいがちです。

自己愛を育てるとは、自分自身を正しいアライメントに戻すことを意味します。それは、選択だと言えるでしょう。あなたは自分に対し、ポジティブな注意を向けるかネガティブな注意を向けるかを選択できるのです。自分を愛するということは、自分に対してポジティブな注意を向け、感謝の態度をとるという約束です。それは、あなたが身につけられるスキルです。自分に対してポジティブな見方をすれば、それは自分への愛として投影されるでしょう。これは一瞬一瞬の選択で、練習すればするほどうまくなるものなのです。

自分の資質や能力を調べる

自尊心を育てるために、次の三つのリストを作ることから始めましょう。できるだけ長いリストを作ってください。今ここで仕上げようとせずに、しばらく時間をかけてもかまいません。

まず最初に、自分が現在持っている資質を探してリストにします。自分のポジティブな特徴や才能について長いリストを作りましょう。その際に役立つのは、類語辞典です。類語辞典を調べながら、ポジティブな個人特性として自分にぴったりくるものを書き出していきます。さらに、知り合いに電話をかけて、あなたの特質や価値について尋ねてみてください。では、このリストの例を紹介しましょう。

✳私の資質リスト〈例〉

- 私は料理上手だ。
- 私は途中であきらめない。
- 私は自己反省する。
- 私は気遣いをする。
- 私は音感が優れている。

◆私はよい相談相手だと思われている。
◆私にはユーモアのセンスがある。
◆私は正直だ。
◆私は誠実だ。
◆周囲の人が愛されていると感じることが、私にはとても大切だ。

＊＊＊

二番目のリストでは、あなたの能力と可能性についてまとめます。能力と可能性とは、あなたにできることと、できる可能性のあることです。このリストには、たとえば次のようなものが含まれるでしょう。

＊私の能力と可能性のリスト〈例〉

- 私には自分にもう役立たないものを手放す能力がある。
- 私は怖いと思ったことでもやることができる。
- 私の身体は食べ物を摂取してエネルギーに変えることができる。
- 私には希望を見つける能力がある。
- 私は自分の行動を通して他人に愛を伝えられる。
- 私は自分の思考を理解できる。
- 私は自己認識する力がある。
- 私は自分の人生に終止符を打つ選択もできたけれど、そうしなかった。

◆私は今この瞬間にいることを学ぶことができた。

◆私は両方の言い分を理解できる。

＊　＊　＊

最後のリストは、過去の貢献と成功のリストです。ここで書き出すのは、あなたが自分や他人の幸せ、自分の成功に貢献した時のことです。では、例を紹介しましょう。

❋貢献と成功のリスト〈例〉

◆私は学校で一人も友人のいない少女と仲よくした。

◆私は小学校のタレントショーで優勝した。

- 私は貧しい家に生まれたけれど、大学進学の方法を見つけた。
- 私は動物保護施設にお金を寄付した。
- 私は別れたボーイフレンドともよい関係でいた。
- 私は親友のためにバースデイケーキを焼いた。
- 私は虫を殺さずに、外に追い出した。
- 私は祖母が亡くなる前に「愛している」と伝えた。
- 私は仕事で昇進した。
- 私はタバコをやめた。

自分の価値を認識し続ける

あなたに価値がないというのはありえないと理解することが大切です。ましてや、あなたが自分やこの宇宙の他の存在の幸せに貢献しているとしたら、それはもっとありえないでしょう。

今作ったリストを、毎晩寝る前に目にすることができる場所に置いてください。書いたものを見るのが苦手なら、自分でリストを読んで録音し、それを寝る前に聞きましょう。睡眠は、何の努力もせずに、ポジティブな集中を十分間から八時間に延ばせるチャンスです。目覚めた時、あなたは眠りに落ちた時と同じ心の状態にあり、新しい日を自己嫌悪ではなく自己愛に基づいて始められるはずです。

自尊心と自己愛は密接に関係し、支え合うものなので、自分の価値を理解しようと努力するにつれて、自然にもっと自分を愛せるようになります。もっと自分を愛するようになると、自尊心も高くなっていくでしょう。ですから、必死に自尊心の問題に取り組んで「自分を愛する前に、自尊心を育てなければ」などと考える必要はありません。ここで作った三つのリストを使う方法で取り組めばいいだけです。あなたが自分に愛を示し始めた結果として、自尊心も現れてくるはずです。

さらによい知らせは、あなたが今この本を読んでいるということです。つまり、あなたはすでに自分が自己愛を得るのにふさわしいと決めたのです。そうでなければ、自分の愛し方を見つける努力をしようとはしないでしょう。

ツール6 信念という牢獄

信念の誕生

私たちのマインドは、一日中思考を生み出しています。でも、思考自体が問題なのではありません。問題の核心は、私たちがマインドの生み出した思考を信じているということです。そのような思い込みの中には、私たちを永久に閉じ込めてしまう牢獄のようなものもあれば、空高く自由に舞い上がらせてくれるものもあります。このことについてこれからお話ししたいと思いますが、まず最初に、思い込みとはどんなものかを定義しましょう。思い込み、あるいは信念とは、現実化している思考のことです。また、何かが現実化するとは、私たちの考えていることが物質的に現れるという意味です。

たとえばイルカについて考えているなら、その思考は「テレビをつけたらイルカのドキュメンタリー番組をやっていた」という形で現れるかもしれません。もし「私はバカだ」といつも考えていれば、学校のテストで落第点をとるなどという形で現れるでしょう。私たちの現実を創り出しているのは自分の思考だということに気づく前段階として、その思考が真実である証拠となるような現実を目にするのです。

でも、その罠に落ちないようにしてください。自分のマインドを使って、思い込みというのは本当はどういうものなのか、どんなふうに働くのかをしっかり考えてみてください。すると、あなたが意図的に違う思考を持ち始めれば、それもまた物質的な証拠として現れるようになることがわかってくるはずです。そしてすぐに、新しい思考が真実である証拠を目にするでしょう。

では、どうしたら自分の思い込みを変えられるのでしょうか？　答えは、自分の思考を変えればいいのです。言うのは簡単だと思うかもしれませんが、あなたにも必ずできます。これから、この思い込みの牢獄からどのように脱出するかをご説明しましょう。

新しい信念を持つ

私たちは、現実とは自分と切り離されて存在するものであり、幸せになるにはその現実を見つけて手にしなければならないと信じています。私たちは「何が真実か」を発見することばかり考えていますが、物質的次元は巨大でホログラフィックな鏡のようなものであるというのが真実なのです。そこでは、私たちの思考が物質的に映し出されます。つまり、私たちが経験する現実というのは、自分の最も優勢な思考を投影したものだということです。その思考が、信念あるいは思い込みと呼ばれます。

あなたの現実が他の人と同じでないのは、このような理由からです。あなたは自分自身の思考が現実化したものだけを経験でき、自分が投影したものだけに出会えます。当然、誰もが今いる現実を好きになりたいことでしょう。でも、ちょっと考えてみてください。もしあなたの現実が自分の信念を投影したものにすぎないなら、自分を不幸にする信念を持ち続ける限り、自分の現実を心から楽しむことはできないはずです。だからこそ、新しい信念を持つべきなのです。

このプロセスは、自己愛と結びついています。なぜなら、自分を愛する人は自分に役立たないものを喜んで手放すからです。自分を愛する準備ができている人は、何が真実かを見つけようとする愚かな競争から降りる勇気を持っています。代わりに、真実であってほしいと思うものを創造するのです。彼らはまた、ありのままの現実を愛する方法を見つけます。

自分を愛するというのは、他の何よりも自分が幸せでいることを優先するという意味です。そして、今見いだしたように、幸せになるための大きな要素は自分を不幸にするものを手放すことです。あなたを不幸にするのは人々や環境や出来事といった目に見えるものではなく、あなたが見ているものに対して抱いている思考です。そのことを覚えていてください。とても重要なことなので、何度でも繰り返したいと思います。あなたを不幸にするのは、人々や環境や出来事についてあなたが考えていることなのです。

ありのままの状況に抵抗するのはやめる

不幸の最大の原因の一つは、現在あるいは過去の状況が現実とは違うものであるべきだ、という信念です。これは、現在や過去のありのままの状況に抵抗している状態です。この抵抗を持ちながら、幸せな生活を手に入れることはできません。自分自身を愛するには、ありのままの現在や過去に抵抗することをやめる必要があります。そして、自分がいる今この瞬間をただ生きるのです。

それを始める一番いい方法は、既成の考えにとらわれるのはやめ、自分を苦しめる思考を取り出して別のものに置き換えることです。これから私自身が行った方法を紹介しますので、ぜひやってみてください。きっと効果があるはずです。

まず最初に、自分が真実だとわかっている思考を置き換えます。たとえば「私はティール・スワンです」を反対の意味にして、「私はティール・スワンではありません」にします。それから、置き換えた文章が真実であるためのあらゆる方法を考えます。

思考は、様々なやり方で置き換えることが可能です。名詞や動詞をひっくり返したり、逆の意味、あるいは自分に背を向けるものに変えたりして、論理的に反対のものにすることもできるのです。たとえば「彼女は私を嫌いです」という思考なら、「彼女は私を愛しています」のように論理的に反対の意味に変えられます。代名詞だけひっくり返して「私は彼女を嫌いです」ともできますし、「私は自分のことが嫌いです」のように変えて自分に背を向ける思考にもできます。

ここであなたにやってみてほしい例は、「夫は私を愛するべきです」という思考を「私は私を愛するべきです」に変えるというものです。そうしたら、変えたものが真実になるためのあらゆる方法を考えてください。「私は自分を愛するべきです」が真実に思える三つの方法を私が考え出すとしたら、次のようになるでしょう。「この身体で私として生きている以上、自分を嫌いながら生きることはできない」「人が愛を示してくれるかどうかは自分でコントロールできないけれど、私が自分に愛を示すことはコントロールできる」「創造されてこの地球にいるのだから、私には目的と価値があるはずだ。でなければ、そもそも生まれてこなかっただろう」

あなたのあらゆる思考に対して、この置き換えのプロセスを用いることができます。これを練習することによって自分の見方を拡大することができ、現在の思考とは別のものの方がもっと真実かもしれないと思えるでしょう。あなたに最大の痛みを与えているのは、自分の考えていることが絶対的な真実だと信じていることなのです。

有益な思考だけを脳に与える

信念を変えるために重要なステップの一つは、私たちが実際に信じていることを見つけ出すことです。私たちは顕在的、そして潜在的に、たくさんの思考を持っています。潜在しているからといって、それらをコントロールできないというわけではありません。それは単に、私たちがたいてい子供時代に始まった思考をしているという意味です。大脳がその思考の責任者で、この働きを司っています。大脳は、私たちが努力や意識をせずとも特定の思考が身体全体に伝達されるように、神経経路を作り上げているのです。つまり、同じ思考をすればするほど神経経路が強化されていき、将来その思考をする努力が少なくてすむようになるということです。このプロセスの効率が上がると、大脳は私たちの思考をよりすばやく物質的現実に変えるようになり、私たちは自分がその思考を持っていたことに気づくことさえなくなります。この種の思考が潜在意識と呼ばれます。

水泳をしたり、朝のコーヒーをいれるような時、私たちは大脳の素晴らしい効率性を謳歌できます。泳いでいる時に、背泳の仕方を考えようと努力しなくても大脳が泳げるようにしてくれるというのは、素晴らしいことです。ただ、このようにとても効率的な大脳は、自尊心の低さという問題になるととんでもない弊害をもたらします。私たちは、自分を妨害する行動をとっさに選んだ思考に気づかないまま、無意識のうちに自分自身を妨害してしまうのです。

自分に役立つ行動だけをするように大脳に指示してもらう一番いい方法は、自分に有益な思考だけを与えることです。それは、自分の思考について慎重に検討しなければならないことを意味します。いい気分になる思考を意識的に持ち、そうでない思考は手放すようにしなければなりません。さらに、潜在意識にある妨害的な思考を見つけ出して、別のものに置き換える方法を見つけることも必要です。私はこのような自分を妨害する思考のことを「ネガティブなコア・ビリーフ（核となる信念）」と呼んでいます。

ネガティブなコア・ビリーフを見つける

強いネガティブな感情を抱くような状況にいる時は、自分のネガティブなコア・ビリーフを見つける絶好のチャンスです。それは、次の二つの質問に対する答えを追求することで可能になります。

なぜそれは悪いことなのだろう?
もしそれが本当なら、それは私にとって何を意味するのだろう?

やり方はこうです。たとえば、あなたが何かで失敗することをひどく恐れているとしましょう。「私は失敗するのが怖い」というのはコア・ビリーフではありません。それは、コア・ビリーフに対する感情的な反応です。そこに質問を投げかけることで、もっと掘り下げていくのです。まず、自分に対して「失敗するのはなぜ悪いことなのだろう?」と質問してみてください。答えは「愚かに見えるから」かもしれませんし、「他人が私のことをバカだと思うから」かもしれません。さらに、「なぜそれ（他人が自分をバカだと思うこと）が悪いことなのだろう?」と質問します。

その答えが「拒絶されてしまうから」であれば、次に「もしそれが本当なら、それ（拒絶されること）は何を意味するのだろう？」と質問します。その答えは、たとえば「自分には価値がないと感じて、一人ぼっちになる」となります。続いて、「なぜそれ（価値がないと感じて一人ぼっちになること）が悪いことなのだろう？」と尋ねてください。その答えは、「もし一人ぼっちなら、決して幸せにはなれないから」などとなるでしょう。

こうして、コア・ビリーフにたどり着くことができます。この場合のネガティブなコア・ビリーフは、「もし一人ぼっちなら、私は決して幸せにはなれない」ということです。こうして自分が失敗することを恐れている原因を掘り下げてみましたが、たいていコア・ビリーフは何層にもなっていて、人によって異なります。同じように失敗することに対する恐れを持っていても、その背後にあるコア・ビリーフは違うかもしれないのです。

自分の中にコア・ビリーフを見つけた時、まったく筋が通らないように感じるかもしれません。それどころか、あなたの論理的なマインドにとって、ばかげていると思えることさえあるでしょう。コア・ビリーフに対してこのような反応をするのはいいことです。というのは、その信念と反対の思考を持つのが簡単になるからです。道理が通っているように思うものよりばかげていると思うものに逆らう方が、簡単なはずです。ただし、ばかげているように思えても、それは自分の信念であることを理解しなければなりません。その信念は、それに見合う現実を生み出しているのです。それが、あなたに大きな影響を与え、あなたの幸せの邪魔をしているコア・ビリーフです。

信念を置き換える

あなたのコア・ビリーフを発見するには、時間と練習が必要です。自分の思考や感情、反応の表層を通り抜けてその下にある信念を見つけるのは簡単なことではありませんが、その練習はとても有益です。あなたを制限しているコア・ビリーフがわかりさえすれば、それに目を向けて、その代わりに信じることを決められます。それを一つずつ変えていく作業も可能になります。

これを始める前に、信念がいかに働くかについて、たとえを用いて説明しましょう。机を想像してみてください。机の天板は信念そのものを表し、机の脚はあなたがその信念をサポートするために使っている証拠を表しています。脚は接着剤で床にしっかり固定されているのですが、その接着剤は信念を維持するための感情的報酬を表します。

その信念を置き換えるためには、次のステップを踏む必要があるでしょう。

〈ステップ1〉　その信念を維持させている感情的報酬は信念がもたらす損害より大きいかどうか、見極めてください。もしあなたがその感情的報酬に価値はないと判断し、異なる信念と置き換えると決心すれば、机の脚を床にくっつけている接着剤が溶けて剥がれるように、その決心があなたにくっついている古い信念を溶かすでしょう。

〈ステップ2〉　次に、古い信念を支える脚を机の下から取り除かなくてはなりません。これは、あなたが古い信念をサポートするために使っている証拠の欠点を見つけ出し、その証拠が正しくないとわかるまで行います。これを行うと、机の天板（信念）は、それを支えるものがないので崩れ落ちてしまうはずです。

〈ステップ3〉　では、あなたがもっと好きな新しい机の天板を決めてください。自分が信じたいと思う信念を選びましょう。

〈ステップ4〉　そうしたら、机の天板を支えるために新しい脚を取り付けなくてはなりません。つまり、新しい信念を支えるための新しい証拠を探すのです。

〈ステップ5〉　最後に、新しい信念の感情的報酬を発見して、新しい机をスーパー接着剤で床に固定しましょう。これで、あなたの仕事は終わりです。これまでの努力の成果を楽しむ時です。自分の新しい信念が与えてくれる感情的報酬を楽んでください。

このプロセスが複雑に思えても、心配はいりません。これがいかにうまく働くかという例を次に紹介しましょう。例を参考にしながら、このステップをあなたが置き換えたいと思っているネガティブなコア・ビリーフにも用いてみてください。

❋「私はバカだ」という信念を置き換える例

〈ステップ1〉

この信念を維持させている感情的報酬をはっきりさせて、この信念によって引き起こされる痛みに見合うほどの価値があるかを見極めます。

ここで、自分はバカだと信じている男性の思考プロセスを紹介しましょう。

「もし自分はバカだと信じていれば、何か失敗した時の言い訳になるだろう。さらに、人は私に対してあまり期待しないようになる。それは、挑戦しなくてもいい言い訳を与えてくれる。バカだと思っていれば、自分の本当の能力を知る必要もなくなるだろう」

〈ステップ2〉

有害な信念を弱めるような別の証拠や説明を探しましょう。有害な信念を支える証拠を、それを弱めると思われる証拠と置き換えてください。

実際に手順を示しましょう。もう一度、ステップ1の男性の例を使います。彼は、次のA、B、Cという三つの信念を持っています。

A　学校の成績がひどかった。
B　母が、男はバカだといつも言っていた。
C　私は失読症だ。

この三つの信念をそれぞれさらに深く調べてみれば、別の証拠や説明によって「私はバカだ」という元の有害な信念を弱められることがわかるでしょう。

では、Aを深く見ていきましょう。これは次のように説明することもできるはずです。

概して、私は学校での教え方に賛同していない。誰もが異なる学習方法を持っている。私自身は体験的に学ぶ方だが、それでバカになるということはないだろう。一日中先生の話を聞いていても、興味をそそられないというだけだ。自分が学んでいることに関心がないから、成績が悪くなったのだ。興味を持ったことはもっと学びたいと思うから、それが得意になるはずだ。両親が離婚したため、私は学校で惨めな気分だった。家庭生活が崩壊している時、子供によい成績をとるように期待するのは無理だろう。私は「人生の意味とは何なのだろうか？」といった質問ばかりしていたものだ。本当にバカなら、そんな質問をしただろうか。

続いて、Bを深く見ていきましょう。

母は、自分が正しくないと思うことを父がするたびに「男はバカだ」と言っていた。でも、父の行動にはいつも当然の理由があったのだ。母は男女の平等などまったくない時代に育ち、男性に対して無力感を抱いていた。女性の方が男性より利口だと考えることで、少し力を取り戻せた感じがしたのかもしれない。それが母が自信を持てる唯一の方法だったのだろうが、だからといって男性はみな愚かであるということにはならないはずだ。ノーベル賞をとった男性のリストの長さを見れば、私が男性だから自動的にバカだということになるわけはないのは明らかだ。

さらに、Cを深く見ていきましょう。

失読症は、私の賢さとは何の関係もない。それは、情報を異なるやり方で整理する大脳の症状にすぎない。読み書きが難しいからといって、その他のことも難しいという意味にはならないだろう。アインシュタインも失読症だった。

〈ステップ3〉

あなたが持ちたい信念はどんなものか考えましょう。この例の男性は、「私には他人とは違う頭のよさがある」という新しい信念が好きだと考えました。

〈ステップ4〉

あなたの望む有益な新しい信念を裏づける証拠を探してください。考えられるいくつかの例を紹介しましょう。

「私は十歳の時にルービックキューブが解けた。一回見ただけで、それがどのようになっているのかがわかったのだ。私はとても芸術的で、生きていく上での知恵がある。人が何も言わなくても、どう感じているのかわかる。自分の車のエンジンも組み立てられる。何かに興味を持つとすばやくそれを学べるため、人は私の進歩を見て唖然とする。教えてもらわなくても、たいていはやり方がわかるのだ」

〈ステップ5〉

新しい信念の感情的報酬を探してください。ここでもいくつかの例を紹介しましょう。

「もっと自分に自信を持てるだろう。十分に能力を発揮できないと思うのではなく、ずっとやってみたかったことに挑戦するようになる。女性が私に対してもっと魅力を感じてくれるだろう。本当に得意で大好きなことをする仕事が見つかるはずだ。自分のビジネスを始めて、今よりずっと幸せになるだろう。頭のよさについて他人の考えに同意するのはやめて、自由に自分の人生を生きるようになる。失読症の子供たちが、私のように不安を感じたり、自分をバカだと思って成長しなくてすむよう助けることができるだろう」

あなたは取り組むのに値する存在

さて、信念を変えるにはまず腰を据え、それについてよく調べて自分に質問し、それから別のものに置き換える作業に取り掛かることが必要だとわかったでしょう。あなたには、それだけの時間をかける価値があります。次のように考えてみてください。あなたは今、一時間ほど腰を落ち着けて慎重に信念を変えるプロセスを始めることも、そんな時間はないと言い続けながら古い信念の影響にイライラし続けることもできるのです。

ここで話しているのは、あなたの幸せについてです。危機に瀕しているのはあなたの生活であり、あなたの現実です。そう、私たちはかなり大きな賭けについて話しているのです。手放す必要のある信念を置き換えるために一、二時間費やすことの価値を理解できるくらい、自分のことを深く愛してください。古い報酬にはもはや何の価値もありません。

とはいえ、信念を理解して置き換えるというのは即座にできることではありません。ですから、たとえ古い信念に戻ってしまったとしても驚かないでください。それをコントロールできるのを忘れてしまい、ネガティブな思考へと逆戻りするのはよくあることです。幸い、あなたが新しい信念に専念し、気分のよくなることを考えていれば、大脳はポジティブな新しい思考にもっと多くの神経経路を割り当てるようになるでしょう。

最終的には、古いネガティブな思考よりも新しくポジティブな思考を持つ方が、簡単になるはずです。ネガティブな思考を与えずにいれば、あなたのネガティブな信念は弱くなっていきます。代わりにポジティブな思考を与えて、あなたのポジティブな信念を強めてください。あなたは自分の役割を果たし、あなたの大脳もその役割を果たすのです。それによって、あなたの現実が改善されていくでしょう。これは素晴らしいシステムで、必ずうまく働きます。

ツール7 アファメーションのグランドキャニオン

自分の言葉に注意を払う

私たちのあらゆる思考、言葉、行動が自分に対するアファメーションになります。アファメーションとは、自分にとっての真実の宣言です。アファメーションは、私たちのためになるかならないかのどちらかです。つまり、ポジティブかネガティブかということです。自分を愛する人は、自分のためになることだけを断言するように、かなりの注意を払っています。言い換えれば、自分を愛する人は、思考や言葉や行動によって自分に伝え聞かせることがポジティブであるように、日々とても気をつけているのです。

これから私がアファメーションという言葉を使う時は、ポジティブなことの宣言という意味と受け取ってください。それは、現時点で真実であること、もしくは真実であってほしいと思っていることを指します。もしアファメーションを意図的に使い始めれば、あなたが真実であってほしいと望むものはやがて真実になるでしょう。あなたが一貫してその思考を持ち続けていれば、それは現実化するからです。

でもここで、注意することがあります。アファメーションの効果がないと多くの人が言う理由は、正しいアファメーションを選んでいないからです。アファメーションが現状から逃げる手段、自分の感情を否定したり自分に嘘をつく手段になってしまうことが非常に多いのです。もしあなたがアファメーションを使おうとして、そのプロセスが裏目に出たりうまく機能しなかったりしたなら、正しく使っていなかった可能性が高いでしょう。特に自己嫌悪の状態から始めた場合は、あまりにも先走りすぎたせいで挫折感を味わっているかもしれません。

アファメーションを用いて自分に愛を示せるようになるには、以前に習ったのとは少し違うやり方でアファメーションをする必要があるでしょう。自分の知性と議論をしなければならない状況には陥らないでください。あなたがまだ信じていない考えを繰り返し唱えることは避け、少しずつ最終的なアファメーションに近づいていきましょう。

橋渡しのテクニック

あなたが真実であってほしいと思うものが欠如している現状に気づかせるアファメーションではなく、すでに真実だと感じられるアファメーションから始めてください。たとえば、現時点では自分を愛していないのに「私は自分を愛しています」と言うのが苦痛だと思うなら、このアファメーションは使ってはいけません。それは、自分への愛が欠けていることをあなたに気づかせて、苦しみを感じさせるだけです。

その代わりに、あなたの気持ちがよくなり、自己愛への橋渡しになるような文章を使いましょう。たとえば、「私は目覚めること、自分への愛を感じることにワクワクしています」「私は生活の質を大切にしてアファメーションをしている自分が好きです」「私は自分の目の色が大好きです」といったものです。これらのアファメーションを十分に繰り返していくと、「私は自分を愛しています」と宣言した時にも、自己愛の欠如ではなく愛を感じられるようになるでしょう。

もし自分を愛していれば、自分に対して「グランドキャニオンからジャンプしなさい」とは言えないはずです。まったく真実でないと感じるアファメーションや個人として手の届きそうにないアファメーションを選ぶのは、グランドキャニオンからジャンプしろと言っているようなものです。でも、自分が確実に信じているものや、自分が信じたいと思っていることにかなり近いものを選べば、今いる場所からアファメーションが真実となる場所へのジャンプはそれほど大変ではないとわかり、気分がよくなるでしょう。アファメーションがあなたの気分をよくさせるものであればあるほど、効果はより大きくなります。

あなたのアファメーションが現在形であることを、いつも確認してください。たとえば、「私は〜である」「私は〜を持っている」「私は〜を期待している」のようにです。「私は〜したい」「私は〜するだろう」のように未来形にしてしまうと、自分が願っているものを手の届かないところに置いてしまい、現在ではなく未来に手に入れられるようにしてほしいと宇宙や自分自身に言っていることになります。

アファメーション日記をつけて、自分が気持ちよくなったアファメーションのリストを毎日書くといいでしょう。おそらくアファメーションの一番の活用法は、自分でアファメーションを録音したものを、夜寝る時にヘッドフォンで聞きながら眠りにつくことです。

アファメーションの技術とその練習によって、あなたは物事の見方を変えることができます。その結果、自分の幸せを創造し、維持することができるようになるでしょう。アファメーションの可能性は無限大です。自分に対していくらでもポジティブなことを言えるのです。どのアファメーションがあなたにとって正しいものかは、自分の直感の声を信じてください。そして、今の時点で言うのが難しすぎる文章があれば、橋渡しのテクニックが使えることを思い出しましょう。

ツール8 罪悪感から自由になる

罪悪感とは何か

罪悪感は自己愛への道に立ちはだかる大きな障害で、パート2の最初でお話しした「社会化」のプロセスから生じるものです。ほとんどの人が子供の頃に、「自分は十分じゃない」という極めて重要な認識に導かれます。そのやり方に、きっと心当たりがあることでしょう。あなたは親が罰を与えた時に、自分の乏しい理解に基づいて一つの仮説を作りました。それは、「私は罰を受けるのに値する」という仮説です。この仮説は正しいものではありませんが、あなたの罪悪感を生み出してしまいました。

社会化と間違った仮説のせいで私たちの多くが次のようなコア・ビリーフを持つようになり、それが罪悪感の中心に置かれています。

1.「私は罰を受けるのに値する」

2.もう少し深刻なもので、「私は苦しみに値する」

3.「私には幸せになる価値がない」

4.最悪なものとして、「私には愛される価値がない」

まず初めに、罪悪感は感情であることを理解してください。それは、「繰り返したくない何かをしてしまった、本当の自分から外れたことをしてしまった」ということをあなたに伝えるサインです。これは、私たちが「良心の呵責」と呼んでいるものです。良心はあなたが誠実さから離れていることに注意を向けさせ、自分や他人を傷つけることをしていると気づかせます。また、あなたが自分や宇宙を敬っていないことを教えてくれます。

良心は永遠の自己によるもので、そこには後悔というものは存在しません。なぜなら、宇宙的視点には後悔というものがないからです。宇宙はあなたが過ちと思うものでさえ、あなたの拡大や発展に不可欠なものだと見なします。あなたにとって最悪の罪に思えるものですら、同じように見るでしょう。

この章で私が罪悪感という言葉を使う時、それは良心の呵責から一時的に感じる罪の意識のようなものを意味するのではありません。そうではなく、自己規制や自己虐待、自己批判を生み出すシステムのことを言っています。それは、私たちを罪悪感という感情の中に閉じ込めてしまい、永遠に身動きできなくさせるものです。どうか罪悪感によって自分を内側に閉じ込め、過去の囚人のようになってしまわないでください。

罪悪感から抜け出す

罪悪感は、あなたが手放せるものではありません。手放すというよりむしろ、それから自分自身を解放しなければならないのです。もし罪悪感を感じたら、それは自分の内側のある一線を越えたことを意味します。あなたは「他人を傷つけない」というような自ら作ったルールを破ったのです。私たちはとても多くの内的ルールを作り上げており、それらの迷路の中で生きる羽目になっています。これではどこへ行くにも障害にぶつかってしまうでしょう。ですから、自分で作った内的ルールを変えることが罪悪感から解放される鍵なのです。これは、自分の信念を調べることによって可能になります。

あなたが建物の中にいるとしましょう。罪悪感は、建物の内部に放出された催涙ガスのようなものです。とても苦しいので、あなたはとにかくドアから飛び出したくなるはずです。でも、後悔は自己非難と自己叱責をこの建物の中に招き入れ、催涙ガスの中であなたを抑えつけます。それは、あなたを過去に起こったことに対する罪悪感で身動きできなくさせるのです。

過去の何かを繰り返したくないと認めたら、くよくよ悩んだり罪悪感を持ったりする必要はありません。それは何の役にも立たず、よい変化ももたらしません。

このことを理解するのが重要なのは、過去にしがみついていると未来の方向へ動くことができず、ただ現在の場所に留まるだけだからです。もし自分を愛したければ、最初にすべきことはしがみついている手を放すことです。もしあなたが自己嫌悪と闘っているなら、罪悪感から解放されたいと願っている可能性が高いでしょう。だとしたら、自分にそうする許可を与え、その方法を見つける必要があります。そこでやっと前に進めるのです。

罪悪感から自分を解放する11のステップ

では、罪悪感から自分を解放するための基本ステップを紹介しましょう。

1．罪悪感について理解する

何かを変えるためには、それについてよく理解しなければなりません。ですから、罪悪感から自分を解放するには、その罪悪感がどこで始まりどんな目的に役立つのかを理解し、結局は自分の幸せの役に立たないと知ることが最初のステップになります。実際、罪悪感は自分に対する虐待です。罪悪感と恥はネガティブな思考に囲まれており、あなたのエゴから栄養を得ていることを理解してください。あなたはどんな内的ルールを破ったのでしょうか？　そのルールは常に真実だと言えるものですか？　それはあなたに役立つものですか？　そのルールまたはその状況について、罪悪感を減らせるような考え方ができますか？

2．決意する

「自分は罪悪感から自由になる準備ができ、進んでそうしたいと思っている」と心に決めてください。

3. 新しい思考に置き換える

自分は罰を受けるのに値するという信念、幸せや愛に値しないという信念を、自分は幸せになり愛されるのに値するという信念に置き換えてください。

4. 責任をとる

自分の責任だけをとるようにしましょう。責任をとることは、恥を認めることとは違います。恥を認めるとは単に、自分の責任について理解したと認めることです。責任をとるというのは起こったことについて非を認めることではなく、次は何か違う考え、違う言動を選択するよう責任を持つ、ということです。

5. 色眼鏡で過去を眺めない

自分の過去について、「もし違っていたら……」と別の可能性を想像するのはやめましょう。状況を振り返って、当時は存在しなかった選択肢を見つけるという行為は、罪悪感を仰ぐだけです。

6. 許しを請う

あなたが傷つけたと思う人に対して謝りましょう。たとえそれがあなた自身であったとしてもです。誰かがまだ傷ついていれば、罪悪感を手放すことは困難です。あなたが心からの謝罪をし、ようやく全体の状況を理解できたことを相手に説明するのが最も重要です。傷つけた相手や動物が近くにいなかったり、あなたが彼らに告げる準備ができていないなら、手紙を書いてそれを燃やしてください。手紙が燃えるのを眺めながら、次のような宣言をしましょう。

「私は自分を罰するのをやめる準備ができました。そして、新しい理解のもとで、私は○○○○(自分の新しい意図)をします」

7．新しい将来の計画を立てる

これからどんな違うやり方で行うか、計画を立ててください。罪悪感は、私たちの「何かを繰り返したくない」という思いを知らせるために存在します。ですから、経験の中に隠された課題を探し出して、これを意識的なプロセスに変えましょう。あなたは将来、どのように異なる行動をとりたいですか？　人生に対する新しいアプローチがなければ、罪悪感を感じ続けることになります。自分を罪悪感から解放するには、罪悪感を強めるのではなく、新しい意図で新鮮なスタートを切ることが必要です。

8．間違いは学びであることを受け入れる

間違いに存在する価値を理解してください。間違いをしなければ、学ぶことはできません。嫌いなものやほしくないものを知らなければ、好きなものやほしいものもわかりません。あなたの

間違いを苦しみや恥、自己処罰に変えてしまうのではなく、間違いは学びであることを理解しましょう。

9．自己批判を手放す

あなたが何に罪悪感を抱いているかに基づき、自分に対するあらゆる批判を明るみに出してください。あなたが感じている深い苦しみは、罪悪感そのものによって引き起こされたのではありません。それは、罪悪感に基づいて自分を批判していることによってもたらされたのです。たとえば「人からお金を盗んだので、私は罪悪感を感じている。お金を盗む人は悪い人だから、私は悪い人だ」「私はダメな奴だ」「私は罰を受けるのに値する」といったようにです。あなたは本当の自分から外れたことをしてしまい、もうそれを繰り返さないと誓いました。でも、だからといってあなたが悪いということにはなりません。自分への批判を手放して、新しい知識に基づいた信念や仮説と置き換えてください。

10．罪悪感を愛に置き換える

自分に愛を示すことによって、罪悪感に対抗してください。罪の意識は自己愛の反対にあるものだと覚えていましょう。実際に、罪悪感は自分に対する虐待です。そして、自分の中にある罪悪感をさらに強化するような人や状況を引き寄せます。では、自虐的なエゴが罪の意識によって状況を支配している時、あなたにできる最善のことは何でしょうか？　答えは、自分に対して愛と思いやりを示し、どうすれば自分自身の友人になれるかを見いだすことです。自分の内側を見て、愛に満ちた優しさを必要としていることに気づいてください。あなたにできるやり方で自己愛を示し、自己嫌悪に対抗しましょう。たとえばお風呂に入ったり、アファメーションを書いたり、ミラーワークをしたり、映画を観たりするなど、自分が気持ちよくなることをしてください。自己愛のビジュアライゼーション（二二七頁）をするのもいいでしょう。

11．自分自身を許す

この地球上のすべての人が、今自分が持っている視点や情報や知識に基づいて、最善だと思える決定をしているのだと理解してください。誰もがその瞬間に、正しいと思うことをしています。けれど、私たちは自分を罰するように学んだために、その時に存在していなかった選択肢を選ばなかったということで罪悪感を抱いてしまうのです。今日の拡大した視野から過去の自分を批判すべきではありません。自分を許すことなく、愛せるようになるのは不可能です。また、自分を許せるようになるまで、幸せな人生を生きることはできません。

＊　＊　＊

許しとは、自分の過去と折り合いをつけることです。それによって、あなたは自分の前進を妨げていた束縛から解放されるでしょう。真の許しには、ネガティブな感情はもはや存在しません。許しとは、あなたが気づくことにより、自分を押さえつけていたものを手放すことです。それを手放せばもう過去に縛られることはなく、自分の望む方向へと進むことができるでしょう。あなたはどうやって自分を許しますか？　あなたは自分自身や自分がしたことについて不満に思っていることを、好意的に見られるようになるのです。罪悪感から自由になるためのすべてのステップを行い、自分が許していなかったものに対する見方を変えることによって、あなたは自分自身を許せるようになるでしょう。

ツール9

自分の真実を表現する

完全な真実を表現する

自分を愛するという学びは、思考や感情を癒すプロセスです。ただし、あなたが癒せるのは自分が感じて表現したものだけです。特に人間関係において言えることですが、問題や葛藤が起こる時にはいつでも、表面的には見えないストーリーがそこにあるものです。

私たちが完全な真実を見つけてそれを認めるなら、必ず問題や葛藤の根本的な原因にたどり着けるでしょう。自分にとっての完全な真実を表現することを学べば、私たちは調和した人生を送れるのです。自分を愛している人は、調和した人生を望んでいます。

私たちが自分自身を表現している時、完全な真実を構成する次の五つの基本的な要素がそこに存在しています。

1. 怒り
2. 痛み
3. 恐れ
4. 理解
5. 愛

ほとんどの時間、私たちは真実の一部分だけに気づき、表現しています。たとえば車で外出して追突されたら、私たちはすぐに腹の底から怒り、追突した人を非難するでしょう。その時私たちは、追突に対する感情的な怒りにだけ気づいているかもしれませんが、完全な真実はそれよりはるかに複雑で、右に挙げたすべての感情に該当する思考を含んでいるのです。

また、ある特定の葛藤によって傷ついたり恐れたりしていることに気づいていながら、怒りを感じていることを自分にも他人にも知らせまいとしているというケースもあるでしょう。完全な真実の一側面だけを表現しようとするのは私たちの自然な防衛手段で、発育期に学んだ一般的な習性です。でも、癒しや自己愛は、真実のあらゆる側面について知り、そのすべてを表現することからやってきます。

自分の真実を表現するエクササイズ

次のエクササイズは、自分の真実を表現するのに役立つでしょう。紙を一枚用意するか、鏡の前に座るかしてください。あなたの人生あるいは人間関係から、自分を悩ませているものをピックアップしましょう。それについて次のリストの質問に順番通り答えることで、それに関係する完全な真実のそれぞれの側面（怒り、痛み、恐れ、理解、愛）を表現してほしいのです。

もし紙を使うなら、答えを書いてください。鏡を使う場合は、答えを自分に対して大きな声で言いましょう。取り組んでいる項目に該当するすべての思考や感情をあなたが十分に表現できたと感じるまで、その項目（たとえば怒り）から次の項目（痛み）へ移らないようにしてください。感情は健全なものですから、湧き上がってくる感情は抑えないように。腹の底から怒り、泣き叫びましょう。心の奥から希望を感じましょう。どんな感情が表に現れてきても、何の判断もせずに十分に経験してください。

＊
＊
＊

1．怒り

私は何に怒っているのだろうか？

私は何を（誰を）非難しているのだろうか？　それはなぜだろうか？

私は何に（誰に）腹立たしさを感じているのだろうか？　それはなぜだろうか？

（　　　　　　）の時、私はとても腹が立った。

私は（　　　　　　）には本当にうんざりだ。

私は（　　　　　　）が嫌いだ。

2．痛み

このことはどうして私をこんなに悲しくさせるのだろうか？

私は（　　　　　）によってひどく傷つけられた。

私は（　　　　　）にとてもがっかりした。

3．恐れ

このことの何が私をこんなに怖がらせるのだろうか？

私は（　　　　　）を怖がっている。

（　　　　　）する時、私は怖い。

なぜそれは私を怖がらせるのだろうか？
なぜこれについて心もとない感じがするのだろうか？
怒りや悲しみの下に隠されている深い傷は何だろうか？
この状況はどんな辛いことを私に思い出させるのだろうか？

4. 理解

私は（　　　　　　　）を後悔している。
私は（　　　　　　　）を残念に思う。
私はこの状況のどの部分に責任があるのだろうか？

私は（　　　　　　）するつもりはなかった。
私は（　　　　　　）だと理解している。
私は自分に（　　　　　　）というところがあるとわかっている。
私は何に対する許しがほしいのだろうか？

5. 愛

心の奥に、私は最も純粋な意図を持っている。それは（　　　　　　）だ。
心の奥で、私は（　　　　　　）を望んでいる。
私は（　　　　　　）すると約束する。

この状況に対して、私はどんな解決策を思いつけるだろうか？

私は（　　　　）を希望する。

私は（　　　　）に感謝している。

私は（　　　　）を許す。

車の追突事故に関して真実を言う

次に、このプロセスを使って、先ほどの「私はたった今追突された」というシナリオで完全な真実を言う例を紹介しましょう。

1. 怒り

「追突されるなんて信じられない。今日は最悪だ。あんなバカ大嫌い。みんな嫌いだ。バカな奴ばかりで本当にうんざり。何も悪いことをしていないのに、こんな目に遭うなんて腹が立つ。本当に不公平だ。あいつを殺してやりたい！」

2. 痛み

「何も悪いことをしていない人が傷つけられるのは嘆かわしい。みんなうまくいっているのに私だけ何一つうまくいかない。愛する車が傷つけられて、その車を運転しなければならないなんて悲しい。いい夜になると思ったのに、こんなことになってしまって……。言いようのないくらい心が痛む」

3. 恐れ

「私は人生が幸せなものでないことがとても怖い。人生が苦しみであることを恐れている。死ぬまで苦しむのではと心配している。もし人生というのは苦しみなのだとわかったら、深く落ち込んで自殺するかもしれない。それが、すべての背後にある傷だと思う。私は他人に対して無力感を抱いている。それは子供時代に、父が酔って帰ってきて私を殴った時に感じた気持ちと同じだ。楽しくテレビを見ていたのに、父が帰ってきて突然理由もなく殴られた。私はまだ幼くて、どうすることもできなかった」

4. 理解

「私は人生が苦しみを意味するというのは定かでないと知っている。子供時代の父親との経験から そう感じているにすぎないのかもしれない。いつもそう思っているために、人生が苦しみである証拠が目の前にたくさん現れるのかもしれない。私は衝突した車の運転手に腹を立てたことを後悔している。おそらく彼もひどい一日を過ごしていることだろう。自分の子供時代と関係する恐れを全部他人にぶつけるつもりはなかった。問題を解決しようとするのではなく、問題を増やすような行為をしたことを許してほしい」

5. 愛

「心の奥で私が望むのは、自分を含むすべての人を助けて、気持ちよくさせることだ。心の奥で私が望むのは、自分は被害者だと感じ、この世は恐ろしい場所だから幸せにはなれないと思っている私自身を癒すことだ。心の奥で私が望むのは、いかなる存在もコントロールする必要はなく、私は自分にとってよいことだけを創造している、と信じられるようになることだ。私に衝突した男性がその日ずっと惨めでなかったならいいけれど……。誰もが間違いを犯すのだから、彼も自分を責めないでほしい。彼の過ちを許そう。私は心からみんなを愛していて、幸せになってほしいと思っている。この世が幸せな場所になり、そこでみんなが非難や罰について心配することなく、過ちから学べるようになるといい」

真の感情を表現する

このプロセスが適用できない状況は一つもありません。これを行うことは、大きな自由と自己愛をもたらしてくれます。あなたは抑圧された恐れと深い傷を伴う葛藤の根本的原因を見つけ出し、感情的な浄化を経験することで深い安堵感を得られるでしょう。

次にネガティブな感情を抱いたら、身体にある悲しみの感情に波長を合わせてください。目を閉じて、すべての感覚を経験しましょう。自分が経験している感情がはっきりしたと思ったら、それを愛してください。そして、その感情の中に愛を投じている様子を想像しましょう。あなたの悲しみや怒り、恐れや罪悪感に愛を投影するのです。泣いている小さな子供を愛するように、それを愛しましょう。

もし役に立つなら、その感情を感じている時、自分を抱きしめて慰めているのをイメージしてください。心の中で、自分をあやしてあげましょう。これを、あなたが必要だと感じるだけ続けてください。少なくとも二分間は続けましょう。

自分を愛するというのは、感情を抑圧するのではなく、心の一番奥にある本当の感情に思いやりを持って耳を傾けることを意味します。このようにしてあなたの本当の感情を自分自身に対して表現する練習をすれば、他人に対して表現することも簡単になるでしょう。人間関係ももっとよくなっていくはずです。そして、「自分はどう感じるべきか、どうあるべきか」という牢獄から抜け出して、あなたの真の感情とありのままの自分自身を敬うことを学べるでしょう。

ツール 10

思いやりを持つ

一瞬一瞬の決心

ほとんどの人が、ある程度は思いやりについて知っているはずです。何か辛い出来事があって苦しみを味わったことを愛する人から知らされた時に、その人に対して抱いた感情を覚えているでしょう。思いやりを持つとは、他人の苦悩に対して同情心を持ち、その苦悩を軽減してあげたいと思うことです。別の言い方をすれば、他人の感情や思考や経験に気づいて理解すること、そういったことに敏感になり配慮するということです。

残念ながら、私たちのほとんどは「自分に思いやりを持つのは自分を哀れむことと同じであり、自己憐憫は利己的で自分勝手なことだ」という誤った思い込みのもとで育てられました。そうして私たちは、無用なものと一緒に大切なものまで捨ててしまったのです。

私たちは〝よい人はこうする〟と教えられた行いをしています。つまり、自分の痛みを無視し、抑圧しているのです。このために、他人に対して示すようにと教えられた思いやりを、自分に対しては示すことができません。

でも、今あなたはこのことに新しい光を当てて見ることができます。自分を思いやることは、あなたにできる選択であり、あなたがすべきことです。それは、「今この瞬間、自分をひどく扱うのではなく、よく扱う」ということ、「自分を否定するのではなく自分を認める」という選択です。自分のネガティブなものに注意を向けるのではなく、ポジティブなものに注意を向けるのです。思いやりとは、自己嫌悪の方向ではなく自己愛の方向を選択するよう一瞬一瞬決定することにほかなりません。

多くの人は、自分が間違いを犯したり苦しんだりしている時に自分に優しくするのを怖れています。もしそこで同情心を持てば、自分の誤りを大目に見て、結局は悪い人間になってしまうと思っているのです。この社会の賞罰システムに則れば、それは本当のことでしょう。私たちは、間違いを犯した人を罰すれば彼らは二度と間違いをしなくなると教えられてきました。それゆえ、自分の間違いに対して同情すれば、また同じ間違いをすると考えてしまうのです。

自分に対してハートを開く

自分を罰することは、いかなる方法であれ、何の役にも立ちません。実際、それは物事を一層悪くするだけです。ちょっと考えれば、間違いを犯したことで自分を責め、苦しんだところで、もっとよい人間になれるわけはないとわかるはずです。むしろ、そんなことをすれば「自分は不十分だ」と感じて不安になるだけでしょう。それだけでなく、私たちには自分を苦しめた時に一番近い人たちにそのイライラをぶつけてしまう傾向があるため、もっと悪い状況になるかもしれません。

自分への慈しみは、特別だったり普通以上であること、目標を達成したことなどによって生まれるものではありません。私たちは愛されるにはこのような条件が必要だと教えられてきましたが、それは間違いです。自分への慈しみというのは、今この瞬間のありのままの自分に優しさや心遣い、愛を示そうという決断によるものなのです。それは、あなたが自分自身に対してハートを開いているかどうかにかかっています。

私たちに苦しみを与える何かが起こった時、ハートへの扉が開きます。そして、癒しを経験してより完全な存在になるために、自分自身やその苦しみとともにいる準備が整うのです。でもたいていの場合、私たちはこれまでの条件づけのために、開いたドアに気づかず無視してしまうでしょう。そして、苦しみの反対側へと逃げ出すのです。苦しみとともにいたいとは絶対思わないはずですし、まして、それに対して思いやりある優しさを見せようなどとはしないでしょう。でも、もし自分を愛したいと思うなら、それが私たちのしなければならないことなのです。

思いやりには、苦しみを和らげたいという願望も含まれます。それは、苦しみを修正するのとは違います。自分に思いやりを見せるとは、それを覆い隠したり修正しようとせずに、苦しみをありのままに見て感じようとすることです。自分の苦しみを修正しようとすれば、それに抵抗することになります。私たちが抵抗するものは、何であれ持続するでしょう。苦しみを修正する必要があると思うのは「苦しみには何か悪いものがある」と考えているということですが、そんなものは存在しません。苦しみはいつも、私たちに何かを教えてくれるのです。

誰かに苦しみとなることが起きた時、その人を愛すると同時に彼らから逃げるということはできません。彼らを心から愛しながら、同時にその苦しみを修正するということもできません。あなたが彼らの苦しみを修正しようとすれば、直ちに抵抗されるでしょう。というのも、相手は「私が今感じていることはよくないことと思われている」とあなたの行動から感じるからです。愛を示すとは、相手とともにいて、思いやりある優しさを示すことなのです。

私たち自身が苦しんでいる時についても、同じことが言えます。自分を愛することと自分から逃げることを、同時にはできません。自分を愛すると同時に、自分の苦しみに抵抗してそれを修正することもできません。自分自身に愛を示すとは、苦しんでいる自分とともにいること、そして、その苦しみを十分に感じ、自分自身と苦しみに対して思いやりや深い優しさを示すことなのです。これが、私たちに究極的な癒しを与えてくれるものであり、私たちが苦しみの状態から喜びの状態へと移行する唯一の方法です。

自分に思いやりを示すエクササイズ

今まで見てきたように、自分を慈しむというのは自分を哀れむことではありません。そうではなく、それは苦しみの状態にある時に愛情深い友人として自分自身とともにいようとすること、つまり、自分と深くつながった状態でいることです。ネガティブな感情が湧くたびに、自分への慈しみを実践するといいでしょう。今後ネガティブな感情を抱くことがあったら、次に紹介するエクササイズをしてみてください。

＊＊＊

今あなたが何をしていようと、それを一旦やめて座ってください。目を閉じて、深くゆっくりした呼吸を五回しましょう。肺がいっぱいになるまで息を吸い込みます。それから七秒間息を止め、ゆっくりと息を吐いてください。

あなたが考えたこと、言ったこと、したことだけでなく、あなたが感じたことも十分に受け入れましょう。それから、今の状況についての真実を認めてください。心の中で作り変えたり、「もしそれが起こらなかったら……」と願ったりするのはやめましょう。それが起こったという事実に抵抗しないでください。抵抗はエネルギーの無駄使いです。現在あなたがいる状況と、それが何であれ「起こったことは起こったのだ」ということを受け入れてください。

次に、自分の感情へと注意を向けましょう。そうしながら、その感情と関係する感覚、イメージ、音、印象などを口に出してください。感情を、状態というよりは物体を調査しているかのように経験しましょう。やってくる感覚や気持ちに気づいてください。それを処理するには、それがまず認識されなければなりません。

感情があなたに何を知らせたいのかを尋ねてください。それが言おうとしていることを知るために、苦しみの経験を深く覗き込みましょう。たとえば、あなたの苦しみは「あなたは私を無視している。あなたは私に嫌なことをさせている。いい気持ちがしないことをどうして無理やりさせようとするの?」と言っているのかもしれません。あなたの聞いたメッセージを認めてください。さらに、それが表現してくれたことに感謝しましょう。

その感情を一つのイメージにまとめてください。そのイメージは、たとえば雪原にある深い穴だったり、公園のベンチで泣いている小さな子供だったりするかもしれません。それを解決へと導きましょう。これは、直感のエクササイズです。イメージにはよいも悪いもありませんので、その感情を表すのはどんなイメージか、あなたの心に教えてもらいましょう。そして、もっといい気持ちになれるように、そのイメージとワークしてください。

あなたの経験している感情のイメージが雪原の深い穴だったら、その穴を何かで埋めているのを想像したくなるかもしれません。公園のベンチで泣いている子供だったら、その子のそばに行って腕の中に抱き寄せ、優しく話しかけたいと思うかもしれませんし、その子に愛情深い温かな家族を与えているのを想像するかもしれません。あなたが深い安堵感を抱けるまで、ビジュアライゼーションを続けてください。

では、深呼吸をして足の指や手の指を動かし、部屋の中に注意を戻しましょう。あなたがたった今経験したことについて考えてみてください。このプロセスはあなたに何らかの洞察を与えてくれましたか？　その感情があなたに伝えようとしていること、あなたに知ってほしいと思っていることについて考えましょう。あなたの人生において必要な変化が見えますか？　このエクササイズを終えた今、自分に対してどのように愛を示すことができそうですか？

＊＊＊

自己愛の最も強力な表し方は、自分に対する慈悲を持てるようになることです。あなたがネガティブな感情を抱くたびに、それがどんな感情であれ、自分に対して慈悲を示してください。そうすることで、自分自身や自分の真実とともに存在できるようになります。そして、自分の苦しみに抵抗するのではなく、それを受け入れて変容させることにより、癒しを見いだせるでしょう。

ツール11 ラブレターを書く

署名をし、封をして、投函する

自分の思考を書き留めると、その思考はもっとリアルなものになります。

ラブレターというのは古典的な、時代を超えた愛の表現手段です。ラブレターを書くことは、文書という形で愛を表現することです。それはあなたの最も深い感情と接触するチャンスをもたらし、どんな言葉が一番よくそれを表現できるかを教えてくれるでしょう。

あなたがラブレターを一度も受け取ったことがなくても、一日に百通受け取ったことがあっても、ラブレターをもらう相手として一番重要なのはあなた自身です。あなた以外の人があなたのカップを満たすことはできず、あなたが自分を愛するまで誰もあなたを愛することはできません。

ですから、自分を愛するための次のステップは、自分自身にラブレターを書くことです。

この手紙を書くために、誰にも邪魔されない時間帯を選んでください。音楽をかけると、感情を表現しやすくなるかもしれません。ペンと紙を用意したら、「親愛なる〇〇〇（あなたの名前）」で手紙を始めましょう。日付も忘れないように。

あなたのハートから指先へと流れるままに手紙を書いてください。自分に対する感謝の気持ちを表しましょう。これは、ずっと自分に言いたいと思っていた愛の言葉を伝えるチャンス、許しや理解や思いやりを表現し、あなたの考えを示すチャンスです。

すべてのラブレターがユニークなものです。ラブレターの書き方に、よいも悪いもありません。ラブレターを書き終えたら、あなたの好きなように署名をして封筒に入れましょう。それに住所を書き、切手を貼ってください。そこまで終わったら、次の二つのどちらか――その日に投函してあなたに届くようにするか、信頼できる人に預けて翌年の好きな時に投函してほしいと頼むか――を選びましょう。

自分に書いたラブレターを受け取ったら、しばらくそのままにしておきます。邪魔が入らないような時にゆっくり読んでください。ラブレターのすべての言葉があなたに染み込むように、ハートを開きましょう。そのメッセージを自分の魂と融合させてください。それから、自分への愛を確認したい時に読み返せるような場所に保管します。

親愛なるティール

では、自分へのラブレターがどんなものか、例を紹介しましょう。これから紹介するのは、私が二十一歳の時に自分宛てに書いた初めてのラブレターです。

＊＊＊

親愛なるティール

長い間、あなたに連絡をしていませんでした。でも、それは私があなたのことを気にかけていなかったからではありません。あなたがドアを開けて中に入れてくれるのを待っていただけなのです。私は、本当のあなたです。今朝あなたは、「この人生が今よりもよくなるかもしれない」という好奇心を持って生きると決めました。あなたはまだ、それができるかどうかを知りません。でも、私にはわかっています。

私がこの手紙を書いているのは、次のことをあなたに伝えるためです。ある日、あなたは信じられないくらい幸せになるでしょう。あなたは大きな喜びを見つけ、この世を包み込むほど大きくハートを開くのです。あなたは許しと自由の象徴となるでしょう。それはすべて理にかなったことです。あらゆることは、理由があって起こるのです。あなたはその理由を知り、それによって他の人々も自由にするでしょう。

宇宙はあなたが炎に焼かれて灰になり、そこから自由を得る姿を見ています。たとえその旅の果実をまだ味わっていなくても、あなたはこの手紙を読んで微笑むでしょう。あなたは気づいていませんが、私はあなたをとても愛しています。あなたの苦しみや闘いは終わりました。もうそんなに強くなる必要はありません。

誰もあなたを救ってはくれませんでした。あなたが自分自身を救ったのです。以前の状況に戻らないのは運がいいからではなく、あなた自身のおかげです。逃亡したあの夜、ドックは初めて間違いを犯したとあなたはいつも言っています。でも、あれが彼の初めての間違いではありません。彼の初めての間違いは、あなたを選んだことです。彼は、高潔さが奪われることのない子供を選びました。彼は、触れてはならない魂を持つ子供を選びました。彼があなたを傷つけるために行ったすべてのことがまったく反対に働き、よいことのために用いられたのです。そして、究極の妨害が最高の贈り物になりました。あなたは虐待の連鎖を断ち切ったのです。あなたは自分のところでそれを食い止めようと決心しました。

あなたは素晴らしい人です。あなたは自然を体現しています。あなたの身体的な美しさは、あなたの中にある素晴らしさの反映です。私は決してあなたを見捨てません。あなたのためにいつもここにいます。あなたが私を望んでくれたので、あなたがいつも愛されたいと思っていたやり方で愛しましょう。あなたがどんなことをしても、私が去ることはありません。

あなたには完全さと不完全さがあり、そのままで愛すべき存在です。それらがなければ、今のような完璧な存在ではありません。あなたの人生がこれからどのようになるのか、私がお話ししてもきっと信じないでしょう。でも、あなたは偉大な人物になるのです。自分のことのように聞こえませんか？　本当のあなたはそれほど大きな存在です。あなたも本当はわかっているはずです。

私があなたに自分の愛し方を教えます。やがて、あなたが他人に愛し方を教えてあげる日が来るでしょう。そのやり方については段階を追ってお話ししていきますが、この手紙はその最初のステップです。これを繰り返して読み、書かれている言葉をあなたの魂の中に染み込ませてください。これは、あなたが自分に対して話した最も真なる言葉です。

あなたはそのままで十分素晴らしいのです。あなたが行うあらゆる自己〝改善〟は、改善ではなく、むしろ本当のあなたを発見するためのステップです。あなたの価値は今は灰の中に隠れているかもしれませんが、まもなく明らかになるでしょう。誰もがその日を息を殺して待っています。それは、あなたが思っているよりずっと速いスピードで近づいています。

あなたが許しを請う必要のあるものなど何もありません。これから進もうとしている人生は、あなたが望むあらゆる修正をした人生です。自分はこの宇宙のとても貴重な一片だと知ってください。私があなたを大切にせず、愛さないことは一瞬たりともないでしょう。

私があなたを愛するかどうかは、あなたの問題ではありません。それは、私の問題なのです。あなたがどんなことをしようと、私があなたを心から愛するのをやめさせることはできません。今、私があなたにずっと抱いている愛を感じてください。そうすれば、人生は素晴らしいものになるでしょう。

二〇〇五年九月七日

あなたより

自分の愛以上のものは存在しない

この手紙を自分自身に書いた時、私は自分の未来という織物を編んでいるところでした。この手紙は、今でも私が受け取った最高の手紙です。「これよりも素晴らしい手紙が書ける？」と私はよく人をけしかけていますが、それは無理なことだとわかっています。

無理である理由は簡単です。私が聞きたいと思っていることを、自分よりもよく知っている人はいないからです。それに、自分の愛以上に望む愛などこの世には存在しないのです。

この手紙が自分に書く唯一のラブレターということではありません。このエクササイズはとても効果的なので、毎年一通のラブレターを自分に書いてほしいと思います。でも、最初のラブレターを書くことが、最も意味のある行為になるでしょう。この行為はまさに私の人生を大きく変えてくれました。自信を持って言いますが、これほど自分自身を嫌っていた私の人生を変えられたのですから、あなたも必ず自分の人生を変えられるはずです。

ツール12

自分の身体を愛する

完璧な身体という幻想

あなたは現在、自分の愛し方を知らない人たちの社会に住んでいます。人々が自分の愛し方を知らない結果として、私たちの社会は「愛されるためには完璧にならなければならない」という誤解のもとに動いています。

私たちが自分の身体に設けた非現実的な基準の枠を超えるには、まずその基準について疑いを持たなければなりません。私たちが毎日目にする理想とされるイメージについて、何も考えずに受け入れるのではなく批判的に考えるのです。私たちが望ましいと考えている男性と女性それぞれの身体的イメージは、エアブラシで描き、修正を加え、光を当てて明るくしたものです。もし完璧な身体というのが存在するのであれば、このような修正はそもそも必要がないでしょう。

次のように自問してみてください。「身体的な完璧さは、自分にとってどんな意味があるだろうか？　男性も女性も、最新の美の理想に合わせて外見を変えるべきなのだろうか？　どれくらいが行きすぎなのだろうか？　世の中にはいろいろな体型の人がいるのに、一つか二つだけを魅力的だとする社会は果たして健全と言えるだろうか？　そもそも完璧な身体とはどんなものだろうか？　私にとっての完璧な身体とは、私自身が考えたものだろうか、それとも他人の意見によって形成されたものだろうか？」

あなたの身体が理想とされるものにどれだけ近かったとしても、それは変化してしまう可能性が高いでしょう。また、完璧に近い身体を持つと考えられているモデルや有名人でさえ、自分で嫌っている部分を抱えています。

現代社会で最も多い健康上の悩みはおそらく体重です。でも、太っていることは、ネガティブな心の状態に起因する実際の健康問題となることもあれば、まったく問題にならないこともあるのです。

敵を愛する

あなたがほんの少しでも自分の身体を嫌っているなら、それは敵と一緒に住んでいるようなものです。自分の身体から逃れることはできませんから、自分の身体を嫌っていれば、毎日惨めなことが必ず見つかります。これは、約束された苦しみです。たとえ美容整形をしたとしても、自分の身体から完全には逃れられません。身体は、あなたの考えることすべてを聞いているのです。もし本当に幸せな生活を送りたいのであれば、ありのままの身体を愛する方法を見つけなければなりません。次に、そのための方法をいくつか提案しましょう。

1．身体のどの部分についてネガティブに感じているかに注意を向け、なぜそうなったかを明らかにする

スーパーやコンビニに並んでいるファッション誌を見ると、気分がよくなりますか、それとも悪くなりますか？　父親もしくは母親から自分を嫌う習慣を身につけませんでしたか？　両親のどちらかが、理想の体型を押しつけませんでしたか？

自分の身体を嫌うようになった理由を理解したからといって、自然に自分に対していい気持ちを抱けるようになるわけではありませんが、少なくとも自己批判はやめられるでしょう。自分の身体について、あなたが感じたもの以外はすべて自分のものではないと認めてください。これが、ポジティブな身体イメージを築くための基礎となります。

2．自分の身体の好きな部分に注意を向ける

あなたは自分が望むものであれ望まないものであれ、注意を向けているものを創造します。ですから、心の中に最も多くあるものを外側に見ることになるでしょう。自分の欠点のことばかり考えていれば、より多くの欠点を生み出すことになります。これが、ネガティブな身体イメージの下降スパイラルです。一つの欠点に集中しているとますます多くの欠点に目がいき、まもなくあなたの身体は欠点だらけになるでしょう。そして自分自身が嫌になり、自尊心も失われてしまいます。私が提案するのは、焦点の当て方を意図的に変えるということです。

まず、鏡の中の自分を見ることから始めてください。自分の身体の嫌いなところを探すのではなく、好きなところを探しましょう。髪の色は好きですか？　肩のなだらかさは好きですか？　皮膚の感じは好きですか？　骨格はどうですか？　肌の色は好きですか？　自分の好きなところ

を見つけるように努力してください。

3．自分にないものを気に病むのではなく、今の自分にぴったりの服を探す

あなたが自信を持てる服や大好きな服、今の身体にぴったり合う服を見つけることで、自分に愛を示してください。自分のサイズより大きいものや小さいものを買ってしまうと、後で身体に合わないとわかった時に、ますます自己嫌悪に陥ります。買ったものが自分に合わなかったことで、余計に欠点に注意が向いてしまうのです。

4．愛を持って、正しい理由のもとに、変えられるものだけを変える

自分の身体を変えたい本当の動機は何であるか、じっくり考えましょう。それは健全な動機でしょうか、それとも不健全な動機でしょうか？　変えたいと思っているのは実際に変えられるものですか？　自分に対して優しいやり方で変えられますか？　それとも、優しくない方法しかなさそうでしょうか？　本当に自分自身のためにその変化を望んでいますか？「求められ、愛さ

れるためには変えなければいけない」と他人から言われたのではありませんか？

身体を変えることについて、正しいとか間違いというものはありません。それは、個人の選択です。自分の身体はこのままではいけないと信じている時、あなたは自分に対してどんなメッセージを送っていると思いますか？　それは、「私はあなたを愛していません」というメッセージにほかなりません。

5．自分の身体に対する感謝のリストを作る

感謝は純粋な真価を認める波動です。それはまさに、嫌うことの正反対です。私たちは毎日自分の皮膚の内側に宿り、自分の身体を当たり前のものだと思っています。ここでちょっと想像してみましょう。あなたはエイリアンで、初めて自分の身体を試しています。あなたは何に驚くでしょうか？　感情を身体的に表現する能力（ダンスをする時など）に感謝しますか？　愛する人の身体に触り、身体的に愛を表現する能力に感謝しますか？　両目が魂への入り口だということは気に入っていますか？

自分の身体について、感謝できることのリストを作りましょう。感謝するところがなくなってきたら、インターネットで人体について調べてみてください。これまで気づかなかった感謝すべ

きことがもっと見つかるはずです。少なくとも一日に一度、自分の身体に感謝を表してください。毎晩ベッドに入る前に、その日身体のおかげでできたことすべてにお礼を言いましょう。

6. ワクワクするような運動を見つけて、愛から行う

やりたくないことを無理やりするのは、自分を愛することではありません。あなたがやりたいと思える運動をするのが重要なのは、そのためです。自分の身体と戦うように運動しないでください。あなたは走るのは嫌いでも、早歩きは好きかもしれません。ぶつかり合うスポーツは嫌いかもしれませんが、泳ぐのは好きかもしれません。一般的に信じられているのとは異なり、健康やスタイルを保つための決まったアクティビティというのは存在しません。

身体を動かすことには、あなたを自己愛の方へと導く効用があります。病気を予防し、睡眠パターンを調節して、性生活も改善します。そして、あなたのエネルギーレベルを高くします。運動はあなたの細胞に酸素と栄養素を運んで、心臓血管系がより効率よく働く助けとなるのです。心臓と肺がよく働けば、一日中使えるエネルギーがもっと得られるでしょう。

どんな種類の運動がしたいのかわからなければ、いろいろ試してみてください。試したものが嫌だったら、もう二度とする必要はありません。もし自分が好きなものが見つかったなら、健康

と幸せのためにぜひ続けましょう。続けながら、あなたがどう感じるかに注意を向けてください。身体は痛みを避けるように作られています。何かの活動が痛みを引き起こした際、それでもなお続けようとすることは自己虐待にほかなりません。十分時間をとって新しいものを試し、外からの動機がいらないほど好きなアクティビティを見つけましょう。

7．質の高い睡眠をとる

睡眠は身体を修復し、バランスを取り戻して元気にしてくれます。また、自分が学んだ新しいことを記憶し、処理するのを助けます。これが、「一晩考えさせてください」という表現の意味するところです。自分を愛することには健康になることも含まれますから、自分の身体に質の高い睡眠を与えて、身体を回復させてください。毎晩どれくらい睡眠が必要かについては自分の感覚を信頼しましょう。睡眠が必要な時は、あなたの身体が教えてくれるはずです。睡眠の計画表があった方が安心なら、それを作成してください。絶対に避けてほしいのは、身体のサインを無視することです。

8. 自分を愛するような食事をする

私はこのテーマだけで一冊の本を書くことができます。あなたが口に入れるものは、この人生を経験するための身体へと変換されます。あなたが自分の食べたものから出来ているとすれば、食べるものについて慎重に考えることがいかに大切か、おわかりになるでしょう。生きる助けになるような、生命力にあふれた食べ物を食べてください。生命力のない食べ物、遺伝子組み換えされた食べ物、保存食品、農薬が含まれるものは、あなたの生命を助けるどころか、むしろ破壊してしまいます。

こう言えば驚くかもしれませんが、すべての人に合うような完璧な食事というものはありません。農薬、人工甘味料、グルタミン酸ナトリウム、精粉、精製糖などのように人間の波動エネルギーと合わないものはたくさんありますが、それでも身体にとって完璧な食事は一人ひとり異なるのです。

思考はこの宇宙の切り札であるというのが普遍的な真理です。もし自分は健康体だと信じているなら、何を食べようとそれが手に入るでしょう。宇宙の引き寄せの法則がどのように働いているのかというお話を覚えていることと思います。この法則によれば、似たような波動だけが物質的次元に現れてきます。これを食事に適用してみると、あなたは自分の波動と合う食べ物だけに引き寄せられます。それゆえ、悲しい気分の時に、健康的とは決して言えないハーゲンダッツのアイスクリームに強く惹かれるのです。あなたが幸せならその波動に合う食べ物に惹かれ、幸せな気分がますます強化されます。

自分の食事を健康的なものに変えようとするのは、とても自己愛に満ちた行為です。自己愛の状態(つまり健康な状態)に合う食べ物を選ぶ最もいい方法は、まず自分を愛するようになり、自然にその状態に合う食べ物に引き寄せられることです。あなたの身体の声に耳を傾けて、何を食べたり飲んだりしたいと言っているか聞いてください。健康な身体が自然な状態であり、あなたは自分の身体に背くようには機能していません。身体は今どんな状態にあって何が必要か、それをあなたにどう伝えるか、身体自身が知っています。その声に耳を傾けることは、食事を選ぶ際に最適な方法です。なぜなら、健康にいい食べ物や悪い食べ物ということに関して万人に共通する意見はないからです。

どの食べ物が自分の健康や幸福に役立ち、どれがそうでないかを知るには、自分の直感を信頼してください。直感は太ると思うものや健康によくないと思うものは避けますから、その声に従っていれば健康でいられるはずです。このように、あなたは直感的に自分にとって正しい食べ物がわかりますが、変化に対しても心を開いていてください。というのも、自分を愛し始めてスピリチュアルに目覚めるにつれて、変化が起こるからです。自己愛が強まるとともに、特定の食べ物に対してもっと敏感になっていくでしょう。波動が変わったせいで、長年食べていたものが突然あなたの身体に合わなくなることもあります。

私のようなスピリチュアルの教師に聞いて、チーズやジャンクフードや肉を食べない選択をするのはあまりお勧めできません。確かで信頼できるものを食べるかどうかはあなた自身が決めることであり、ゆっくりと到達すべき真実だからです。本当の自分とのつながりに心を開けば開くほど、あなたにとっての真実や選択が急速に変わっていくでしょう。

9. 自分の身体を受け入れる

受容は後の章で取り上げるテーマでもありますが、身体に関する受容はとても重要です。身体を受け入れるとは、それに抵抗しないということです。抵抗は身体の中に望ましくない状態を生み出しますが、それは月経痛からガンまで様々です。となれば、なぜ受容がとても重要なのかは明らかでしょう。

私たちは受け入れないことをよしとする社会に生きており、その傾向は何世紀も続いています。でも、自分の身体を恥じて受け入れないのは、それを愛することの真逆の行為です。排便と排尿は人間であることの一部であり、身体のバランスを保つためのプロセスです。月経は女性として生きることに伴うものです。身体について抵抗しがちな側面を受け入れられるようになるまで、私たちは自分を嫌いながら生きることになるでしょう。

抵抗を手放す

あなたが自分の身体のどこに抵抗しているのか、少し時間をとって自問してみましょう。鼻の形ですか？　余分な脂肪ですか？　それとも胸やペニスの大きさですか？　おそらく長いリストになるでしょう。それはあなただけではありません。ほとんどすべての人が、自分の身体に対してある種の抵抗感を持っています。けれど、それが何であれ、受け入れるべき時なのです。

何かを受け入れるとは、それについての好意的な意見を見つけることです。抵抗するのではなく、大きく心を開いてそれを受け取るのです。そのための一番いい方法は、自分の身体について抵抗していることを見つけて紙に書き出すことです。そして、自分の書いたものを好きになるための事実やアイディアをできるだけたくさん見つけてください。

このエクササイズは、自分が好きでないものを好きだと偽るためのものではありません。そうではなく、自分の身体への抵抗を手放して、それを受け入れるためのものです。次に、実例を紹介しましょう。ここで例として選んだ題材は、「私のふとももにはセルライトがある」です。

＊　＊　＊

✳抵抗を手放すエクササイズ――セルライトを肯定するための事実を書き出す

そもそもセルライトは魅力的なものでないと誰が決めたのだろう？　私は社会から教えられたものにすぎないと思っている。脂肪について調べてみると、セルライトの原因は繊維性結合組織内の皮下脂肪ヘルニアであり、セルライトがあっても太りすぎているという意味ではない。皮膚の下には誰でも脂肪があり、セルライトがあるというのは単にその脂肪が見えているにすぎないのだ。

女性の八十パーセントから九十パーセントにセルライトがあり、医師は思春期以降の女性にとってこれは正常なことで〝問題〟ではないと考えている。また、ストレスによってカテコールアミンが分泌されるが、それはセルライトの増加と関係している。このことは、リラックスして人生からストレスをなくすように心がけるための、いい理由になるだろう。

セルライトは悪いものだという考えを提供し続けているのは企業だ。そうすることで、自分たちの製品を買わせようとしているのだ。もしセルライトは醜いものだと信じたら、私は今の十倍もくだらない製品を購入することになるだろう。そんなことは決してしたくない。企業は製品を買わせるために、人々の自尊心を利用している。私はそんな罠にはもう引っかからない。

さらに言うなら、私はセルライトのおかげで自分の思考に疑問を持ち、自分の身体を愛する方法を学んだ。その結果、私の人生はもっとよくなった。セルライトは私の人生を改善してくれたのだ。

セルライトのザラザラした感じが好きだという男性もいて、彼らはセルライトがなければ本当にいい女とは感じられないと言う。セルライトを好きな人がいるのなら、それは欠点にはならないはずだ。実際、魅力を感じるのはセルライトだと言う男性さえいると聞いたことがある。

私は〝欠点のない女性〟という社会の期待には添いたくない。そのような思考は実害を与えている。自分のセルライトに抵抗するというのは、社会が与えた有害な理想の正当性を実証していることになるのだ。私はそのことについて考えるようになって、自分がどれくらい他人の意見を気にしているのかに気づいた。それは私にとって、気持ちのいいことではない。セルライトは自尊心を高めるのを助け、もっと自信を持つべきだと教えてくれた。セルライトよ、ありがとう！

私はダイエットや運動をした自分ではなく、今のままの自分を愛してくれる誰かがほしい。だから、ある意味セルライトは、一緒にいる価値のない人を排除するための〝試金石〟のようなものなのだ。

＊　＊　＊

このエクササイズでは、より多くの事実と新しい見方を思いつくほどいいでしょう。時間はかかるかもしれませんが、自分が受け入れていないことに対して疑問を持ち、それに対する新しい見方を見つけることで、私たちの生活ははるかによくなります。身体もずっと健康になるでしょう。

自己愛のビジュアライゼーション

自分への抵抗を手放すには、次の自己愛のビジュアライゼーションも役立ちます。

＊＊＊

心の中で自分自身をイメージしてください。あなたの身体で、好きでない部分はどこでしょうか？　愛せない部分はありますか？　それは身体のパーツかもしれませんし、人格や感情、思考かもしれません。

その中から一つ選びましょう。では、まずあなたが一番愛しているものについて考えてください。その感情が高まったら、自分の選んだ嫌いな部分にその強烈な愛を注ぎ、包み込むようにイメージします。その愛の光を十分に浴びて、あなたの嫌いな部分は変容していくでしょう。

このプロセスを終えたら、心の中でこう言います。「私はあなたをとても愛しています。あなたを心から受け入れます」

＊＊＊

あなたが愛せないと感じるそれぞれの部分に対して、このプロセスを繰り返してください。自分のいかなる部分に対する不満も抵抗であり、自分への抵抗とは自己愛の正反対にあるものです。

このプロセスはとても強力です。というのは、あなたが信じるものは現実化することになるからです。あなたのマインドと思考が、あなたのスピリットと身体の架け橋となります。あなたは自分の思考によってスピリットとの調和を見つけ、思考を使って身体の調和を作り上げます。あなたの全身は思考から生じているのです。ですから、ネガティブなことを考えていれば、それは病気として身体に現れてくるでしょう。

けれど、元の思考の波動に弱さがなければ、病気が現れることはありません。ウィルスもバクテリアもあなたに影響を及ぼせず、病気の遺伝的素因が現れることもないでしょう。あなたはこの考えに驚くかもしれません。というのも、私たちは「世界とは自分の外側に存在するもので、外にあるものはコントロールできない」と教えられてきたからです。そして、「もしウィルスに目をつけられたら、自分の意志とは関係なく病気になる」と信じて成長してきたのです。

事実はそうではありません。あなたが自分の身体を弱くする思考を持っていなければ、どんな種類のウィルスやバクテリアの〝犠牲者〟にもならないでしょう。ウィルスやバクテリアは好機を狙っていますが、もしあなたの身体にウィルスやバクテリアに占領されるような弱さが存在しなければ、そういったものに全身を奪い取られることはありません。

近視眼的な見方に陥り、「この病気はあるウィルスによるものです。顕微鏡で細胞が占拠されていく様子が見えますから、そうに違いありません」と言うのは簡単です。でもこれは、部屋を明るくしている光が電球から来ていると言うのと同じです。光そのものが実際にどこから来ているのかというストーリーをたぐるには、もっと前へ遡らなければなりません。それがとても長い話になるように、病気の話も目に見えるよりはるかに長いものになる——つまり、その要因となったあなたの思考へと遡らなければならないのです。

病気の明らかな原因とあなたが思っているものをさらに掘り下げていくと、ネガティブな思考がすべての病気のルーツだとわかるでしょう。ネガティブな思考はエネルギーの自然な流れを邪魔するのです。この自然な流れが損なわれると、身体は衰え始めて病気になりやすくなります。

完全にポジティブな思考を持ちながら、ネガティブな身体状態にはなりえません。なぜなら、それは宇宙の法則に反するからです。同じように、自分を完全に愛しながら、望まないような病気を経験することもありません。身体に関して言えば、このように双方向の道があるのです。あなたの身体のために、あなたの身体とともにしている愛に満ちた行為が自己愛を強化します。自分を愛する思考はあなたの身体イメージを改善するだけでなく、活力に満ちた健康状態を生み出してくれるでしょう。

ツール13 トロイの木馬作戦

自己嫌悪という敵を倒す戦略

長年にわたって自己愛の欠如を経験していると、自分に愛を差し出すと考えただけで不安になるでしょう。私が初めて自分を愛するやり方を見つけようとしていた時、ポジティブなアファメーションを言おうとして吐きそうになったのを覚えています。この反応は、私が子供の頃に受けたひどい虐待の副産物だと当時は思いました。でもその後で、自己嫌悪を感じて生きている人はみんな同じ反応をしていることに気づいたのです。

さらに、私も含むこのような人たちはポジティブなものがやってきても信じられず、受け取ることもできないのだとわかりました。自分に対して愛のあることを言ったりすると、まるで嘘をついているように感じるのです。他人から愛の言葉を言われたり愛の行動を示されたりしても、その言葉が信じられず、動機を怪しんでしまいます。

映画の中で、軍隊がお城を正面から攻めていった際、城壁の高さと厚さのせいで突破できない、という場面を見たことはありませんか？　そういう場合、軍隊が最後に勝つために必要なのは、なんとか別の入り口を見つけてこっそり侵入することです。王国はたいてい、最後にはこのようにして滅ぼされます。彼らは排水溝を利用したり、戦士が中に隠れたトロイの木馬を敵側に贈ったり、長い間使われていなかった下水路を利用したり、友人のふりをしたりして、お城の中に侵入します。

戦略には、それがどんなものであれ共通点が一つあります。それは、正門を壊そうとするのではなく裏口から入ることで勝利を得るということです。自己嫌悪は、愛がお城の正面から入れないように万全の防御をしています。でも、私たちはこのような映画から、一つの解決法があることを学びました。そう、自己愛を裏口から入れるのです。

自己嫌悪は、他人に愛を与えても自分では決して受け取らないようにさせ、私たちのカップをいつも空の状態にしておくのが得意です。ですから、この敵を倒すには戦略的にならなくてはいけません。私が提案するのは普通とは違う方法です。誰か他の人に自分のほんのわずかな愛を与えることに意識を集中して、自己嫌悪に「私は自分の愛を他人に与えて使い果たした」と思わせるのです。そして、最終的にその愛を自分の内側へと向けてください。自己嫌悪は、この戦略に対して防御することができません。では、具体的なやり方を紹介しましょう。

✻愛を投射した水を飲む

この方法を行うには、コップ一杯の水が必要です。自分の前にコップ一杯の水を置いて座り、あなたが心から愛している人や物のことを考えましょう。それに意識を集中し、それに対して強いポジティブな感情（愛）を抱いてください。

それから、コップの中の水にポジティブな感情や愛を送っているのをイメージしましょう。この集中を五分間続けてください。必要なら、感情を強める助けとなるような人や物の写真を使いましょう。音楽も有効かもしれません。もし自分の愛するものが思いつかなかったら、目の前の水に集中して、その水に対する愛を投射します。これが終わったら、水を飲みましょう。

＊＊＊

あなたが愛を集中した水を飲むことで、自分の身体に無理やり愛を受け取らせるようにします。その水を飲めば、あなたという存在にはたった一つの選択肢しか残されません。つまり、愛を受け入れるという選択肢です。あなたには何の努力もいりません。水に投射したあなたの愛の高周波のエネルギーが、あなたの身体の低周波のエネルギーに変化を引き起こします。これは、音楽のように考えることができます。愛の注入された水を飲むことで、あなたが内部に抱いていた自己嫌悪という低周波音が、自己愛という高周波音に共鳴するのです。

この方法は、比喩的に愛を飲み込むことを意味するだけではありません。水に愛を集中することは、水自体に実際に影響を与えます。このことについては、近年科学者たちの間で論争が起きています。思考が水の分子構造を変えることの証明を始めた科学者もいる一方で、思考が水に影響するという考えはいんちきだと主張する科学者もいます。後者は宇宙のニュートンモデルに同意しているか、量子力学が指摘することの一部しか理解していない人たちです。要するに、「私たちの現実は固定されたものではない」ということを、科学はまだ受け入れていないのでしょう。

物質的現実と同様に、水も思考を反映します。でも、そのやり方は人間の知るどんな物質とも異なります。水は、まるで生き物のように反応するのです。水は記憶を持ち、また、周囲の状況に影響されます。そして、思考ほど水の構造や周波数に影響を与えるものはありません。

私は生まれながらに超感覚を持っているので、思考が水に与える影響を見ることができます。それゆえ、本書の第三章に書いたような実験を行うに至ったのです。水に思考を投射すると、水は思考の周波数を保持します。水は、集中的に投射したいかなる思考の周波数でも受け入れるのです。ですから、愛の周波数を受け入れた水を飲むと、あなたの体内の水は変化して愛の周波数と共鳴するようになります。大人の体重の約三分の二が水であることを理解すれば、この説は強力に思えることでしょう。

ツール 14

ミラーワークの魔法

鏡に映った自分との対話

自己愛に関しては、ミラーワークという方法が最も効果的です。ミラーワークは自己概念の改善には不可欠なワークだとずっと考えられてきたものですが、これには素晴らしい効果があります！　このエクササイズを始めたばかりの時は、なんとなく変な感じがして、心地よくは感じないかもしれません。でも、その抵抗を超えた先には素晴らしい報酬が待っているのです。

ミラーワークは、割合に簡単です。これは鏡の前で自分自身とポジティブな対話をするエクササイズで、アファメーションの強化に使うこともできれば、自分に真実を尋ねるためにも使えます。また、ハートが知ってほしいと思っていることとつながったり、本当の自分とつながってこれまで抑圧していた真の感情を発見したりするのにも使えるでしょう。さらに、自分自身に対する批判的で完璧主義的な態度に打ち勝つにも、このミラーワークは有効です。

これから紹介するエクササイズをすれば、あなたは自尊心や自信がいかに高まるかに驚くでしょう。ありのままの自分に心地よさを感じられるようになるはずです。というのは、自分についての思考を変えることは、あなたを変えるだけでなく周りの世界も変えていくからです。あなたが自分に愛を向ければ向けるほど、外の世界もあなたにもっと愛をくれるようになるでしょう。

自分に対して愛を向け始めることは、あなたの心というプロジェクターに影響を与えます。そうすることによって、心が世の中に投影するものに影響を与えるのです。その結果、あなたの現実はもっと思いやりや愛にあふれたものになり、受け入れやすい場所に変わっていきます。

ミラーワークのやり方

ミラーワークは、あなたが必要と感じた時にいつでも行うことができます。ただし、心地よさを感じられるようになるまでは特に、日課の一部にすることが大切です。夜寝る前に、最も素の自分になるようにしてください。つまり、メイクを落とし、顔を洗い、歯を磨き、裸になるということです。最初のうち、裸になるのが嫌だったら、ならなくてもかまいません。裸になることを目標にして、あなたの準備ができた時に服を脱いでください。

家の中にあるミラーを見つけたら、少なくとも十分間は誰にも邪魔されないことを確かめましょう。ミラーワークのやり方にはよいも悪いもありませんので、自分の感情を信じてください。ミラーは、初めはあなたが心地よさを感じるものを使い、最終的には全身が映るものにしましょう。

ではまず、ミラーの前に立って、数分間自分をよく見てください。自分の目に映った姿をじっと見つめます。以前にこのエクササイズをしたことがなければ、おそらくとても気まずく落ち着かない感じがして、ミラーから顔を背けたくなるでしょう。これはまったく正常な反応です。自分の目に映っているものに注意を戻して、もう一度よく見てみます。

自分の見たものに対して何の判断もしてはいけません。ただ自分自身を見つめてください。「まぶたがシワだらけだわ」とか「酷いブスに見える」のような声が聞こえても、落胆したり抵抗したりしないように。その思考に対して「意見をありがとう」と言い、空の雲のように流れ去るのを許しましょう。

次に、自分の目をじっと見つめてから、全体像を観察してください。あなたの皮膚や頬、額や鼻などに目を留めましょう。もし全身が見えるミラーの前に立っているなら、頭からつま先まで何も判断せずに眺めてください。それが終わったら、自分に対して「○○○(自分の名前)、あなたを愛していいます」と優しく声に出して言いましょう。

ミラーの中の自分を見続けながら、意識的に愛と思いやりを放射してください。ミラーに映るあなたのハートへと送るイメージをしましょう。あなたのハートが愛と思いやりを受け取り、血管を通してそれを全身へ送り出している様子を思い描きましょう。ミラーの中のあなたが必要だと感じるところへ愛と思いやりを送ってください。ミラーの中のあなたがどれくらいの愛を必要としているか感じられますか?

このプロセスを続けるにつれて、あなたの中に十分な愛が染み込んできているのを感じられたら、自分の好きなところを探して、声に出して言いましょう。たとえば、「あなたの気遣いが好き」「コバルト色の瞳が好き」「このエクササイズをする勇気が好き」「とても誠実なところが好き」「芸術的なところが好き」などのようにです。身体的特徴でも人格特性でもいいので、自分について好意的に感じられるところに注目してください。大切なのは、あなたが愛と感謝の気持ちを抱いている部分を見つけることです。

それが終わったら、一日を振り返り、自分を誇りに思える出来事がなかったか考えてみます。大きなことであれ小さなことであれ、そのすべてについて自分を認めてあげましょう。自分を評価できることを少なくとも十個は見つけて、声に出して言ってください。たとえば、「私はあなたに感謝しています。今日すべきこととやりたいことの間で、やりたいことを選んだからです」「健康のため食事に気をつけているあなたを誇りに思います」のようにです。

自分を認めたり感謝したりすることに、制限はありません。これは、あなたがいつも他人から認めてほしいと思っているやり方で自分自身を認めてあげるチャンスなのです。

このエクササイズを終えるために、もう一度あなたの目に映っている姿をじっと見て、自分自身に聞かせたいメッセージを言ってください。ポジティブなメッセージなら何でもかまいません。そのメッセージは、あなたが選んだアファメーションだったり、鏡の中の〝あなた〟が聞く必要があってとっさに口に出たメッセージだったりするかもしれません。自分に対して、それを声に出して言ってください。

次のように言ってもいいでしょう。「私はあなたのためにここにいます。あなたを無条件に愛しているので、決して見捨てることはありません」「もう強がらなくても大丈夫」「あなたのすべてを知りたいです」

最後に再び自分の目を見て、「○○○（自分の名前）、あなたを愛しています」と言いましょう。

やってきたのがポジティブな感情であれネガティブな感情であれ、ただそれを感じてください。自分を愛するというのはあなたという存在そのものを愛するということで、その中には感情も含まれます。

このエクササイズを終える準備ができたら深く息を吸い、六つ数える間息を止め、それから吐き出しましょう。そして眠りにつきます。

＊＊＊

一ヶ月間、毎晩このエクササイズを行うと決めてください。一ヶ月行って習慣になるか、少なくともミラーワークに対してビクビクしなくなれば理想的です。そうすれば、必要だと感じた時にいつでも行えるようになるでしょう。加えて、ミラーの前を通るたびにそこに映る自分を眺めて「あなたを愛しています」と言うのを習慣にしてください。心の中ででも、声に出してでもかまいません。

ツール 15 遊びを大切にする

遊びの持つパワー

子供の頃の私たちは、楽しみ方を知っていました。ですから、遊ぶように強いられる必要も、遊ぶ動機を与えるような報酬も必要ありませんでした。遊びは人間や動物が生まれつき持つ、内発的な機能なのです。私たちは自然に感覚的な経験を楽しみ、その喜びが自分の望むものを創造するのに必要な動機なのだということを理解します。さらに、楽しむことは健全な生活を送る唯一の方法であることも理解します。

自分を愛することとは、厳しい社会的コントロールから抜け出て、「もっと重要なやるべきことがある」という足かせを外すことを意味します。遊んでいる時、あなたの大脳はエンドルフィンを放出します。エンドルフィンは、気分をよくさせる天然の化学物質です。遊ぶことはあなたの癒しを助け、特定の病気を防ぐのにも役立つのです。

ところで、遊びとは正確には何なのでしょうか？　遊びは真面目な目的、実践的な目的というよりは、楽しみや気晴らしのための活動だと定義されています。ここで、私たちは立ち止まってしまいます。遊びという言葉の定義の中に、社会での機能不全をもたらすものを見るからです。

私たちは成長過程で、遊びはいかなる目的も持たないものだと考えるようになりました。そして、幸せそのものよりも重要なものがあると信じるようになりました。大人になると「なぜ自分は幸せではないのだろうか？」と自問するようになりますが、「楽しむことを優先する」という幸せへの近道を選んでいないからだということを、私たちはわかっていません。近道を選ぶどころかむしろ遠回りをして、信頼できる仕事を持つとか目標を達成するといったことを優先し、その結果として幸せになれることを望みながら生活しているのです。

楽しむことには実用的で重要な目的がある、と考えてみましょう。実際、楽しむことは私たちの生活において究極の価値を持つ唯一の側面です。私の言っていることが信じられませんか？では、善と悪という枠組みの中で、幸せについて考察していきましょう。まず、有害だとか悪だと思われているものは、それが望まれていないからそう呼ばれています。それらが望まれないのは、個人や集団の幸せを奪ってしまうからです。

遊びは最高次の目的にとって重要な要素

同じように、私たちがよいとか正しいと考えているものは、望まれているのでそう呼ばれています。その行為や物事は、個人や集団の幸せを高めるから望まれるのです。とすると、価値があるかどうかは「幸せを手に入れるのに役立つかどうか」という意味でしかありません。私たちの中には正義に価値を置く人もいれば、知識、美や健康、愛や平和、お金に価値を置く人もいますが、私たちが見逃しているのは「自分が何かに価値を置く唯一の理由は、それが幸せになるための手段だからだ」ということです。

不幸は病気から犯罪、テロリズムや戦争まで、あらゆる種類の残虐行為を生み出します。他方、私たちが幸せになると、経済的にますます成功し、思いやり深くなり、エネルギーにあふれて創造的になり、感情的にも身体的にもより健康になるでしょう。基本的に、すべてにおいて望んでいる以上の状態になれるのです。

私たちは幸せになればなるほど、より本当の自分になることができます。幸せは私たちの最も高次の目的であり、他の目的を達成するための一番効果的な方法です。このことを理解すれば、楽しむことや遊びはとても大切で、実用的な目的を持つと思えるのではないでしょうか？

自分自身を愛する人は、幸せを人生の最優先事項にすると決めています。見逃されがちなことですが、幸せの大切な側面の一つは遊びです。これは、子供時代だけに限ったことではありません。大人になっても私たちには同じくらい遊びが必要なのですが、だんだん苦手になっていくのです。あまりにも長く遊んでいないために、多くの人が遊び方を忘れてしまっています。

遊ぶのに、正しい方法とか悪い方法というのはありません。あなたにとっての遊びはポーカーのようなゲームかもしれませんし、バレーボールのようなスポーツかもしれません。お風呂に入るといったリラックスする行為、あるいは木登りのような自然の中での活動かもしれません。それが何であれ、唯一の満たすべき基準は「自分が楽しむためにやっている」ということです。

楽しく遊ぶというのが、スカイダイビングのような大がかりなことである必要はありません。小さなこと――たとえば、のんびり砂浜を歩いたり、デートをしたり、雨の中で傘をささずに歩いたりする許可を自分に与えることでもいいのです。

遊び心の再発見

再び遊びとつながったら、自分にとって何が楽しいかを理解することが大切です。まずは「楽しいからしていること」のリスト作りから始めましょう。もし何も浮かばなければ、新しいことを試すチャンスです。他の人が楽しんでいるものを自分も楽しめるかどうか、試しにやってみましょう。もし試したものが好きでなければ、二度とする必要はありません。もし気に入ったなら、あなたの生活に加えてください。

自分が楽しめるものを見つけるたびに、リストに加えていきましょう。そして、毎日そのリストにあるものを少なくとも一つはするようにしてください。これが簡単になったら、週末すべてを遊びに費やしてもいいでしょう。つまり、一週間のうち少なくとも二日間は、自分の楽しめること以外はしないということです。その結果、自分の身体や心がどのように変化するかに注意を払ってください。

自分の楽しみにより重きを置くようになったら、「自発的な遊びの衝動」に対して気づきを高める時です。すでにお話ししたように、あなたという存在の最も自然な状態は楽しんでいる状態です。ですから、あなたの魂は無理やり遊ぶように強制される必要はありません。でも、自分の感情に波長を合わせてそれに気づかなければならない人がいるように、あなたも自分の遊びの衝動に波長を合わせ、気づいていく必要があるかもしれません。

たとえば海辺を歩いている時、自分がズボンを履いていることなど考えず、白い波の方へ駆けていきたいという衝動を感じたとします。遊び心を無視するように訓練された人は、その衝動に注意を向けない選択をして、それが正しい決断であることを証明しようとします。おそらく「ズボンと車の座席が濡れてしまい、洗濯もしなければならなくなる」と考えるでしょう。どんな状況であれ、彼らは自分が遊ぶことを許さないのです。いつも遊びの衝動を否定しているために、それにまったく気づかなくなっているかもしれません。

他方、楽しむことに価値を見いだしている人は、遊びたい衝動を認めて、すぐに波に向かって駆けていきます。これは無責任な行為などではなく、自分の幸せに完全に責任を持っている行為だと言えるでしょう。このシナリオで波の方へ駆けていく人は、ズボンを乾かしたり車を掃除したりしなくていいことより、この瞬間の喜びの方が大切だと考えているのです。

自分の衝動に注意を払うと決心してください。あなたは毎日衝動を感じているはずです。怒っている時は誰かを殴りたい衝動に、ワクワクしている時には誰かを抱きしめたい衝動に気づくように、ぜひ遊びたい衝動にも気づいてください。かなり勇気がいるかもしれませんが、その衝動がやってきたら従いましょう。突然木に登りたい衝動に駆られたら、登ってください。お店でフィンガーペイントを見かけたら、それを買ってお絵かきを楽しみましょう。たとえスカート姿でも、スーツとネクタイ姿でも、公園の丘を転げ回る許可を自分に与えてください。ずっとやりたいと思っていたなら、スキューバダイビングのクラスに申し込みましょう。この世にやってきた目的は遊ぶことなのですから、思い切り遊んでください。

仕事と遊びを結びつける

もしあなたの仕事が遊びの定義に合っていなければ、この惑星ですべきこととはまだ出会っていないということです。自分を愛する人は、単なる仕事ではなく、自分にとって楽しく日々情熱を傾けられるキャリアを選びます。

本当の自分とのつながりを失った時、あなたの喜びや目的も失われています。それを取り戻すには、進んでリスクを冒し、自分の喜びに価値を置かなければなりません。このようなリスクを負う時、あなたは自分の人生のすべてを進んで変えると約束しているのです。

本当に幸せになれるのは、この約束をした時だけです。ですから、仕事の選択においても遊びを優先してください。あなたの職業は楽しむことが目的であるような活動であるべきで、それによって得られるお金はおまけのようなものです。

ツール16

金物屋へはもう行かない

果てしない探求

二〇〇六年のことです。大学構内のロビーに座っていた時、私の向かい側に新聞を読んでいる老紳士がいました。私はもともと好奇心が強いので、彼と会話を始めました。その時に彼に言われたことを、私は決して忘れないでしょう。というのは、そのおかげで私はそれまでの生き方を続けられなくなったからです。

二人でおしゃべりをしながら、私は当時の恋人や家族や友人との込み入った関係について事細かに話していました。じっと聞いていた彼は、静かにこう言ったのです。「あなたは牛乳を買いに金物屋へ行っているようですね」

まもなく私たちはハグして話を終えましたが、その後たっぷり一時間、私は自分のことを考えることになりました。その日出会ったのが誰だったのか未だに名前も知りませんが、彼の言ったことが、自己愛の学びにおいて大切なものになったのです。その時まで、私は金物屋のことなど考えたこともありませんでした。

自分自身を愛していない時、私たちは自分のほしいものが実際に見つかるような場所を探そうとはしません。その代わり、今現在関係している人や場所や物事から、自分のほしいものを与えてもらおうとするのです。問題は、それらはあなたのほしいものを決して与えてはくれないということです。それはまるで、金物屋に行って牛乳がほしいと言うようなもので、店員は牛乳はないと言い続けるでしょう。私たちは牛乳を手に入れられずに悲しい思いで店を去りますが、翌日にはまた戻ってきます。

金物屋に牛乳はないと理解するまで、私たちはこのパターンに陥り続けます。この事実を理解し、それを受け入れて初めて、牛乳を売っている店を見つけられるのです。

おわかりだと思いますが、このたとえ話で牛乳は愛を表しています。自分自身を愛していない時、私たちは現在の関係の中で自分の求める愛を得ようとしますが、それは決して手に入りません。なぜなら、現在の関係は自分自身との内的な関係――愛が存在しない状態――を投影したものだからです。私たちが愛の状態にない時、周囲の人たちが愛を反映することは宇宙の法則に反しています。

現在のネガティブな関係は愛を欠いているかもしれませんが、重要なコントラストとして役立ちます。それが、私たちの心からほしいものを明らかにしてくれるのです。心からほしいものとはつまり、愛です。でもたいていの場合、私たちは自分が愛をほしがっていると知るなり向きを変えて、愛のない関係が魔法のように愛にあふれた関係に変わることを期待します。

私たちは愛を差し出している人のところへ行くべきなのですが、自分がどの方向を見るべきか、どうやって行けばいいのかをきちんと理解する必要があります。愛を求めるのは利己的なことではありません。誰もが愛を求め、必要としているのです。

愛を与えている人のところへ行って愛を受け取るという行為は、自分を愛する行為にほかなりません。このことを理解すれば、この自己愛の行為から恩恵を得られるはずです。それは自分自身との関係を変えてくれ、その結果、愛を与えてくれる人たちとつながることができるでしょう。

金物屋にあるのは金槌だけ

このたとえを次のレベルに進めましょう。牛乳を買いに金物屋に行く、つまり、自分が必要としているものを間違った場所で探すとはどういうことか、きっと腑に落ちるはずです。

たとえば、自分の仕事が嫌いなのに、なんとか仕事が好きになれるよう上司に状況を変えてほしいと訴え続けているなら、それは金物屋へ牛乳を買いに行っているようなものです。新しく購入せずに、修理不能な物をなんとか直そうとしているのも同じです。当てにならないと十分わかっている友人に頼り続けて、いつもがっかりしているのもそうでしょう。

こういったことは、家庭内でも起こります。あなたがゲイであることを受け入れない家族に受け入れてもらう努力を続けているなら、金物屋で牛乳を買おうとしています。自分の大切な信念を両親に理解してもらおうとして拒否され続けているのも同じです。虐待する男性との関係を続けながらある日彼が奇跡的に殴らなくなるのを望むこと、そのほかの虐待を伴う関係すべてについても同じことが言えます。このような様々なやり方で、私たちは牛乳を買いに金物屋へ行っているのです。つまり、自分自身に愛を与えるのではなく、誰かが愛を与えてくれるのを待っているということです。

では、どうやってこの終わりのない探求から抜け出せるのでしょうか？　それにはまず、自分の人生を調べることから始めてください。あなたは自分が望むような人や物事や状況を見つけようとするのではなく、現在関わっている人たちや物事や状況に変わってほしいと思っていませんか？　できるだけ自分に正直になり、自分のほしいものを得るために間違った場所へ行っていることを理解しましょう。

本当はどこで探すべきなのかを自問して、正しい場所へ行ってください。牛乳を売っている場所へ牛乳を買いに行きましょう。あなたが愛せる新しい仕事を見つけてください。あなたがゲイであることを受け入れてくれ、家族のように感じられる友人のネットワークを作りましょう。修理できないものは捨てて、新しい物を購入しましょう。最も大切なのは、他人から受け取りたいと思う愛をあなたが自分自身に与えることです。

人間の基本的ニーズ

他人からほしがっていた愛を自分自身に与えるには、自分のニーズを満たす正しい方法を学ぶことが非常に重要です。人種や性別、宗教、どこで生まれ育ったかにかかわらず、私たちには人間として六つの基本的ニーズがあります。

ニーズという言葉には、何かを「持っていない」という意味が含まれています。そのため、あまり使いたくない言葉ではあるのですが、私は本書の目的のために、「願望」ではなく「ニーズ」という言葉をあえて使っています。なぜなら、ほとんどの人にとって、願望という言葉は「ほしいけれど、それなしでもやっていける」何かを意味しているからです。私が今お話ししているのは、人間が幸せで健康的な生活を送るのに絶対必要なものについてです。ですから、ほとんどの人が必要不可欠なものを連想する、ニーズという言葉を使っているのです。実際、私たちは願望なしには生きていけないので、願望はニーズでもあります。

私たちの幸せは、健全なやり方で自分のニーズを満たす能力によって決まります。ニーズを満たせない無力さは、〝痛ましい執着〟と呼ばれるような愛を生み出します。それは、本当の愛の発展を妨げるものです。愛の本当の形とは、無条件で、痛ましい執着から自由なものです。抵抗は、痛ましい執着の要素であると考えていいでしょう。

英語という言語には、他者とのつながりに関係する様々な状態を表す言葉はたった一つしかありません。その言葉とは「love（愛）」です。でも、私たちが愛と呼んでいる状態には、無条件の普遍的な愛でないものがたくさん含まれています。あなたが愛と考えているものすべてが実際に愛であるとは限らない、と知ることが大切でしょう。

私は大学で、人間のニーズの基本的な概念について学びました。そこで私が理解した概念は、もともとアンソニー・ロビンズとクロエ・マダネスによって提唱されたものです。これは人間の六つの基本的ニーズがいかに「愛」という大きな絵に当てはまるかを理解するための、とても重要な概念です。この六つのニーズとはすなわち、安定感、不安定感、自己重要感、愛、成長、貢献です。誰もがこれらのニーズを満足させる様々な方法を持っており、意識的あるいは無意識的に実践しています。

当然ながら、自分のニーズには満足させやすいものと、そうでないものがあります。でも私たちは、健全または不健全なやり方でこれらのニーズを満たしているのです。では、これらのニーズの定義と、それぞれのニーズを満たすための健全な方法、不健全な方法についてお話ししましょう。

1．安定感のニーズ

安定感のニーズは人間の最も主要なニーズで、生存のニーズとも言われ、「確実に痛みを避けて喜びを手に入れたい」というものです。これは、安全、安定、快適さ、無限の資源に対するニーズです。

安定感を求めるポジティブな方法は、健全な日課作りをし、役に立つ信念を持ち、安心感を与えてくれるパートナーを選び、堅実な生活を送ることとです。私たちは、自分が現実をコントロールできると信じること、ポジティブな自己認識を持つこと、自分の好きな活動に従事することなどを通して安定感のニーズを満たします。そのほか、情報や知識を手に入れたり、整理したり、ポジティブな行動をしたりするのも健全な方法でしょう。人生でもっと安定感を感じたかったら、楽観的な見方をすることも大切です。

安定感を求める不健全な方法はたくさんあります。強迫性障害になることはその一つです。他人が望まないのに、彼らに安定感を与えてもらおうとするケースもあるかもしれません。摂食障害や自傷行為、ネガティブな自己認識、ネガティブな行動、他人のコントロール、レイプや殺人や戦争といった破壊的な行為に頼ることもありえます。こういった不健全な方法はうまく機能しませんし、決して愛のあるものではありません。このような行為が安定感を与えてくれることはないので、健全な方法のどれかを始めてください。

2．不安定感のニーズ

不安定感のニーズは、変化や挑戦、興奮や刺激などに対するニーズです。そこには私たちが幸せになるにはある程度の不確実性が必要だという意味合いが含まれるため、安定感のニーズと矛盾するのではないかと異議を唱える人もいるかもしれません。

不安定感を見つけるには、楽しく効果的な方法がたくさんあります。たとえば、新しいことを学ぶ、新しい食べ物を試す、旅行する、新しい趣味を見つける、刺激的な会話をする、まだ観ていない映画を観るなどです。そのほか、ゲームやスポーツを楽しむ、新しい本を読む、新しい出会いを求める、新しいことに挑戦するといった方法もあります。

もちろん不健全な方法も同じくらいたくさんあるので、注意を促したいと思います。このニーズを満たすために、アルコールや薬物といったアドレナリンを分泌させるものに依存したり、退屈さから大切な人に喧嘩をふっかけたり、浮気をしたりする場合もあるかもしれません。自分自身を含め、誰かと争うことも明らかに不安定感を与えますが、これは破壊的なやり方です。どうか自分や他人、動物、この惑星を傷つけない健全なやり方で、不安定感を見つけてください。

3．自己重要感のニーズ

自己重要感の探求は、「私たちは人生に目的や重要性、意味を必要としている」という事実と関係します。このニーズは特別な存在、注目に値する存在になりたいというニーズで、尊敬のニーズと呼ばれることもあります。

自己重要感を見つける健全な方法は、ポジティブな自己認識を持って自分の個性を世の中で表現し、目標を達成することです。個性的なファッションセンスを磨き、あなたの重要性を反映するような信念体系を受け入れてください。目的意識を持って、自分の人生や自分という存在の意味を探し求めましょう。健全なやり方で、自分という存在に注目してもらってください。

自己重要感の探求には、不健全な方法もたくさんあります。もしあなたが今とっている方法が自分自身や他人を傷つけているなら、それを変える必要があるでしょう。他人への誹謗中傷、極端な場合はレイプや殺人、戦争といった暴力行為に注意が向くこともあるかもしれませんが、これらは非常に不健全なものです。他の不健全な方法としては、社会的地位を得るために他人を利用したり、自分を印象づけるための嘘をつくなどがあるでしょう。ネガティブな自己認識を持ったり、重病であることを売りに自分の重要性を高めようとする人もいますが、このような不健全なやり方はうまくいきません。

4. 愛のニーズ

基本的なニーズという観点から見れば、愛のニーズとは人とのつながりに対するニーズです。これは、「何かの一部である」という感覚、帰属意識やワンネスへのニーズであり、愛し愛されたいというニーズです。親密さに対するニーズもこの範疇に入ります。

健全な方法による愛の探求は、共有、親密さ、オープンさ、思いやりによってなされます。あなたは健全な組織、グループやチームの一員になることもできますし、自然の中で時間を過ごしたいと思うかもしれません。ワンネス、健康的なセックス、愛を身体で表現することについての理解や認識を養うことも、健全な方法と言えるでしょう。また、プレゼントを交換し合ったり、自分や他人に愛の言葉を伝えたり、他人への奉仕をすることもできます。そのほか、ペットの世話をする、自分自身とつながる、スピリチュアリティを育てるといったことも、あなたの人生に愛をもたらす健全な方法です。

不健全な方法については、すでにいくつかご存じでしょう。自分を犠牲にしたり、非行グループに入ったり、不健全な性関係を結んだりするといったことは、そのほんの一部にすぎません。愛のニーズを満たすために病気になったり、いつも問題を起こして哀れみを買おうとしたり、他人の注意を引きたくて事故に遭ったりしている可能性もあります。愛を手に入れたくて人を喜ばせたり、救おうとしたりすることもあるかもしれません。さらに、その人には自分が必要だと感じさせようとすることもありえます。言うまでもありませんが、レイプや殺人、戦争のような暴力的な行為によって、あなたの求める愛が得られることは決してありません。

5. 成長のニーズ

成長のニーズは、発達や発展を遂げ、充足感を得て、自己実現することへのニーズです。成長というのは、健全な挑戦をすること、新しいことを学ぶこと、現在の状況を改善すること、この上ない喜びに従うことによって得られるものです。

あなたは自分の成長に役立つように、問題への新たなアプローチを発見することができます。

また、他人の考えを聞き、その中から自分に役立つことを受け入れながら成長することもできるでしょう。これらは健全な方法です。

成長を求めるにあたっての不健全な方法は、自分自身を追い詰め、決して一番抵抗の少ない道を選ぼうとしないことです。あなたは不健全な挑戦をしようとして、物事を苦労して学ぼうとしているかもしれません。もし他人の声に耳を傾けられなかったり、改善する前に状況が限界まできてしまうようであれば、成長は難しいでしょう。

6. 貢献のニーズ

貢献のニーズとは、自分を超えたもののために尽くしたいというニーズです。これは、人や世界や宇宙に対して価値ある何かを与えたい、提供したいというニーズを表します。

このニーズを満たすための健全な方法は、無私無欲で親切な行為をする、あるいはあなたの信じる団体の一員になることかもしれません。あなたの才能をこの世で表現し、他人を助けてください。なぜなら、それは気持ちのいいことだからです。この世をよくするための素晴らしいビジョンを生み出して、それを実践してください。問題の解決法に集中し、それを実践する運動に加わってください。与える喜びを感じるために、他人に与えましょう。

貢献のニーズを満たすための不健全な方法は、自分自身や世界に対してネガティブな行動をし、問題にだけ焦点を当てて、暴力やけんかを永続させるような主張に賛同することです。

誰がどうやってあなたのニーズを満たすのか

ここに挙げた方法は、六つのニーズを満足させるためのいくつかにすぎません。あなたの行為はすべて、それが究極的に有益であろうと有害であろうと、たった一つの理由のためになされてきました。つまり、その行為が六つの基本的ニーズの一つあるいはそれ以上を満たすと思ったからです。これらのニーズを満たすことは、幸せの感覚をもたらします。ですから、誰かが何かをする唯一の理由は、その行為が自分の幸せに役立つからだと言うこともできるでしょう。

この六つのニーズすべてを満たすことが、私たちの幸せにとってきわめて重要です。一般的に言われていることに反しますが、私たちの目標は自分からこれらのニーズを奪うことではなく、自分自身に対してそれをいかに供給できるかを見いだすことなのです。これには、自分では供給できないニーズを満たしてくれて、それを喜びとするような人たちを見つけることも含まれます。

人間が必要としているものを、無理やり必要のないものにしようとすることほどバカらしいことはありません。多くの世界宗教の根底にあるのは、もはや欲望やニーズのない状態に到達したいという個人の探求です。でも実は、人がこのような「欲望やニーズが苦しみの根源だ」という考えに至るのは、その欲望やニーズを満たせないと感じた場合だけなのです。

ある段階までは、他人の行うすべてのことがあなたに影響を及ぼすでしょう。なぜなら、それらはあなた自身が投影されたものだからです。でも、あなたの焦点をポジティブなものへ向け直すことによって、周囲の人の行動がどうであれ、あなたは自分が創造したいと思うものを現実化できるようになるでしょう。他人の行動に対する無力さは、自分の現実化の力の弱さを反映しているにすぎません。

他人があなたより偉くて強いというのは幻想です。他人は自分が投影したものにすぎないと理解した時、それが明らかになるはずです。そうしてすべてがつながっているとわかり、ついには無力感を手放して自立心を手に入れ、そこからさらに進むと、相互依存へと到達します。

「他人に頼らない自己充足」を提唱する人たちは、他人に満足感を与えてもらおうとするのは適切ではなく、自分の中の空白を埋めるのに他人を使うのは間違いだと言います。彼らは自分自身であらゆるニーズを満たすべきだと思っているのです。でも、この見方は他人が自分と別個の存在だという仮定に基づいており、それは真実ではありません。私たちは一つの存在であり、あなたの周りの人すべてがあなたの一部なのです。ですから、もし他人に自分の空白を埋めてもらおうとするなら、それは自分の一部を使っているということになります。私たちには自分の望むものを創造する力があり、それを必ず実現できるのです。

あなたが一体感や心地よさを感じるには、愛する人が必要だと仮定しましょう。だとすると、愛する人が亡くなった時、あなたはその経験に翻弄され、ひどい苦痛や無力感を味わうかもしれません。それゆえ、「唯一長続きする安らぎは、自分の中に充足感や心地よさを見つけることだ」ということになるのです。でも、これを信じるには、他人や他のものがあなたに充足感や心地よさを与えることはないという前提に立たなければなりません。このシナリオにおいて実際にあなたに苦痛を与える現実を創造しているのは、自分以外の誰かや何かに依存していることではなく、あなたが自分の持つ現実化の能力を信じていないという事実なのです。

すべてが一つである世界では、あなたは自分にしか頼れません。そして、すべてが一つである世界では、あなたは他のみんなに頼っており、彼らはあなたに頼っています。これは、あなたが無力だという意味ではありません。私たちは「依存は無力と同じだ」と考えがちですが、それは間違いです。

あなたはまったく人に頼らないということはできません。そうするには、宇宙から自分自身を切り離さなければならないでしょう。そんなことは望まれていないだけでなく、可能でもありません。なぜなら、あなたは物質的身体という幻想の姿で現れた宇宙そのものだからです。この宇宙の限りない創造主であるあなたの素晴らしさを、どうぞ理解してください。

「依存」の意味するところ

依存は、悪い言葉ではありません。それは素晴らしい概念であるにもかかわらず、他の異なる概念と混同されてきました。私はこの言葉については「依存とは一つになることだ」という解釈が気に入っています。世の中は、私たちが思っているよりもはるかに優しく支えてくれています。でも私たちは、世の中に対してとても無力だと漫然と感じているために、自分自身が宇宙になろうとしています。

普遍的なスピリチュアルな教えがあなたの現実を創造する力を示唆した時、エゴはそれを分離のツールとして利用しました。「自分のことは自分でする」という個人の自立を促す教えに共感する人だけが、他人に対して無力さを抱いています。特に、自分のニーズを満たしてくれない人たちに対してそう感じるのです。このような人たちは、自分に頼るしか選択肢がありません。

でも、そこから方向転換することが、真の自立に向かうための第一歩になります。そして次のステップは、あなたはあなたに完全に依存していると理解することです。この場合の〝あなた〟とは、存在している他のすべてのものを含んでいることを覚えていてください。なぜなら、彼らはすべて、あなた自身だからです。この宇宙の最も絶対的な真実は「すべて一つ」ということであり、私たちは互いに依存し合っているのです。

これまでのところをまとめると、次のようになります。

自分の六つのニーズを否定することは必要ありません。最も悟りを開いた存在でさえ、同じようなニーズを持っています。単に、悟りを開いた存在は健全なやり方でニーズを満たすことができるというだけなのです。今度はあなたが、どのようにしてこれらのニーズを満たすか決める番です。あなたのニーズを満たすための不健全な方法を、健全な方法に置き換えてください。そうすれば、もはや欠乏感を抱くことはなくなり、人間関係は苦しみではなく喜びを与えてくれるものになるでしょう。

この探求において、牛乳を買いに金物屋へ行き続けることはできないということを覚えていてください。変わらない人を変えようとしたり、あなたの必要なものを間違った場所で探し続けたりするのは、自ら地獄を作っているようなものです。

自分を拒むことと自分を愛することは、同時にはできません。ですから、自分を愛する選択をして、あなたが望んでいるものが何であれ、自分はそれを手に入れるのにふさわしい存在だと認めてください。そして、望んでいるものが必ず見つかる場所に行きましょう。

ツール 17 ノーと言うのを学ぶ

自己愛か利己主義か

自己愛の定義は、とても単純なものと思われるかもしれません。自己愛とは、自分に対する深い献身あるいは愛のことです。献身と愛は人が結婚生活に望むものであり、祭壇の前で「死が二人を分かつまで」と言いながら、相手に対して感じるものです。

でも、あなたが誓った相手に対する献身や愛とは果たしてどんなものでしょうか？ 疑問の余地なく人生の終わりまで一緒にいる人とは、どんな人なのでしょうか？ 自分という存在を除外していませんか？ あなたはこの人生にやってくる際、自分のアイデンティティに同意しました。結局のところ、あなたのためにいつもそばにいる唯一の人物は自分自身なのです。ですから、あなたが優先順位の一番になるべきでしょう。まだわからないかもしれませんが、あなたは自分の人生で最も大切な人なのです。

自己愛と利己主義を比較してみましょう。というのは、この二つの言葉は同じ議論の中で使われることがよくあるからです。利己主義は、他人への影響を無視して自分の安泰、利益、興味にだけ関心を向けることです。利己主義は自然の状態ではなく、人が「自分の人生には欠けているものがある」と信じている時に起こります。私たちはよく自己愛と利己主義を混同しがちですが、この二つには大きな違いがあります。利己主義は、自分の愛し方、ニーズを満たす方法を知らない人が内側に欠乏感を抱き、その穴を外部のもので埋めようとする時に生まれるのです。

利己的な人と無私無欲の人は、両方とも欠乏感という精神構造を持っています。彼らの波動は一致しているので、よく出会います。彼らは世の中のエネルギー、特に愛のエネルギーは限られた資源だと考えており、それは無限で常に流れている永遠のエネルギーだということを理解していません。

無私無欲の人は、愛やその他の資源を譲り渡さなくてはならないと感じています。なぜなら、自分にそれを与えるのは他人から奪うことだと信じているからです。それは限られた量しかなく、みんなに行き渡らないと思っているのです。一方、利己的な人も同じく限られた量しかないと考えており、彼らは愛や他の資源を奪い取らなければ生き延びられないと思っています。

このように、利己的な人が愛を手に入れる唯一の方法は他人からなのですが、実は無私無欲の人も同じように考えています。この一見矛盾していることを理解するには、無私の行動の裏にある動機を見てみなければなりません。ほとんどの人が、愛されるための唯一の望みの綱は〝よい人〟になることだと信じて育ちました。無私無欲であることはよい人の行いだと教えられ、愛されるには無私無欲でなければいけないと教えられたのです。ですから、無私無欲の裏にある動機は、他人から愛を得ることだと言えるでしょう。

無私無欲だと思われている人の多くは、実は外からの承認という形で愛を必要としている人たちです。利己的な人と同様に、彼らも他人から愛を得ているのです。でも、他人から愛を得ようとすることはうまくいきません。なぜなら、それによってあなたが実際どれくらい愛を得られるかはコントロールできないからです。

こうして見ると、私たちはいつも愛が足りていないと感じています。そして、自分の中が十分な愛で満たされるまでは、自分自身に愛を与えようとはしないのです。

ノーと言うのを学ぶ

利己主義になるのを避けるために自分への愛を奪ってしまうと、ノーと言えなくなることがよく起こります。ノーと決して言わないことは、自ら失敗のお膳立てをすることにつながります。なぜなら、自分自身のためではなく他人のための人生を生きるようになるからです。このことは私たちのエネルギーや身体、人間関係にダメージを与えますから、耐えられるものではありません。

これに関して、もう一つの問題があります。それは、何かを頼まれた時にいつもイエスと言っていたとしても、本当は必ずしもイエスの意味ではない、ということです。というのは、私たちは心の奥深くではそれを苦々しく感じているからです。人はこういった怒りの感情を押し殺しますが、感情というのはエネルギーであり、怒りのようなエネルギーはどこかへ流れていく必要があります。さもないと、結局そのネガティブな感情はあなたの身体を通して表現されるようになり、あなたと人々のつながりを蝕み始めてしまいます。

ノーと言うのは気が進まないかもしれませんが、「本当は望んでいないことにイエスと言うたびに、自分自身と自分の優先事項に対してノーと言っている」と気づくことが大切です。また、「私たちがノーと言うことに耐えられないのは、それによって自分を利己的だと感じるからだ」ということを覚えておくのも重要です。その事実の一方で、私たちがイエスと言う一番の理由は自己中心的な欲求、つまり愛されたいという欲求があるからです。面白いと思いませんか？　私たちは相手のためではなく、自分のために他人にイエスと言っているのです。

問題は、それではうまくいかないということです。理由は先にも述べたように、イエスと言った時にどれだけの愛が得られるかはコントロールできないからです。私たちは、与えるエネルギーがなくなってもなお、与え続けようとします。そうやって、燃え尽きてしまうのです。

もしノーの言い方を学びたければ、自分の優先事項が何かを考えることから始めてください。自分が何に対してイエスと言いたいのかを見つけるまで、何にノーと言えるかもわからないでしょう。優先事項のリストを作ってください。自分を最も幸せにするのは何か、今人生で注意を向けたいものは何か、考えてみてください。このリストの例としては、自分の健康、スピリチュアリティ、結婚や子供、お金を稼ぐこと、自分の時間を作ること、運動、学校へ行くこと、家の修理などがあるでしょう。

このリストを作ったら、その中から上位三つを選んでください。そしてそのリストの一番上に、「自分の世話をして、自分を幸せにすること」と書きましょう。あなたがリストに何を選んだとしても、もし最初に自分の世話をしなければ、そのどれもすることはできません。あなたが燃え尽きてしまったら、他人の世話も仕事もできないでしょう。自分のリストを見直して、いかに生活を立て直す必要があるかがわかったでしょうか？「来週は優先事項リストにないものには決してイエスと言わない」と誓いましょう。

優先事項のリストをまとめたら、あなたがノーと言いたいもののリストを作ってください。このリストを作りながら、もしかすると罪悪感が湧いてくるかもしれません。でも、今こそあなたが心からしたいと思うこと、本当はしたくないことについて、自分自身に正直になる時です。

もしあなたが絶対的な自信を持ってノーと言えば、それが誰に対するものであろうと、ネガティブな結果にはならないでしょう。断りたい約束はありませんか？　やめたいと思うプロジェクトはありませんか？　終わりにしたい関係はありませんか？　断りたいデートはどうでしょう？　あなたが本当にノーと言いたい優先事項をリストから選び、それに対してノーと言いましょう。つまり、それがデートなら、断ってください。それがプロジェクトなら、あきらめましょう。その重荷から自分を自由にするための一歩を踏み出すのです。

最も簡単なノーの言い方について考えてください。おそらく相手に面と向かって言うか、電話をかけて言うかでしょう。あるいは、メールや手紙で伝えることかもしれません。一番抵抗の少ないやり方を選びましょう。難しい方法でやろうとは思わないようにしてください。ノーと言うだけで、十分大変なことですから。

ノーと言ったら、少し時間をとって、どれくらい自由な感じがするか味わってみましょう。そして、準備ができたらリストの残りの項目についてもノーと言ってください。これには練習が必要です。繰り返しやっていくと、現在の優先順位を守ること、自分自身や自分が幸せを感じられるものに対して正直になることが、だんだん簡単になっていくでしょう。

あらためて連絡する

自分に正直でいるための最善の方法は、返事を遅らせることです。これまでずっとイエスと言ってきたなら、尋ねられてすぐに目の前でノーと言うのは難しいでしょう。でも、慎重に考えれば、イエスと口から出てしまうのを抑えることができるはずです。「あらためて連絡します」という簡単な文章を練習してください。それによって、答えなければならないというプレッシャーをうまくかわすことができます。家に帰ってから、時間をかけてイエスと答えるかノーと答えるか考えるようにしましょう。

ノーと言うことは、他人に対してだけを意味するのではありません。それは、自己嫌悪から生まれる考えにノーと言うことも含みます。自己嫌悪から行動していると、私たちは愛を得るために何かしなければならないと感じます。他人が自分と親しくしてくれる理由を正当化する必要性を感じるのです。まるで、他人のために何かすることが愛を得るための保険であるかのようにです。こうして私たちは、自己犠牲の習慣を身につけていきます。

私たちに自己犠牲を求めるような人は、実際どこにもいません。私たちは、自分から進んでそうしているのです。誰からも頼まれていないのに、心の中ではやりたくないと思っていることをしながら殉教者の役割にはまっていくということです。たとえば、すでに予定がいっぱいで余裕などないとわかっているのに、もう一つのプロジェクトを自分から持ちかけます。あるいは、相手から頼まれたわけでもなく自分も気が進まないにもかかわらず、一緒に住まないかと提案してしまいます。

そうしている時、私たちは自分が〝よい人〟に感じられて、一時的に自尊心が高くなります。でも、この感情はすぐに嫌な気分に取って代わるでしょう。というのも、そこで相手が何もしてくれないと、自分がうまく利用されたと感じてしまうからです。言わば自らバスの下敷きになるようなもので、私たちは進んで自らを犠牲にしているのです。

なぜ私たちは、このようにして自分の邪魔をするのでしょうか？　それには四つの理由があります。最初の理由は、他人が苦しみを経験しているのを見たくないからです。二つ目の理由は自分が正しいと信じていることをしたいからで、三つ目の理由は罪悪感を抱いたり自分を利己的だと感じたりするのを避けたいからです。そして四つ目の理由は、人から見捨てられないようにつながりを維持したいからです。

けれど、究極的に私たちがしているのは、自分自身のニーズを犠牲にして他人のニーズを満たそうということです。表面上私たちは自己犠牲に満足しているように見えますが、心の奥では喪失感を抱いており、それが自己犠牲の対象に対する怒りや憎しみにつながります。

もしあなたが自分を犠牲にしているなら、心の中の喪失感に気づくことが大切です。また、自分の感情的ニーズを見つけ、満たされていないニーズに対する気持ちをはっきり表現することも重要です。さらに、自己犠牲によって承認や認知を求めたり人から見捨てられないようにするのではなく、自分のニーズを満たすために積極的な役割を果たすことを学ぶ必要があります。

自己犠牲のサイクルを終わらせるのは、難しいことかもしれません。自己犠牲に対して文化的価値や宗教的価値を与えている社会に住む場合は、特にそうでしょう。でも、実行は可能です。それは、「自己犠牲は、誰かを助けた時に経験する純粋な喜びに起因するものではなく、自分の内側にある喪失感の副産物だ」と理解することから始まります。

誰かを助けたいというとっさの衝動を感じた時はしばし待つ、と決心してください。そうすれば、明晰さというスペースから「自分がしようとしていることは自己犠牲なのか、それとも自分の幸せのために心からしたいと思うことなのか」を自分に尋ねることができます。自分が何を必要としているのか、問いかけるチャンスができるのです。

自分に対して、「私は自己犠牲を払って何を得たいと思っているのだろうか?」と尋ねてください。その答えがわかったら、次のさらに重要な質問をしましょう。「どうやったら、私はそれを自分自身に与えられるだろうか?」

ツール 18

被害者の役割はやめる

被害者であることの恩恵

自分を愛することには、被害者の役割をやめることも含まれます。多くの人は自分は被害者意識など持っていないと思っていますが、実はそうではありません。被害者意識はとても幅の広いものです。それは、事故のせいで障害を負って、自分を哀れに感じた時に生じることもあるでしょう。あるいは、今の仕事が大嫌いなのに「辞めるわけにはいかない」と思い込んでいる場合に現れるかもしれません。

実際、他の何か――自分を制限するような思い込み、人や政府、環境など何であれ――に対して無力だと感じる時はいつでも、私たちは被害者の役割を演じているのです。自分は人生をコントロールしていないという思い込みに至るのは容易ですが、自分がコントロールしていることを理解しないうちは、被害者の役割から抜け出せないでしょう。

被害者であることには、いくつかの恩恵もあります。第一に、責任を負う必要がなくなります。責任というのは重荷であり、そこに非難が存在していればなおさら重く感じるでしょう。でも興味深いことに、宇宙は非難というのを認識しません。非難とは、人間の精神から生まれたものなのです。

自分の将来に責任を持たなくてすむ、というのも被害者であることの恩恵の一つです。あなたを救ってくれる人は誰もいないという理解に至るのは難しいことです。そして最も困難なのは、誰もあなた自身からあなたを救ってくれないと理解することです。

すでに無力感を抱いているなら、あなたを救うのは自分しかいないと気づいただけで気が狂いそうになるでしょう。多くの人は、このことに気づいて自殺するのです。私もそうなりかけました。ひどい無力感を抱えている人は、人生に全力を傾けて今あるもので自分にできることをするか、あるいは死を選ぶかの決断を迫られています。

自分の将来に責任を持つとは、自分に役立っていない思考や言動をやめなければならないことを意味します。それはつまり、変わらなければならないということですが、いざとなると変化は怖いものです。でも、私たちが過去だけでなく現在や未来にも責任を持つようになって初めて、人生は喜びや自由、平和に根ざしたものになるのです。

被害者の役割を担うことには、注目と承認が得られるという恩恵もあります。私たちは、他人からの関心や哀れみを愛と誤解します。そして、それを得ることが私たちが愛を感じる唯一の方法になり始めます。私たちは、自由を得る、あるいは問題がなくなると一人きりになってしまうだろうと怖がっているのです。でも、私たちの苦しみに対して注目や承認を与えていた人たちも、しばらくすると疲れてしまいます。そうして彼らはだんだん離れていき、「自分は見捨てられた」と感じることになるでしょう。そこでの唯一の希望は、注目や承認を与えてくれるような新しい人を見つけることだけです。

自分の人生の創造者になる

まだ自分を愛する方法を学んでいない人にとって、被害者の役割を得ようとするのは当然のことです。なぜなら、その時点では哀れみや注目以外には喪失感しか残されていないからです。けれど、私たちが自分を満たそうとしている疑似恋愛は本物の愛とは似ても似つかないもので、決して十分に満たしてくれるものではありません。一時的にはいい感じがしますが、結局は不利な状況に置かれることになるでしょう。

被害者の役割を演じる時、私たちは正しくあろうとし、全員が味方についてくれます。でも、そこで感じる正しさは一時的な高揚感にすぎません。被害者であることは完全なる無力感を抱かせますが、正しいと感じられることはそれよりほんの少しだけパワフルです。その上他人が味方についてくれ、自分に同意し守ってくれるとなれば、愛されているという感じもするでしょう。無防備な被害者でいるよりも安心でき、いい気分でいられるかもしれません。

でも残念なことに、これは本物の愛でも、本物の安全でもありません。これは偽の愛と安全です。人々は私たちを擁護し、悪いのは他人だという主張に同意するかもしれませんが、他人が何と言おうと私たちはまだ被害者です。同情され、正しいと認められ擁護された、無責任な被害者なのです。

このように、被害者であるというのは歪んだ考えです。それは、心理的にねじれたゲームなのです。そして、誰もあなたの人生をコントロールすることはできないというのが真実です。なぜなら、誰もあなたの思考をコントロールできないからです。外から与えられた考えを信じるも信じないもあなたの選択です。あなたが自分の思考を選んでいると理解した時、異なった思考も選べることがわかるでしょう。その時点で、現在の状況に終止符を打ち、あなたが望むような状況を経験し始めることができるのです。よい人生を生きることは、あなたが被害者ではないと理解することから始まり、自分の人生の創造者になる方法を学ぶことで完結します。

感謝と許しを学ぶ

被害者意識から抜け出る最善の方法は、感謝の念を持つことです。感謝とは、今この瞬間、あなたに喜びをもたらしてくれるものに好意的に目を向け、意識的にそれを承認することです。感謝に焦点を当てると、自己憐憫から抜け出せます。自分の人生の何かに感謝しながら、同時に自分を哀れむことはできません。感謝に焦点を当てていると、あなたは「この状況にはどんな恵みやチャンスが隠されているだろうか？」と自問するようになるでしょう。その質問に対する答えがわかったら、自分を被害者だと思うことはできなくなります。

被害者意識を癒す最善の方法は、許すことです。許しとは、過去の自分と和解することです。そのことによって、あなたの幸せを邪魔していた束縛を解き放つのです。誰かを許す時、あなたは囚人を解放することによって、実は自分がずっと囚人だったと気づくでしょう。

自分を苦しめるものと調和を生み出せない時、それは心の傷となります。そして、私たちは来る日も来る日も顕在意識や潜在意識の中にその気持ちを持ち運ぶことになるのです。その苦しみは一緒に生きることに慣れてしまった足かせのようになり、それを外す力が自分にあることすらわからなくなります。

本当に誰かを許す時、そこにネガティブな感情はもはや存在しません。その代わりに、深いやすらぎを感じます。ですから、許しとは自由なのです。ただ、私たちは許しの持つ素晴らしさを知るために、焦って許そうとすることがあります。許そうとしていることが何であれ、それについての思考をまだ変えていないのにです。このようなやり方は絶対にうまくいきません。

たとえばある人が「私は許しますが、決して忘れません」と言う時、そこにはまだ囚われているのがしっかり感じられ、真の許しは起こっていません。私が言いたいのは、ここで言っている許しが起こったなら、過去に起こったことを決して忘れないとしても、それを思い出した時にネガティブな感情はなくなっているであろうということです。私たちが完全な許しに到達した時、残っているのは感謝だけなのです。

「私は許した」と言いながらその言葉の持つ穏やかな自由を十分に感じていないのは、許しという言葉を使いながらもその完全な意味を受け入れていないということです。真の許しがもたらす安らぎや自由を感じることなくその言葉を使っている時、私たちは非常に深い傷を無視し、抑圧し、軽んじようとしているのです。このような場合、心の傷は身体的な傷と同様に、ますます悪化してしまうでしょう。

何かに深く傷ついている時、私たちは無力感を抱きます。ですから、許したいと思う前に傷や悲しみを認め、怒りを感じなければなりません。傷つけられたという感情の上に「十分に許せていない」という罪悪感を抱いてしまう罠にはまるのを避けるために、このプロセスを経験する許可を自分に与えることが大切です。そうすれば、許すことができるタイミングがやってきて、気持ちよさを味わえるでしょう。

他人を許すことが、自分の人生を生きる上で最も重要な部分というわけではありません。最も重要な部分とは、自分自身を許すことです。本当のところ、許しは他の誰とも関係ありません。許しは受け取る側にとって気持ちのいいものだと思われがちですが、実は自分自身と関係するものなのです。許すのが他人であろうと自分であろうと、許しは常に一方的な行為です。

他人あるいは自分を許すために、相手が目の前にいる必要はありません。癒しは私たちの内側で、自分自身のために起こります。許しは何かを元に戻すのではなく、むしろ私たちが前へ進めるように解放してくれるものです。そして、もし自分の中に苦しみが存在するなら、許すべき何かがあるということです。

自分自身の許し方

許しを目的とした瞑想やテクニックは何千とあります。その中にはあなたの役に立たないものもあれば、真の変化をもたらしてくれるものもあるでしょう。ここで、私にとって非常に役に立ち、他の人からも人生が変わったと聞いている方法を紹介します。

＊　＊　＊

一人で座り、自分の呼吸に集中しましょう。タイマーを二分間にセットしてください。その二分間、他人の言葉や行為によってあなたが傷つき、今も記憶に残っていることについて考えましょう。その時どんな感じがしたか、どこにいて何を考えていたかを思い出してください。その苦しみの空間に、完全に戻りましょう。

タイマーが止まったら、次は五分間にセットします。この五分間、自分がその相手のところへ行って「あなたを許します」と言っているところを想像してください。傷つける言葉や行為を生み出してしまった彼らの苦しい感情をあなたがわかっていると、伝えてあげてください。

その人が、あなたの許しを完全に受け入れているのを想像しましょう。彼らはそれを望んでいながらも、あなたにそれをお願いするのを恐れていました。あなたが彼らを抱きしめている様子をイメージしてください。その感情とともにいて、タイマーが止まるまで和解の思いを抱いていましょう。

それから、タイマーを二分間にセットしてください。その二分間、あなたがしたこと、言ったことで後悔していることを思い出しましょう。それは、あなたが今も抱えている過去の痛みです。

その時あなたがどのように感じたか、どこにいて誰が一緒にいたか、そしてその相手の顔の苦しみを思い出しましょう。その苦しみのスペースへと戻ってください。

タイマーが止まったら五分間にセットして、あなたが傷つけた人に許しを請うところを想像してください。あなたはそれを望んでいます。では、その人があなたに許しを与えている様子を想像しましょう。その人は、あなたに許しを与えながら喜びを感じています。和解とともに苦しみが消えていき、すべて大丈夫だとわかります。それは終わりました。あなたは許されました。

タイマーが止まったら、今度はそれをセットせずに、今の事柄について自分自身を許していると想像しましょう。自分に対して「私はあなたを許します」「あなたは愛すべき人だとわかっています」あるいは「あなたは誰も傷つけるつもりはなかったと知っています」と言ってもいいでしょう。自分が罪悪感や落胆から自由になるために必要な言葉を言ってください。自分を抱きしめているのを想像しましょう。「なぜあなたがそうしたかわかっている」と自分に言い、あなたがどれほど自分を信じているか伝えます。

あなたが安らぎや解放や希望を感じられるまで、このイメージを維持してください。準備ができたら、静かに目を開けましょう。

＊＊＊

一人でやるよりも誰かと一緒にイメージする方が簡単だと言う人もいます。その場合は、他の人に時間を計ってもらいながら、このプロセスを導いてもらってください。

このプロセスは、とても難しいものになる場合もあるでしょう。長年にわたって圧力を受け続けてきたダムのコルク栓を抜くようなものだからです。あなたは自分に深い傷があることに気づくかもしれません。自分が破壊されるように感じるかもしれませんが、それでもプレッシャーとともに生き続けるよりはいいはずです。なぜなら、ここで破壊されるものは、自分を愛することの邪魔をしているものだからです。

許しの手紙

許しを見つけるもう一つの方法は、手紙を書くことです（相手が生きていようと、亡くなっていようと）。誰かに許しを与えるためでも、相手に許しを求めるためでも、どちらでもかまいません。その手紙は、送りたければ送ってもいいですし、安全な場所へ行って燃やすという浄化の儀式を行ってもいいでしょう。手紙を燃やす儀式では、あなたの書いた言葉が炎に包まれる様子を見ながら、自分の言ったことすべてが宇宙に吸収されたとわかるでしょう。炎が言葉や紙を包み込むにつれて、あなたの中の苦しみが取り除かれていきます。

自分に対して許しを求める手紙や許しを与える手紙を書いて燃やすというのは、非常に深い意味を持ちます。このプロセスによって生じる強烈な感情を解放する許可を、自分に与えてください。あなたが抵抗をしなければ、激しい解放を促すことができ、ポジティブなことに集中できるようになるでしょう。ですから、たとえば燃やす儀式をした後でアファメーションを書く、あるいは自分の人生のポジティブな面のリストを書く時間をとるというのは有効です。

あなたがまだ怒りを感じているようなら、真の自由には至っていません。まだ悲しければ、本当に自由ではありません。まだ正義を求めているようでも同様です。

ネガティブな感情は、あなたがまだ自分を被害者のように感じていることを示しています。何かを許すとは、ネガティブなものに甘んじることではありません。ここで言う許しとは、あなたを押さえつけているものを手放すことによってあなたが幸せへと方向転換し、過去を現在に持ち込まなくなることです。

幸せは、物事に対するあなたの見方を変えることによって見いだされます。苦しみについての狭い考え方から十分な距離を置けば、〝自分が被害者になるという被害〟に遭っていることがわかるでしょう。それよりもさらに遠くに行くと、被害者というのはそもそも存在しないとわかるはずです。被害者意識は牢獄であり、許しはそこから抜け出る方法です。

被害者になると、私たちは自分の感情だけでなく自分がどんな人間であるかまで、周囲の人たちや環境に決めさせようとします。そして、自分の人生に対して無力感を抱き、今の自分ができることをするのではなく、「どうして自分ばかりこんな目に遭うのか？」と問いながら時間を無駄にするのです。

自分の人生をコントロールする勇気を持ち、人生の苦難を「より成長し、本当の自分を表現するためのチャンス」だと考えられるようになれば、あらゆる経験から新しい可能性が現れてきます。ものすごく悲惨な経験の真っ只中でさえ、私たちはその経験についての思考や反応を選ぶ力を持っているのです。どんな人間としてその経験と関わるかというのは、常に私たちの責任だということです。

自分の人生の被害者でいるか、勝利者になるかという選択を、あなたはいつでもすることができます。あなたの人生は他の誰のものでもありません。誰もあなたを救うことはできず、あなたを愛することも幸せにすることもできません。誰も自分を助けにやってきてはくれず、あなたが持っていない愛を与えてくれることはないと十分に理解した時、あなたは自分の人生の主導権を握り、前に進むことができるでしょう。

もしあなたが前に進み、自分の人生の英雄になることを選択するなら、向こう側の美しい場所へと到達し、本当の自分に出会えると私が約束します。そこであなたは、自分がいかに素晴らしい能力を持った強力な存在であるかを見いだすでしょう。

自分の人生を眺めて、次のように自問してください。「もし自分の人生について完全に責任を持ったら、これまでとは違ったやり方で何をするだろうか?」。そして、準備ができたらそれをやってみましょう。すぐにすべてを改善する必要はありません。今いる場所から次の必然的一歩を踏み出してください。それが終わったらまた一歩というように、ただ目の前にあることに取り組みましょう。そうすれば、ある日あなたは自分が望んでいたような人生を生きているはずです。

ツール19 幸せを選択する

幸せになることを意図する

ここまでで、あなたは自己愛と幸せが同意語であることがわかったはずです。これは、この本で繰り返し取り上げているテーマです。なぜなら、自分に対する最初の愛の行為は、幸せの方向へと自分自身を向けることだからです。自己嫌悪を抱いていると、幸せは表面的で利己的なものだと考えてしまい、自分の幸せは優先順位の最後に回ってしまうでしょう。

自分を愛するとは、周囲の人や出来事や状況にかかわらず、意識的に幸せを選択、創造することを意味します。幸せは、あなたが生まれつき持つものでも、持っていないものでもありません。幸せは、今も進行中である選択の結果なのです。あなたは裕福な家に生まれたかもしれませんし、貧乏な家に生まれたかもしれません。病気がちだったかもしれませんし、ずっと健康だったかもしれません。優しく世話してもらったかもしれませんし、虐待を受けて育ったかもしれません。でも、このようなあらゆる要因とは関係なく、幸せとはあくまでも個人的な選択なのです。

幸せになることを自分の意図にするとは、「幸せを優先し、それを目標にする」と意識的に決意することです。幸せが、私たちの物事のやり方になるのです。でも、幸せになる意志がなければ、自分のために幸せを創造する動機は持てないでしょう。幸せになることを自分の意図にするまで、私たちは幸せを手に入れようと努力し、困難なやり方をとって、いつも限界を与えてくる思考の犠牲になり続けてしまうのです。

幸せになることを自分の意図にする一つの方法は、最も重要な意図のリストを作ることです。このリストを作る時、あなたの優先順位について考えてください。意図の例は、「私はよい親になると意図します」「私は我が家の景観をよくすることを意図します」「私は大学の学位を手に入れると意図します」「私は悟りに達すると意図します」などです。好きなだけ長いリストにしてください。自分のリストを眺めて、望んでいるというよりもすべきだと感じているものがあれば、削除しましょう。

残ったものについては、「私はそれをしながら、幸せを感じることを意図します」という文章で終えてください。すでに紹介した例で言えば、「私は我が家の景観をよくすること、それをしながら幸せを感じることを意図します」となります。それぞれの意図をもう一度見た時、以前の意図に幸せの要素が織り込まれた感じがしませんか？

あなたは家の景観をよくしたいとは思っていたかもしれませんが、それに取り組んでいる間幸せを感じたいと思っていたでしょうか？　面倒な仕事のように思っていませんでしたか？　書き換えた新しい意図は、あなたがこれまでどんなやり方で人生を生きてきたかについて、そして、これから物事をどう変えていきたいかについて、深い理解を与えてくれるはずです。

加えて、次のような質問を自分にしてみるのもおすすめです。このような視点を持つことで、価値のある洞察を得られるでしょう。

◆幸せという要因が、私の決断と目標に含まれているだろうか？

◆なぜ私は幸せになるという意図を持っていなかったのだろうか？

◆不幸でいることにどんな得があるのだろうか？

◆私は不幸によって注目を得られる家庭に育ったのだろうか？

◆自分が幸せになった時に、何が起こることを恐れているのだろうか？

自分の幸せに責任を持つ

幸せを人生の中心にするという選択は、幸せになるために最も重要な選択です。自分を愛する人は、すべてにおいて幸せを一番の目標にしています。彼らは喜びを〝将来与えられる報酬〟だとは考えていないので、喜びをもたらすものを遠ざけようとはしません。退職後の幸せな生活のために一生懸命働いてばかりいる、ということはしないのです。

あなたに最大の喜びをもたらすものを人生の重要な関心事にするという選択をしてください。自分が大好きなことをして、毎日精一杯生きましょう。このような選択をすることが、自分自身を十分に表現することを可能にします。それがあなたのユニークな個性に出会わせてくれ、自分に幸せをもたらすものに忠実でいさせてくれるでしょう。

幸せのための選択を他人に邪魔させないでください。幸せを最も大切な関心事にする決断を認めようとしない人がいても、相手が正しいわけではないと理解してください。彼らがそのような態度なのは、自分自身や自分の幸せがコントロールできないと感じているからです。

自分のために立ち上がり、自分の思考と行動に完全に責任を持ちましょう。自分自身の幸せに責任を持ってください。問題にフォーカスしたり、自分の限界ばかり話したり、他人を非難したりしないようにしましょう。その代わりに、解決法を見つけることやそうする自由があることに注意を向けてください。自分の幸せに責任を持つとは、ここからどこへ行きたいのかを理解し、目的地に向かって一歩一歩進んでいくことです。

ただし、それが自分の追いかけている幸せのビジョンであることをしっかり確かめてください。というのは、私たちは一日中他人の考える幸せのビジョンを浴びせられているからです。自分が正しいことを証明したいがために、人は常に自分にとっての幸せを他人に押しつけようとしています。そして、他人がそれに同意してくれることを望んでいます。恋人や両親や友人たちは、あなたが幸せになりたければ何をすべきか言ってくるでしょう。メディアはメディアで、あなたを幸せにするものを売ろうとしてきます。

何が自分を幸せにするかを理解することは、あなたが本当はどんな人間かということについて多くの洞察を与えてくれるでしょう。この個人的な探索のプロセスは、大きなことだけでなく、日々の生活のあらゆる瞬間に適用できます。衣類を選ぶ時、何を食べるか考える時、その日に何をするかを決める時にも使えるでしょう。

この選択を生活の一部にする最善の方法は、一日に何回かアラームをセットすることです。アラームが鳴るたびに、「今この瞬間、何が私を幸せにするだろうか？」と自問してください。答えを得たら、それを実行しましょう。自分の考える幸せのビジョンを実行に移してください。

人生の見直しをする

自分の人生に責任を持つために、現実的に何を変えられるか見直しましょう。あなたが完全にコントロールしている部分にだけ集中します。あまり望まない環境にいる時は、これから紹介する五つの質問をしてください。これらの質問は別の章でも勧めているものですが、物事がうまくいかなくなった時、より大局的に見るための役に立つはずです。間違いをした後に再び幸せの方へ注意を戻す助けにもなるでしょう。

1. どうして私はこんなことを引き寄せてしまったのだろうか？（自分を責める方法を探すのではなく、それを生み出した時のあなたのパワーを探してください）
2. 私はこのことから何を学ぶことになっているのだろうか？
3. この苦しみは私が知りたいと思うどんなことを教えてくれるのだろうか？
4. このことがもたらした、またはこれからやってくるであろうポジティブなことは何だろうか？

5．今ここで物事をもっとよい方へ変えるために、自分に何ができるだろうか？

これらの質問に答えることによって、素晴らしい洞察が得られるだけでなく、自分の運命もコントロールできるようになります。あなたが被害者の役割を演じていて、〝悪者〟のせいでこう感じていると思っていれば、これらの質問の内容はピンとこないかもしれません。でもこれを問うことは、幸せになり、自分の幸せに集中し続けるための最善の方法です。そしてこういったことこそが、あなたのコントロールできるところ、つまり現実的に変えられる部分なのです。

自分自身に誠実になるエクササイズ

誠実さは、自分の考える幸せに従って生きるという選択と関係しています。自分や世界に対して誠実になることは、一つの選択です。私たちはいつも、自分にも他人にも嘘を言っています。自分の誠実さを誇りにしている人ですら、他人や自分自身に幻想を抱き続けています。私たちは、自分が真実を言っていると思っている時でさえ、嘘をついているのです。

公然と嘘をつく代わりに、自分や他人に対して秘密を持つということもあります。私たちは自分の真実を言えば愛されなくなると恐れているために、嘘を言ったり秘密にしたりするのです。けれど、幸せな人は自分の真実に従って生きる選択をしています。誠実さとは一種の自由です。私たちは、自分を愛すると同時に自分を欺くことはできません。

自分を愛し、幸せになるには、自分や他人に対して誠実でなければなりません。自分の作り話と向かい合い、オープンに誠実に自分自身を見るのです。そうすれば、周囲の人に何と言われようと、自分がどう考え、何をするのが自分にとって正しいのか判断することができるでしょう。

このように、幸せな人は内側に誠実に生きています。彼らは幸せを、自分自身との内なる契約のようなものだと考えています。そして、この内なる契約を導きの光として使い、真の自分を失わないようにしているのです。誠実になるとは、自分の潜在意識に気づくことを意味します。それはつまり、最も深い恐れや不安、思考や感情、欲求などを明らかにするということです。

私たちがそういったものを意識化させて理解できるようになるまでは、それらが私たちの人生を陰でコントロールし、メチャメチャにし続けます。ですから、自分の真実について完全に理解するまで、私たちは意味不明な選択ばかりすることになるでしょう。真実は他の思考によって隠されていることが多いのです。その思考を剥がして真実を見つけるまで、私たちは健全な感情も幸せも手に入れられません。

ここに、自分の真実を認めるいい方法があります。紙を用意して座り、次のように書きましょう。

私は自分に（　　　　　　　）と言っていますが、真実は（　　　　　　　）です。

これを何度か紙に書いて、空欄を埋めていってください。一例としては、このようになります。「私は自分に『父親はいつか戻ってくる』と言っていますが、真実は、父が戻ることはありません」

では、二枚目の紙に、次のように書きましょう。

私は他人に（　　　　　　　）と言っていますが、真実は（　　　　　　　）です。

これも何度か書いて、空欄を埋めていきます。たとえば「私は他人にハーバード大学を卒業したと言っていますが、真実は、一学期しか通っていません」のようにです。

最後に、三枚目の紙に次のように書きましょう。

私は（　　　　　　　）のふりをしていますが、真実は（　　　　　　　）です。

同じくこれを何度か書いて、空欄を埋めていってください。たとえば「私は自分の家族が仲のいいふりをしていますが、真実は、よそよそしく冷淡で、互いにうまくいっていません」となるでしょう。

空欄を埋める言葉が思いつかなくても心配しないでください。あなたの深い秘密と嘘は表に出たがっており、やがて現れてくるでしょう。なぜなら、本当のあなたはそれを目にして捨てることを望んでいるからです。

ほとんどすべての人が何かのふりをしていることを覚えていてください。つまり、自分や他人に対してうわべを取り繕っているということです。だからといって、あなたが悪い人とかダメな人というわけではありません。あなたは普通の人だというだけです。ただし、普通の行動があなたを幸せにするという保証はありません。

幸せになり、自分を愛したいと思っているなら、自分の真の思考、真の信念、真のニーズ、真の感情、真の人格、自分を本当に幸せにするもの、自分の嘘などについて正直になろうとすることが必要です。自分自身や他人に真実を見せずに、幸せになることはできません。

真実が、内なる調和を見つける鍵なのです。「真理があなたがたを自由にする」(ヨハネによる福音書第八章三十二節)という言葉は今でも、最初に言われた時と同じように真実です。自分に正直でいる方法とは、自分自身に問うことです。内側を見ることは生涯続くプロセスであり、それこそが私たちを幸せへと導くものなのです。

ツール20

ゆっくりと方向転換する

真の感情を大切にする

かつて、レストランで夫婦げんかを耳にしたことがあります。夫は何を言うべきか途方に暮れた様子で、妻の機嫌がよくなるように努力していました。彼は、レストランの客の半分が聞こえるような大声で「君は、レモンをレモネードにしなくてはね（注：レモンをレモネードにするとは、不幸を幸せにすることのたとえ）」と妻に言いました。泣いていた彼女はこれを聞くなり、大げさなジェスチャーを交えて「あら、一度でいいからレモンの味見をしてみたいものだわ！」と言い返しました。

幸せな人は、レモンをレモネードに変えることができる人たちです。でも、私たちが理解していないのは、「幸せな人は、レモンをレモネードに変える前にレモンの味見をしている」ということです。

絶望的な気分の中で、その女性はほとんど知られていない真相を明らかにしました。それは、幸せを選択するというのは、何かを否定することではないということです。それは、ネガティブなものすべてを避けることでも、自分の感情を避けることでもありません。感情を抑制すれば、悲惨さ、もっと悪い場合は無感覚を招くことになるでしょう。ネガティブな感情が不幸の原因ではありません。私たちを不幸にするのは、ネガティブな感情に抵抗することなのです。

幸せを選択するとは、まず最初に自分の感情を感じ、それから問題や悲劇を意義あることやチャンスに変えて、元の感情をよりよいものにしていくということです。困難に直面している時、自分自身に「乗り越えろ」と言うことはできません。それは、最も自己愛から離れた言葉です。自分に対してそんなふうに言う時、あなたは自分に「その感じ方は間違っている」と言っているのです。それは、長期的な幸せへは導いてくれない否認の形態です。

否認は、あなたの避けているものが何であれ、いつか悪い結果をもたらすと保証します。苦しみは人生の一部であるという事実を避ける必要はありません。幸せは、苦しみの経験をどのように扱うかによって得られるものだからです。幸せになることを選択するとは、自分の感情の中へ飛び込み、その感情が言っていることに耳を傾けるという意味なのです。

自分の感情を尊重しないと、感情から逃げることになります。それは、短期間なら可能でしょう。でも長期間となると、避けたものが何であれ、それはもっと大きくなって戻ってきます。そして、最初に避けたことが何の役にも立たなかったとわかるでしょう。

レモンの味見をするのに時間制限はありません。言い換えれば、何かネガティブなことが起こった時、それを経験するのにどれだけ時間をかけてもかまわないということです。

感情や感覚のレベルでの癒しが必要であれば、あなたは感情や感覚それ自体に取り組まなければなりません。すなわち、感情や感覚の因果関係に取り組むということです。ここに落とし穴があります。「私は何かを癒す必要がある」と言った途端、自分の何かを修正しなければならないことが暗示されるのです。「何かを変える必要がある」というレンズを通して自分を見る時、あなたは自分の感情を傷つけ、自己嫌悪に栄養を与えることになるでしょう。

ありのままのあなたではダメで、変わらなければならないと誰かに言われたら、どんなに辛いか考えてみてください。最悪の気分になりませんか？「何かを変える必要がある」という態度で自分の感情や身体に接するのは、ノコギリ歯状のナイフを傷口に当てているようなものなのです。あなたは何も癒せません。では、別に方法はあるでしょうか？ここでの解決法は何でしょうか？

自分の感情と完全にともにいる

感情を修正したり癒したりする代わりとなるのは、それがどんなに苦しいものであろうとそのまま受け入れることです。感情を変えようとするのではなく、ただそれとともにいるのです。その感情に耳を傾け、それがあなたに知ってほしいことを聞きましょう。これは、ヒーリングというよりは統合のプロセスと呼べるものです。

毎日少なくとも二十分間――何かに対して強烈な感情的反応が起きたらいつでも――、自分が感じるままにいられる静かで心地よい場所を見つけてください。そして、身体の感覚や感情をただ観察しましょう。あなたが集中するにつれて、それは強さを増していくはずです。途中で息を止めたりせずに、自然に呼吸を続けてください。鼻から息を吸い、鼻から吐いて、自分がどのように感じているかに気づきましょう。

あなたの目標は、自分の感情とともにいることです。それは、完全に自分自身といるということです。マントラを唱えるように、「私は今、あなたとともに完全にここにいます」という文章を繰り返してもいいでしょう。このプロセスは、ネガティブな感情のためだけでなく、ポジティブな感情のためでもあることを覚えていてください。実際、ポジティブな感情といるよりも、ネガティブな感情といる方がはるかに心地よいことを発見する人もいるはずです。

どんなに不快さを感じたとしても、自分の感情と完全にともにいた後にはその感情の原因について知りたくなるでしょう。そうしたら、次の三つの質問を自分にしてください。

1. **「私はどのように感じているだろうか？」**

この感情に意識的な気づきをもたらし、自分の中で何が起きているかを明らかにするチャンスです。

2. **「これとまったく同じ感情を最後に経験したのはいつだろうか？」**

答えを探さず、何かが川の下流へと流れていくように、内側から現れてくるのを待ちましょう。

3. **「私の人生で、これと同じ感情を初めて経験したのはいつだろうか？」**

ここでも答えを探さずに、内側から自然に現れるのを待ちましょう。

もし何も現れなければ、辛抱強く待っていてください。このプロセスを信じましょう。自分に必要なものを受け取れると信じてください。もし感情的なトラウマの記憶が現れたら、まずそれを観察してから、ポジティブに感じられるものに作り変えましょう。すでにお話ししましたが、これはインナーチャイルドワークと呼ばれるものです。

たとえば父親があなたを置き去りにした記憶が現れたら、大人になったあなたが子供のあなたに近づいていくのを想像してください。慰めてあげながら、その子が必要なものを得られるようにしてあげましょう。あなたは自分のインナーチャイルドのしっかりした親になることも、その子に信頼できる父親を与えることもできるのです。あるいは、全体の状況を客観的に説明して、子供のあなたが個人的なものとして受け取らないように助けることもできます。

このように記憶を変えることによって、トラウマの原因を変えることが可能です。そうすれば、トラウマの結果として発生したすべてが変わるでしょう。このワークをすることで、あなたは現在の自分の感情に影響を与えられるのです。

さらなる癒しのために

自分の感情とともにいる経験を書き留めることは、とても役に立ちます。「自分を大切にしている」と潜在意識で感じられるだけでなく、自分が経験したことを理解し統合する助けにもなるからです。あなたの言語能力が発達する前に起こったトラウマは、言葉で語れるようなものではないことも心に留めておいてください。それを統合するのに、言語化や概念化は必要ありません。

私たちが何かに強い感情的反応を示す時、それは過去のトラウマが呼び戻されたことを意味します。そこでこの「感情とともにいるエクササイズ」をすることは、その引き金を引くような出来事や人物、場所や物事といった〝メッセンジャー〟から注意をそらす助けになるでしょう。強烈な反応を起こさせる物語から一歩退いて、トラウマを呼び戻すものと距離を置けるのです。そして、自分がどう感じているかに注意を向けられるようになり、自分にはまだ癒えていない過去の深い傷があって、それが今の生活に現れ続けているということを理解できるようになるはずです。

自分の感情と完全にともにいた後は、それによってもたらされた〝今この瞬間の静けさ〟の中に留まることもできますし、新たに方向転換することもできます。方向転換は、数分後にできる人もいれば、数時間かかる人、数年間かかる人もいるでしょう。状況によって、かかる時間はまちまちです。たとえば愛する人を失った場合は、職場の人と口論した場合よりももっと長く自分の感情を経験する必要があるでしょう。

幸せになるための選択をする準備ができた時、私たちは暗闇を光に変えようと心の中で誓います。そう、苦しみを喜びに、嫌悪を愛に、無力感を無限の自由に変えるのです。それは、その状況について洞察し、自分のネガティブな感情をポジティブな感情へと変容させることでなされます。「今どう感じている？」と自分に尋ねることによって、現在や過去の持つポジティブな可能性へと注意を向け直すのです。ネガティブな経験からやってくる意味や学び——有害に思える出来事に隠されたチャンスや価値——を探してみてください。有害な経験を方向転換させれば、それは役に立つもの、私たちの成長にとって必要な条件の一つに変わるでしょう。

苦しみの中に隠された恵み

もし幸せになりたければ、「あらゆるものが私たちの恵みとなる」というレンズを通して世の中を見始めてください。たとえこの言葉を完全には信じていなくても、すべてが恵みであるという可能性は大いに有益でしょう。それは私たちを、ネガティブな状況の中にも価値を見つけるように方向づけてくれるはずです。

灰から再生するという不死鳥の概念も、ここで言う方向転換の概念と同じものです。方向転換は変容を引き起こし、私たちが悲劇や問題によって二度と縛りつけられることのないようにしてくれます。この世で真に偉大だと思われている人の多くが大きな苦しみを経験し、それを乗り越えてきた人だというのには理由があるのです。つまり、苦しみには価値があるということです。苦しみは、人間の魂を解放する最も重要な答えを導く質問を私たちに問わせます。苦しみは、私たちがもっと大きくなるためのチャンスなのです。

自分がほしくないものを知らなければ、ほしいものもわかりません。苦しみがなければ、この宇宙での拡大もないでしょう。黒という基準がなければ白を理解できないように、苦しみがなければ喜びと比較できるものがなく、喜びの意味もわからないのです。

ですから、自分の感情を深く経験しながらじっくりレモンを味見した後、不幸な出来事に見えるものの背後にある恵みを探すことによって方向転換を始めてください。その状況の中に何かポジティブなものを探して、レモンをレモネードに変えましょう。

次のような質問をすることも、役に立ちます。

◆私は自分自身や自分がほしいものについて何を学んだだろうか？

◆自分がほしいものだとわかったもののために、今できることは何だろうか？

◆この状況からやってくるポジティブなことはあるだろうか？

◆この状況のおかげで将来起こりうるポジティブなことがあるだろうか？

◆このすべてのことから、私は何を学ぶことになっているのだろうか？

◆このことのおかげで、今私はどんな点でよくなっているだろうか？

◆それが起こったことは嬉しいとは思えないにしても、その状況について何か感謝すべきものはあるだろうか？

◆この状況について、私の気分がよくなるような考え方はあるだろうか？

◆幸せの方向へ向かうために、今ここで何ができるだろうか？

玉ねぎの皮を一枚一枚剥ぐように、苦しみは私たちの幻想を剥ぎ取ってくれます。これらの皮がなくなるにつれて、私たちは本当の自分を知ることへと近づけるでしょう。完全に幻想から自由になった時、素晴らしい幸せの高みに触れることが可能になります。方向転換は、幸せとは私たちがコントロールできるものであり、たとえそれを失っても取り戻せるということを確信させてくれます。私たちは、方向転換することによって真実を見ることができ、深い苦しみの持つ秘密は最高の喜びの種として姿を現すとわかるでしょう。

ツール21 愛とは与えること

期待をせず心から与える

私たちの社会では、罪悪感から他人に物をあげて、彼らの幸せを増やしてあげようとすることがよくあります。自分を犠牲にして与えることで、自分の中の罪悪感を消そうとするのです。でも、このような動機で人に何かをあげたところで、そもそもあげることに腹を立てていますから、相手の幸せを増やすことにはなりません。それどころか、幸せを損なってしまいます。

あなたが幸せなら、自分が心からあげたいと思っていないものを他人に与えることはできません。他人の幸せを増やすというのは、あなたが彼らの幸せの責任を持つという意味ではなく、自分が人から接してもらいたいように他人に接するということなのです。

とはいえ、確かに「与える」というのはあなたを幸せへと導く一つの選択です。ただしそれは、完全に内発的な動機によるもので、お返しに対する期待や欲求が存在しない場合に限って言えることです。他人の幸せを増やそうとすることとはつまり、「人の幸せを見るのはとても気持ちがいいから、自分の幸せを世の中に分け与えよう」という選択なのです。そこに注目や承認、感謝や報酬などを得ようという期待がある限り、それが自分を幸せにすることはないでしょう。

残念なことに、私たちの社会はめったに一つになることはありません。エレベーターに一緒に乗っていても、互いに挨拶さえ交わそうとしません。人は自分の問題を隠しながら、自分のように感じている人はほかにはいないと信じています。隣に住んでいる人がどんな人なのか見当がつかない、ということもあるでしょう。この分離の状態からたくさんの不幸がもたらされるのですが、私たちは誰かがそれを変えてくれるのをただ待っているのです。

私たちは、他の誰かが突然自分に愛を示し、幸せを与えてくれるのを待ち望みながら生きています。でも、実際には「みんながそれを待っている」という状況があるだけなので、その状態から抜け出すことはできません。誰か率先して始める人が必要なのです。そう、それはあなたです！心から与えることをぜひ始めてください。そうすれば、きっと素晴らしいことが起こるでしょう。

親切な行為についてのアイディア

ここまで学んできたように、私たちはワンネスがこの宇宙の真実だと受け入れた時に、この世界を愛する方法とは自分を愛することだと理解します。でも、あまり知られていないことですが、この反対も事実です。つまり、他人に愛や幸せを与えることが、自分に愛や幸せを与えるための素晴らしい方法だということです。他人に対するあなたの優しい行為は、別のよい形であなたに戻ってきます。与えると気持ちがいいのはそのためです。私たちは与えるたびに、受け取ります。自分自身のために親切で思いやりのある世界を創造する時、他人のための親切で思いやりのある世界をも創造します。私たちが自分の幸せを育む時、他人の幸せも育んでいるのです。

親切は、大げさなものである必要はありません。お金をかけずに簡単にできる親切な行為が、毎日の生活の中に何千とあります。他人に何かをあげるたびにそれ以上のものが自分に戻ってくることを、覚えていてください。

ではここで、親切な行為を始めるためのアイディアをいくつか紹介しましょう。

＊
＊
＊

◆料金所で、自分の後ろにいる人の分も支払う。
◆紙に匿名でポジティブな言葉を書き、町中の車の前面ガラスに置いておく。
◆家にあったものを慈善団体や図書館に寄付する。
◆高齢者の家を訪問する。
◆誰かのために、「あなたを愛しています」というサプライズパーティを企画する。
◆後ろの人のためにドアを押さえておく。
◆感謝の気持ちを心に留めるのではなく、ほめ言葉として人に伝える。
◆危険にさらされている子供のメンターになる。
◆献血をする。

- 動物保護施設で動物のお世話のボランティアをする。
- ゴミ拾いをする。
- 自分の前に車が割り込むのを許す。
- 兵士のペンパルになる。
- 病気の人に電話をする、もしくは訪問してスープを届ける。
- お店の店員さんに微笑みかけ、会話を楽しむ。
- 誰かが紛失した持ち物を所有者に返す。
- 「あなたを愛しています」と伝えるための手紙を送る。
- 愛する人の背中をマッサージする。

◆木を植える。

◆同僚にあなたの休暇の一日をあげる。

◆誰かのために食事を作る。

◆重い荷物を運んでいる人を助ける。

◆隣人のために雪かきや庭仕事をする。

◆置き去りにされたショッピングカートを正しい場所に戻す。

＊＊＊

できるだけ創造的になってください。親切な行為は、見知らぬ人に微笑みかけることから大学の授業料を支払ってあげることまで、何でもいいでしょう。そのすべての行為が重要です。親切をするためにストレスを感じる必要はありません。また、自分を犠牲にしている感じがしたり、疲れ切ってしまうことのないようにしましょう。あなたも自分の幸せを奪うようなことはしたくないはずです。ですから、気持ちがよくなることだけをしてください。親切な行為は、あなたが大金持ちでも、今着ている服しかなくてもできることなのです。

感謝の実践

感謝は与えることと密接に関係していますが、この概念はひどく誤解されていて、本来の形で実践されることはほとんどありません。西欧社会では、感謝とは「自分は何かを持っているから幸運だ」と感じることです。この解釈は、ほしいものを得られるかどうかはあたかも他人がコントロールしているように感じさせ、無力感や義務感を与えます。それは、喜びと落胆が混ざり合っているような感覚です。私たちは、この種の感謝によって自分が求めるものを与えてくれる他者の囚人となり、自分には価値がないと感じ、今持っているものさえ失うのではと恐れるようになります。

私はこれまで、感謝という言葉を使うことさえためらっていました。なぜなら、その言葉は本当の意味が損なわれているからです。私が感謝について話す時は、先に述べたものとはとても異なる解釈をしています。私にとって感謝とは、それそのものを賞賛すること——今この瞬間に存在するもののポジティブな側面に注目し、それに対する愛で自分を完全に包み込むということです。感謝とは、今ここであなたに喜びをもたらすものを意識的に承認し、それを楽しむことにほかなりません。

すべての状況に、感謝できるものが存在します。ただ、それを見つけるには少し探さなければならないかもしれません。あなたがいい気持ちになった思考や思い出だけでなく、人生にネガティブな影響を与えたものにさえ感謝すべきものはあるのです。それは、あらゆるところに存在します。あなたに必要なのは、それを探そうという決心をすることだけです。

感謝していることをリストにする日記をつければ、感謝の実践をさらに促すことができるでしょう。そこに、あなたをポジティブな気持ちにさせるありとあらゆることを書いてください。さらに、指輪のようないつも身につけていられるものを選び、それを見たり感じたりするたびに立ち止まって、感謝することを思い出してもいいでしょう。感謝は純粋で偏見のない、ポジティブで力強い波動なので、その状態は非常に有益なのです。

ツール22

完璧さによる自己評価はやめる

完璧さという罠

私は「完璧なものなど存在しない」という決まり文句を言うつもりはありません。完璧なものが存在するかどうかは、誰にもわからないからです。それは存在するかもしれませんし、しないかもしれません。でも、そんなことは重要ではありません。重要なのは、もし自分を愛したければ、自己嫌悪によって設けられた基準に従って自己評価をし続けることはできないということです。完璧さというのは自己嫌悪に根ざした基準であり、私たちの誰もがその残虐さにさらされています。

小さい頃、私たちは「愛されるには、よい子でなければならない」と結論づけました。愛されたくてたまらなかった私たちは、よい子になって承認を得ようとし、他人からよく思われようと全力を尽くしました。要するに、愛がほしいために完璧になろうとして、かなりの時間を使ったということです。私たちは、たとえ愛を得るために行ったすべての努力が無駄だったと知ったところで、それ以外の方法を知らないのです。

こうして私たちは、早い時期から「完璧さを求める」という厄介なことに巻き込まれてしまいます。ここでの問題は完璧さそれ自体ではなく、私たちが自分の価値を完璧さの達成と結びつけていることです。

これは決してうまくいきません。なぜなら、完璧さは私たち自身を評価するものではないからです。完璧さは誰も見たことのないものであり、単に、自己嫌悪が恋に落ちた象徴的アイディアにすぎません。自己嫌悪は完璧さというアイディアを使って、私たちが永遠にニンジンを追いかけるように仕向けます。ニンジンを手に入れない限り、私たちは無価値で誰も愛してくれない存在だと信じさせるのです。

完璧さによって自分を評価していれば、決して自分の基準に到達することはないと私は断言します。では、どうしたらいいのでしょうか？　解決策は、完璧さという考えを無視して、今ここにいるありのままの自分を受け入れることです。あなたの可能性や将来性を受け入れるように言っているのではありません。そうではなく、この瞬間にいるあなたのすべてを受け入れるのです。

受け入れることの重要性

あなたは、自分の考え方や感じ方は間違っていて、直すべき〝欠点〟がある——つまり、ありのままの状態では受け入れられないと教えられてきました。ですから、そのままの自分を受け入れるということに身をすくめてしまうのも当然でしょう。あなたは他人が教えたことを内在化してしまったのです。

たとえこのパターンを両親から学んでいないとしても、人間社会にはどれくらいの功績があるかによって価値判断する傾向があります。その結果、あなたは他人の承認によって自分の価値を決めたり、自分を愛したりするようになりました。外界の基準によって自己概念を築き上げようとすれば、他人の意見、特に批判にもろくなります。そして、自分に対して非受容的な態度をとるようになり、好意的に思えない自分のすべてを変えようとし始めます。しかしながら、完璧主義はあなたを破滅へと導きます。自分を愛するには、本当の自分を見つけるまで、「こんな人になりたい」と努力するのをやめなければなりません。その代わりに、真の自分がこの世に存在できるようにするのです。

このことは、私たちに受容についての真実を教えてくれます。受容という言葉は人によって違う意味を持っており、有益な意味もあれば有害な意味もあります。受容とはありのままの状態に同意することだ、というのがこの言葉のポジティブな側面です。何かと闘っている時、あなたは逃れられないものに逆らいながら、人生に軋轢を生み出しています。そして、それに注意を向けるたびに、問題は消えるどころかますます強化されていきます。一方、受容とは抵抗をやめることであり、それによって、あなたは自分の人生で経験したいことだけに注意を向けられるようになります。

真の受容は、甘んじて受け入れる、我慢する、正しいことを証明するということを意味してはいません。それは単に、何かと闘うのをやめ、ネガティブなものに注目することから自分を解放し、無条件の愛を実践するという意味です。あなたが今どこにいて、どんな人間であるかをそのまま受け入れることは、非常に重要なことなのです。さらに、他人に対しても同じように受け入れることが重要です。

他人から受け入れられることは素晴らしい感じがしますが、それが幸せへの鍵ではありません。他人から受け入れられたいという願望が自己受容の欠如を意味するというのは、そういう理由からです。あなたが自分や他人を受け入れていなければ、他人があなたを受け入れるという経験はできません。その状態では、あなたはその経験と波動的に一致していないからです。自己愛の重要な要因は、自分や他人を受け入れることです。あなたがもし自分自身や他人を受け入れたら、誰から受け入れられることも望まなくなるでしょう。なぜなら、それは必要でなくなるからです。

自分を受け入れるエクササイズ

自分を受け入れるとは、自分のことを好意的に受け取るという意味です。あなたが完璧さの基準に従って自分よりも優れていると思う人と自分を比べているなら、おそらく批判的な態度で自分に接してきたことでしょう。

自分をほめる姿勢を養うには練習が必要です。自分は十分でないと感じさせるものから注意をそらし、自分は十分素晴らしいと感じられるものに集中する方法を見つけてください。

今日からこのプロセスを始めましょう。紙を一枚用意して次の文章をたくさん書き、空欄を埋めていってください。

私は自分について（　　　　　　　　　）を好ましく思っています。

書き出した文章を読んで、自分に関する何かを学ぶことができましたか？　自分について批判していることではなく好ましく思っていることに注目すると、どんな感じがするでしょうか？

誰かについて好ましく思わないことに注目している限り、私たちはその人を愛することができません。自分自身についても同じことが言えます。

次のことを行えば、自分に対する好ましい気持ちとともに一日を始められるでしょう。まず、紙に次の文章を書いて、ベッドの近くで目につく場所に貼ってください。

私は自分の（　　　　　　　　）を好ましく思います。

朝ベッドから出る前に、自分について好ましく思うことを空欄に書きましょう。たとえば「私は自分のファッションセンスを好ましく思います」のようにです。朝起きてまず誰かがあなたをほめてくれたらどんなに気分がいいか、想像してみてください。これからは誰かがしてくれるのを待つのではなく、あなた自身が自分のためにそうするのです。

完璧さのプレッシャーを乗り越える

完璧主義の人はオリンピック代表レベルの自己破壊主義者で、いつも自分に残酷なほどの目標を与えようとします。目標自体が手に届かないものであるというより、それに到達するために設定するスケジュールや選ぶ方法がきつすぎるのです。それはたいていの場合、かなりの努力を要するもの、心身ともにボロボロになるようなものでしょう。

完璧であることへの絶え間ないプレッシャーは、私たちの生産性を低下させます。そして私たちは、最初から無理のあった目標を達成できなかった時に自分を責めたり非難したりして、自分には価値がないと結論づけるでしょう。でも実際は、人生で起こることに何も悪いものはなく、私たちは無価値などではありません。この世に悪いものなど一つも存在しないのです。「人は飢えに苦しむべきではない」などといった何かへの反発や抵抗がベースにある考えに囚われていれば、これを理解するのは難しいでしょう。けれど、世の中も私たちと同じように、成長の過程にあるというだけなのです。

成長の過程で、自分や他人の不完全さに抵抗し続けるのはやめましょう。というのは、不完全さこそが私たちを卓越さへと促すものだからです。私たちは自分のビジョンによって自分の内側や世の中に望んでいるものを明らかにし、進歩するという純粋な喜びによってより大きなビジョンを持てるようになります。この認識は、壮大なビジョンを持っている人にとって重要です。これがわかっていると、無理のある基準や歪んだ完璧さの尺度から自分を評価することはなくなるでしょう。高い理想やビジョンは、自分を非難する基準にならない限り、私たちを願望の実現へと導くかがり火になるのです。

完璧主義は、自己虐待の一つの形です。自分に完璧さを期待する時、あなたは信じられないほどのプレッシャーを自分自身に与えています。あなたが完璧主義による自己嫌悪を経験しているなら、この本で紹介している情報でさえ、自分を虐待する道具になりかねません。たとえばこの本を読んで、自分を評価するために自己愛の概念を用いたとしましょう。すると、あなたは自己愛からではない何かをするたびに、自分に対して腹を立てることになります。

自己嫌悪は、抵抗の形の一つです。もしあなたが自己嫌悪を経験し、それに抵抗しているなら、その自分の抵抗にこそ抵抗すべきです。自己嫌悪に抵抗するのは「私は今の場所にいるべきではない」と言っているのと同じで、その思いがあなたを今いるところから動けなくしているのです。自分を愛するには、新しいマントラを唱え始める必要があります。それは「私は今ここにいます」というマントラです。今いる場所に抵抗するのではなく、それを受け入れてください。ただ受け入れて、あなたが望む方向へと歩き始めるのです。

今お伝えした概念は、依存の状態に逆戻りしてしまった時には特に重要です。自分自身や現実から逃れようとして依存症になった人もいることでしょう。そんな自分を許すのは恥だと思っていれば、ますます窮地に陥るしかなくなります。長い間同じやり方をしてきた自分に、それとは違うやり方を完璧にするよう期待するのは明らかに酷なことです。

ここまでのところで、自分を愛することは自分に完璧さを期待することではないとわかってもらえたでしょうか？　自己愛とは、今のありのままのあなたを愛することです。ありのままの自分を愛するようになると、あなたは現在の自分の完璧さを理解し始めるでしょう。現在の自分とはつまり、進歩と成長の過程にいるあなたです。

彫刻家は、出来上がった作品を愛するだけでなく、まだ形にならない可能性の段階においても作品を同じように愛しています。自分の手の中にある冷たい粘土の時から、それを愛しているのです。あなたがもし何年間も自己嫌悪を抱いてきたなら、それがあなたの芸術表現になってしまっているかもしれません。とすると、自己愛を新しい芸術表現にするには少しずつ練習を重ね、かなりの時間をかけて取り組む必要があるでしょう。

その途中で、あなたは間違いを犯すかもしれません。馴染みのある自己嫌悪に逆戻りすることもあるでしょう。でも、それは悪いことではなく、むしろ自分を愛するという学びの重要なプロセスです。ですから、どうか自分を非難しないでください。そうなった時は、自分を愛せるようなことを考えたり行ったりすることで、正しい道に戻ればいいのです。

渦巻きの外側に向かっていくプロセス

紙を一枚用意して、そこに渦巻きを描いてください。次に、渦巻きの中心から外側へと水平線を引きましょう。指で渦巻きの中心から外へとなぞっていくと、一回転するたびに同じ線にぶつかるのがわかるはずです。でも、渦巻きの中心から離れるにつれて、その線にぶつかるまでの時間は長くなっていきます。

私たちの進歩にもこれと同じことが言えます。私たちは時間の経過とともに、一つのテーマに関する新しい進歩の層に何度も行き当たります。渦巻きをたどっていくと直線にぶつかるように、そこでは新たな課題に直面することになりますが、中心から離れるにつれてぶつかる頻度は少なくなっていきます。

この本を読み始めた時、あなたはこの渦巻きの中心にいたはずです。自己愛について学び、実践し始めると（渦巻きの外に向かってなぞっていくと）、しばらくは自己嫌悪（水平線）という障害物にぶつかり続けるに違いありません。でも、あなたが進歩するにつれて障害物にぶつかるまでの時間が長くなっていき、やがてまったくぶつからなくなる時が来るでしょう。

自己嫌悪という障害にぶつかるのを後退だとは思わないでください。そのように感じられるかもしれませんが、そうではありません。あなたは単に、癒される必要のある自己嫌悪という課題の、より外側の層にぶつかっているのです。それにぶつかったらそのまま受け入れて、自己愛へと向かう論理的ステップを踏みながら通り過ぎていけば、まもなく二度と障害物にぶつかることのない状態を体験するでしょう。

「心配しないでいい」と自分に言ってあげてください。普遍的に正しいとか間違っているというものはありません。ですから、あなたが何を選んでも人生が悪くなるということはないのです。いかなる選択も、あなたが拡大するために必要なものだと考えてください。宇宙は永遠に拡大のプロセスにあり、この宇宙の一部としてあなたも永遠に拡大し続けます。すべてをやり終えるということはありません。

あなたがこれを認識した時、人生は目標にいかに早く到達するかというものではなくなり、進化のプロセスをいかに楽しむかに変わるでしょう。人生とは、喜びなのです。ですから、自分を愛し、完璧さという苦境から抜け出てください。将来なりたい自分に到達するまでのあらゆる過程を楽しみましょう。あなたが自己愛へのプロセスや旅をひとたび心から受け入れれば、やがてそれがもたらされるはずです。

ツール23

間違いを受け入れる

過去の自分を批判しない

間違いをするのは、決して心地よいものではありません。でも、多くの人のように、延々と自分を責め続ける必要はありません。間違いとは基本的に、振り返ってみて「違うやり方をしていればよかった」と願う行為です。それゆえ間違いと後悔は密接に関係していますが、それが世界の終わりというわけではありません。よく見てみれば、間違いはたいてい次のうちのどれか――目標未達、先延ばし、焦り、わがまま、感情の爆発、不適切な判断、誤った解釈、無駄な努力、逃したチャンス、上の空、怠慢、不誠実な行為――の結果です。長いリストに見えますが、誰もがこの中のどれか、あるいはいくつかによって「間違いをした」と思うはずです。

理解しておく必要があるのは、間違いをした時、実際私たちは最善の決断をしていると信じていたということです。その時は、自分にとって筋の通ったことをしていたのです。私たちは与えられた瞬間に、いつも自分のニーズを満たせると思う行動を選択します。自分の決断が最善でなかったとわかるのは、振り返った時だけです。ですから、何かが間違いだと言うのは、自己反省した時に初めて可能になります。

また、私たちは自分の気づきのレベルに基づいて決断をします。気づきのレベルは変化するものなので、それが変化した後には「何かが間違いだった」とも言えるでしょう。私たちは常にその時点で自分の知りうる最善の行動をするのですから、正しいとか間違いという観点からそこに焦点を当てるべきではありません。そうではなく、有益か有害かという点から考えるべきでしょう。私たちは間違いをすることによって、有益であるものや有害であるものについての気づきを深めることができるのです。

こういった現実を踏まえると、間違いによって自分の価値を下げるというのはまったく意味をなしません。それは文字通り、自分が見なかったものを見ていた、知らなかったものを知っていた、その時できると知らなかったことをできたはずだと考えることです。

このような回顧に基づいて自分自身や自分の価値を判断するのは、現在の拡大した見方によって過去の自分を判断しているということです。これは不公平なことです。その時わからなかったことをわかっていたと期待するのは果たして理にかなったことでしょうか？　あなたは子供に対してそんなことをするでしょうか？　前を見ていなければ転んでしまうことを、子供は知りません。実際にそのことを学ぶのは、前を見ずに進んで転んでしまってからなのです。

子供が転ぶとあなたが知っているのは、経験に基づいた見方をしているからです。でも、子供はその見方をまだ身につけていません。子供が転んだことを批判するのはあなたの見方に基づいた判断であり、とても不公平で愛情に欠ける行為です。その間違いを犯したのは過去のあなたにほかなりません。行動してからすぐに間違いだと気づいたとしても、実際に行ったあなたと気づいた時のあなたは別人だと知ることが大切です。現在のあなたの見方に基づいて、過去のあなたを判断しないでください。

過去の間違いに基づいて過去の自分を非難するのではなく、彼らに対して感謝の気持ちを持ちましょう。彼らの間違いが、現在のあなたの知恵になっているのですから。

動機とは何か

ここまでで、私の昔の友人である〝自己嫌悪〟は「でも、私はそんなことをするほどバカじゃなかった」と主張するのが大好きだとおわかりかと思います。この主張は、なぜ間違いをしたら自分を嫌いになるべきなのかを説明する妥当な理由に見えるでしょう。けれど、もしあなたがこの見方をもとに、間違いをするたびに自分を痛めつけているなら、今ここで「動機」について理解しておくことが必要です。

動機は、知覚されたニーズあるいは願望の直接的な結果です。私たちは、相反するニーズの間で板挟みになることがよくあります。たとえば、幸せな結婚生活を送りたいという願望を持っているにもかかわらず、幸せな結婚生活よりも求められて愛されたいという願望が瞬間的に強くなって、妻や夫を裏切ってしまうことがあるかもしれません。

このような場合、私たちの意識は「今のニーズや願望がそう言っているのだから、妻や夫を裏切るのは最善の決断だ」と言ってきます。そして、瞬間的で狭い気づきの観点から、伴侶をだますという決断をすることもあるでしょう。それは究極的には有益でなく、間違いを犯した結果、「妻や夫を裏切るという選択は有害だ」という現実を突きつけられることになるかもしれません。

だからといって、その瞬間、あなたが最善だと考えたことをしたという事実は変わりません。もしその時最善だと思わなければ、あなたはそうはしませんでした。私たちは、「最善だと思ったけれど、間違っていた」という選択をたくさんしてきました。でも、その時には間違いだと気づいていなかったから、間違いをしてしまったのです。

間違いにはいつも結果が伴います。間違いをした時に得られる拡大した気づきは、間違いの結果に対する気づきも拡大させます。これらの結果を受け入れそこから学ぶことで、将来的によりよい選択ができるようになるのです。間違いをすることで悪い人間になるということは、決してありません。それが私たちの価値を下げるということもありません。浅はかで狭い気づきのレベルから選択をしたかもしれませんが、私たちの価値は気づきのレベルとはまったく関係ないのです。私たちが愛すべき存在であること、受け取るのに値するということも、気づきのレベルとは無関係です。

決断時に役立つ質問事項

どちらかを選ぶという決断に直面した時、自分に対して次のような重要な質問をすることで、気づきのレベルを高めることができます。

◆以前に同じような状況だったことがあるだろうか？　もしそうなら、そこから何を学んだだろうか？

- 私の考えている選択は、それぞれどのような短期的あるいは長期的結果をもたらすだろうか？
- その結果は価値があるものだろうか？
- それぞれの選択肢から、私は何を手に入れたいのだろうか？
- それぞれの決断によって、私はどんなニーズや願望を満たそうとしているのだろうか？
- 私の願望やニーズを満たすことができ、ネガティブな結果も少ないのはどちらだろうか？
- 私の最も高次の幸せと一致するのはどちらの決断だろうか？

このような質問の答えに基づいて自分の選択肢を見極めるなら、より高次の気づきの視点に立って決断を下せるでしょう。それでも結果は変わらないかもしれませんが、少なくとも、この瞬間に最善だと思える選択を意識的にできるはずです。

間違いを捉え直す

あなたが過去にした間違いについて考えてみてください。目を閉じて、心の中で時間を遡り、その間違いをもう一度体験しましょう。その時どんな感じがしたか、何を考えていたか、どんなことを望んでいたか思い出すようにしてください。

では、自分に対して次のような質問をしましょう。「もしあの時に戻って、今知っていることは知らない状態で同じニーズや願望、視点を持っているとしたら、私は違うことをするだろうか、それとも同じことをするだろうか?」

あなたがもし過去の間違いの責任逃れをしようとしているなら、この質問が「その時に最善だと考えたことを実際にしたのだ」と理解する助けになります。間違いを犯した自分を愛するための鍵は、間違いについての見方を変えることです。言い換えれば、間違いを捉え直すのです。見方を変えて、間違いについての解釈をし直すことは、あなたの最も高次の幸せにとって役立たない思考を手放す鍵となります。間違いに対する見方を変えるには、間違いの中に隠された価値を探さなければなりません。そして、自己批判や自責の念を手放せるような思考を見つけるのです。たとえるなら、浴槽のお湯の中を探して赤ん坊を助け出し、お湯を捨てるようなものです。

間違いをした時、間違いについて異なる見方をするためには次の質問が役立つでしょう。

◆この経験がなければ自分や他人や世の中について知りえなかった、貴重な学びは何だろうか？

◆私の知りたかったことで、この経験が教えてくれたことは何だろうか？

◆将来、何を違ったふうにやりたいだろうか？

◆この間違いは、将来よりよい人生を生きるためにどのように役立つだろうか？

◆私が犯した間違いを償うために、自分にできることがあるだろうか？　あるとしたら、それは何だろうか？

◆私はここからどのように前進できるだろうか？

これらの質問に答え終わったら、あなたの間違いのポジティブな側面をリストにしましょう。

間違いを師とする

「間違いを受け入れてしまうと、自分や他人に与えた苦しみを許容することになる」と心配する人もいます。また、再び同じ間違いをしかねないと思っている人もいます。でも、どちらも真実ではありません。間違いを受け入れるとは、自分を嫌う口実として間違いを使うのをやめるということです。よく考えてみてください。間違いをしたと自分を非難したところで何も得られません。非難したり、非難されてやり返したりしても、この世界から間違いがなくなることはないでしょう。それはまったく役に立たないことなのです。

でも、もしあなたが間違いの苦境から抜け出すことができれば、前に進むこと、償うこと、異なる選択をすることが十倍は簡単になるでしょう。間違いから学んだことに基づいて、自分のためによりよい人生を創造できるのです。間違いを捉え直すのによい方法も悪い方法もありません。ただ、間違いにネガティブな意味ではなくポジティブな意味を与えることが大切だということを、覚えていてください。

あらゆる間違いは、あなたに何を修正する必要があるかを教えてくれます。それによって、成功の可能性へと近づくことができるのです。私は自己嫌悪にもこれと同じ法則が適用できることがわかりました。もし自己嫌悪を知らなければ、あなたは自己愛について知りたいという気持ちにはならなかったでしょう。自己嫌悪を抱いているおかげであなたは様々なスキルを学ぼうとし、その結果として、ある日自己愛を体験することになるのです。これが宇宙の仕組みです。

ツール24

「〜すべき」の持つ危険

「〜すべき」は本当の自分を押さえつける

私たちはみんな、「〜すべき」という言葉に翻弄されて生きてきました。それは、私たちが自分に課している大きな要求です。「〜すべき」という思いは義務や習慣、最悪の場合は他人の期待の副産物です。これは、家族や友人や社会から投影された、絶えずつきまとう要求です。つまり、彼らが望むことを望むべき、彼らがすることをすべき、彼らが信じることを信じるべきという要求です。

このように、「〜すべき」は私たちが受け入れて自ら所有する、外側からの要求なのです。この要求の多くは自分のニーズや本当の自分とはまったく反対のものであり、それゆえ私たちはなおさら「〜すべき」と思い続けます。私たちは、自分の内側から生まれたものではない要求を満たそういう自然な動機はそもそも持ち合わせてはいないのです。

ほとんどの人は、「〜すべき」が自分を正しい状態に保ち、最善を尽くすように動機づけしてくれると信じています。でも、このことは真実からかけ離れています。最善の状態とは、思考や言葉や行動を通して本当の自分を輝かせることによって得られるものです。そのためには、まず本当の自分について知らなければなりません。「〜すべき」は私たちの真のニーズや願望を反映しないので、本当の自分を隠してしまいます。代わりに、他人の期待を映し出すことでしょう。

あなたの人生を振り回している「〜すべき」について調べる時間をとりましょう。過去に自分が「すべき」だったと思うことを、すべて書き出してください。次に、今日と明日すべきだと思っていることを書きましょう。それから、一年以内、十年以内、死ぬまでにすべきだと思うことをすべて書きます。

いくつかの例を挙げましょう。「私は体重を減らすべきだ」「自分自身について十分ワークしたのだから、もう些細なことでうろたえるべきではない」「私は大学へ行くべきだった」「こんなにネガティブになるのはやめるべきだ」「もっと子供と一緒に過ごすべきだ」「テレビを見る時間を減らすべきだ」

感じがつかめたでしょうか？　自分の考えがどんなにばかげていると思っても、隠さないでください。このエクササイズ中に現れてくるものは、表に出なくてはならないものです。なぜなら、それらはあなたの不幸を生み出している期待や要求だからです。

自分のリストを見て、それぞれの文章に「どうして私はそうすべきなのか？」と問いかけてみましょう。あなたの心に浮かんだ最初の答えを書き、それについて少し考えてみてください。このように質問することで、自分が義務感を抱いているものが本当はどこからやってきているかわかるはずです。

他人との比較をやめ、自分に忠実になる

「〜すべき」は、自己嫌悪にとっての素晴らしい栄養です。何かを愛している時、愛するものに対してそのままではいけないと思うことはできませんから、「〜すべき」を置き換えることが、自分を愛するという学びには不可欠なのです。「〜すべき」を手放すことで、あなたは自分の要求やニーズに敬意を示すことができます。そして、本当の自分になれるでしょう。

「私は〜しなければならない」や「私は〜すべき」と言うのは、私たちが社会で条件づけられた習慣です。ですから、新しい習慣を身につけるためには、これらを「〜しよう」に置き換える練習をしてください。たとえば「仕事に行かなければならない」といつも言っているなら、これを

「仕事に行こう」に置き換えましょう。「歯を磨くべきだ」は「歯を磨こう」に置き換えます。こうしていくと、これまでの習慣から抜け出せるはずです。この練習はあなたに力を与え、自分がしている一つひとつのことが選択であることに気づかせてくれるでしょう。

「私は〜すべきだ」とか「私は〜しなければならない」という思いで生きている時、私たちは期待の犠牲者になっています。そして、自分が選択肢を持っているかどうかもわからなくなっています。コントロールされているという幻想を信じ、実際には存在しない悪人の被害者になっているのです。私たちがしがみついている期待や基準は、実在するものではありません。私たち自身がそれを作り上げ、自分だけが信じているということにどうか気づいてください。

誰がどのようにすべきとかすべきでないという普遍的な法則など存在しません。人は自分が正しいと認めてもらいたいと思っています。私たちは、他人によって認められたという外的な安定性で、自尊心という内的な安定性の穴埋めをするのです。他人が自分の意見に同意してくれるのを求めたり、相手に合わせようとしたりするのは、このような理由からです。

私たちのマインドは、数値で表すことを望んでいます。大脳は情報をランクづけて整理するようにできており、私たちは自分がその図式のどこに当てはまるのかを知りたいと思っています。よって、自分と他人を比較しがちなのです。でも、自分に忠実であるには自分と他人を比較するのをやめなければなりません。

自分よりも不幸な人と比較して、「自分は恵まれている」と考えることはあまりないものです。

多くの場合、人は自分よりも優れていると思う人、もっとたくさん持っている人、もっと能力があると思う人と自分を比較するはずです。そのせいで自分は十分ではないと感じ、欲求不満と妬みを抱くのです。他人との比較は、自分をネガティブに判断することを招きます。それは、自分に対する最も痛みを伴う行為です。

人は、それぞれ異なるように運命づけられています。私たちは個人としての見方を経験し、探求するためにここにいます。二人として同じ人は存在しません。私たちは異なる思考や信念を持ち、異なる経験をし、物事に対して異なる解釈をし、異なる感じ方をします。一卵性双生児でさえ、まったく違う個人なのです。私たちは自分の独特な見方を経験するためにやってきたのですから、他人と比較するということは、ここにいる目的を否定することになります。それは、リンゴとオレンジを比較するくらい無意味なことです。

その上自分以外の誰かになろうと努力し、他人の要求の陰で生きていたりすれば、決して自分を愛せるようにはならないでしょう。あなたは、あなた自身を成功へと導くユニークな才能を持って生まれてきました。その自分の才能に気づき、開花させる方法を見つけた瞬間、あなたは成功へと導かれます。自分の見方や態度を変えることによって、現在の状況を変えることができるのです。そして、他人が何をしていようと、自分の持つ才能によって真の願いのために行動を起こすことが可能になります。

私たちは常に進歩と拡大、創造をし続けている存在なので、「自分自身であること」が不動のアイデンティティを意味するのではないと理解することが重要です。自分の成長や進歩、変化を許しましょう。あなたが誇れない自分の過去を許してください。それがあなたを定義するわけではないのです。その時の行動は、本当のあなたではありません。たくさんの「～すべき」を手放して、「～するのが待ち切れない」という文章に置き換えましょう。そして、人生がいかに素晴らしいものになっていくか、見ていてください。

ツール 25

八つの自己破壊行動

自己破壊行動を追い払う

自分自身を愛していないと、不安や不満が人生に忍び寄り、自分を傷つけるようになります。自己破壊行動は、自分に価値がないと感じている結果として現れるものです。心の中の対話において、私たちは自分の美しさや素晴らしさや正しさについて語ることはありません。むしろ、醜いところや悪いところ、間違っているところばかりを語りかけます。これでは幸せな、成功した人生を送ることはできません。

自己破壊的行動は、次の八つのカテゴリー——自己批判、自己不信、自責、自暴自棄、自己憐憫、自己剥奪、自己卑下、プライド——に分類されます。これらを理解し克服できるように学ぶことが重要なので、この章で一つひとつお話ししていきたいと思います。まず最初に、最も一般的な自己批判から始めましょう。

自己批判はやめる

自己批判とは、自分のことを悪く考えたり、悪く言ったりすることです。それは、自分を責める一つの形にもなりえます。幸いなことに、私はこの破壊的な習慣を追い払う創造的な方法を知っています。

その方法とは、あなたの内側にいる批評家と知り合いになり、自分と批評家を切り離すことです。その批評家のイメージや性格を書き出してください。その人に名前をつけてもいいでしょう。その人はどんなふうに見えますか？　どんな話し方をしますか？　その意図は何でしょうか？　なぜその意図を持っているのでしょうか？　批評家の性格やメッセージを理解したら、批評家を別人として自分と分離させましょう。

その批評家はあなたの頭の中の批判的な声にすぎないことを思い出してください。それはあなたではないと理解できたら、自分から切り離し、それが批判してきても個人的に受け取らなくなるでしょう。この批評家に対して恐れを募らせないようにしてください。それは、自らの意思を持つ真のアイデンティティでも、内側に住む敵でもありません。単に、自分をネガティブな思考パターンから切り離すためにあなたが創造した、シンボルにすぎないのです。

この内なる批評家に抵抗してはいけません。なぜなら、私たちが抵抗するものは何であれ、持続してしまうからです。内なる批評家に抵抗すれば、それを強めるだけです。それが現れたら心の中で挨拶をし、その言葉を真剣に受け止めないようにしましょう。言いたいことを言わせてから、「教えてくれてありがとう」と言うのです。その批評家との話が終わったら、自分について好ましく感じるところを十個挙げてエネルギーを変えてください。

もう一つのいい方法は、ネガティブなもの一つに対してポジティブなものを二つ考えることです。あなたのマインドが自分や他人についてネガティブなことを言うのが聞こえたら、批判されたもののポジティブなところを二つ見つけるのです。

たとえば「こんなにたくさんある自分のシワが嫌い」という声が聞こえたら、「私の目の色が好き」「深く物事を考える自分が好き」のように言います。たとえ内なる批評家があなたより大きく感じられても、現実はそうではないことを覚えていましょう。それは、単なる幻想なのです。この批評家は、あなたという存在の小さな一片にすぎません。

自己不信を破壊する

疑いとはまさに、信頼のもう一つの形――すなわち、ネガティブな結果に対する信頼です。自己不信は、あなたの成功を邪魔している自己嫌悪だと言えるでしょう。それは、「私は十分ではない」という信念の縮図です。もしあなたが自己不信に苦しんでいるなら、それを認めて光の中へと導きましょう。その存在を認め、理解してあげてください。自己不信があるのを無視したり否定したりしていると、それは密かに働いて、あなたの能力を制限してしまいます。

ですから、時間をとって、何が自己不信を招いたのか、それはなぜなのかを考えてみてください。関係する過去の出来事へと遡ることができますか？「私は何を恐れているのだろうか？」と自問してみましょう。そして、自分の疑いを乗り越えるために段階的な戦略を立ててください。もっと自信を持つために自分にできる行動は何かを考えて、最初の一歩を踏み出すのです。

自己不信のために有効なもう一つのツールは、置き換えです。たとえば「私は可愛くない」という言葉が浮かんできたら、それを「私は可愛い」に変えてください。そして、それが元の言葉と同じくらい、あるいはそれよりも真実だと思えるような、十通りの理由を考えてください。これには創造的な思考が必要です。マインドのゲームだと思ってやってみましょう。

あなたは裁判所の被告側弁護士で、逆の供述が真実であることを証明するのが仕事です。自己不信と闘っている自分を発見したら、あなたの成功を邪魔しているのは巨大な怪物ではないことを思い出してください。それは、成功の途中で出会ったスピードバンプ（自動車を減速させるための路上の段差）にすぎません。無限の可能性からなる宇宙において、不可能なことは何もないのです。

自責の念は必要ない

自責の念とは、起こったことが何であれ、すべて自分の落ち度だと思う態度のことです。あなたがこのような態度をとっているとしたら、実際よりも多くの責任を引き受けているはずです。つまり、その状況において、自分の責任だけでなく他人の責任もとっているということです。

もしあなたが自責の念で苦闘しているなら、間違いは日々誰にでも起こっていることに気づいてください。歩き方を学ぶ時には転ぶのが避けられないように、間違いも学びの重要な部分なのです。前に進まずにずっと自分を責めていれば、よりよい世界で暮らすことはできないでしょう。その代わりに、悲惨な、機能不全の世界に生き続けることになります。

間違いはすでに起こってしまったことで、それを変えるためにできることは何もありません。どんなに自分を責めたところで変わらないでしょう。正直に自分に尋ねてください。「自分を責めることで、どんないいことがあるだろうか？」。それから、自分に謝ったり許したりするなど、あなたの気分がよくなる償い方を考えましょう。あなたは間違いから学び、人生を違うふうに生きる選択ができるのです。でも、自分を責めながら達成できることは何もありません。

自責の念は、自己処罰や自己虐待よりひどいものです。ですから、前に進み、自分自身についてよく思えるように、あらゆる方法を用いましょう。自分を責める人は自己批判でも苦しんでいますから、内なる批評家から離れるために、すでに提案した方法を試してみてください。

自暴自棄的な衝動に気をつける

自暴自棄とは、積極的な行為を伴う自己嫌悪です。おそらく自分を傷つけるあらゆるものの中で、最も身体的なものです。自暴自棄的になっている時、私たちは実際に自分が必要とし、望んでいるのとは正反対の環境に身を置くでしょう。

もしあなたが自暴自棄的な衝動に苦しんでいるなら、どのように自分自身を虐待し傷つけているか、確かめてください。もしも変わりたいなら、あなたがしていることは自分を破壊する行為なのだと理解しなければなりません。さらには、自ら変わりたいと望まなければなりません。なぜなら、「願望がない」というのは変化を起こすための燃料が欠乏している状態だからです。それでは何も起こらないでしょう。

自暴自棄的な習慣を手放すために最も重要なのは、その背後にあるものを理解することです。自己虐待を繰り返すのは、たいてい現実逃避の一つの現れです。ですから、内側を見つめる時間をとって、自分の人生と幸せに責任を持つようにしてください。

自分の人生を観察し、自分に尋ねましょう。「私は何から逃げているのだろうか?」「自分に対処できないと感じているのは何の問題だろうか?」「この行動によって何が達成できるのだろうか?」。これらの質問に対する答えが、あなたが注目する必要のあるものを教えてくれます。私たちは、自分が意識を向けて癒す必要のあるものを、自暴自棄的な行動で覆い隠しているのです。

自己憐憫の真実

自己を哀れむことは、被害者意識の究極的な形です。これは、自分に屈辱を与え、自分の可能性を無視し、自分の力を認めようとしない破壊的な行為です。あなたがもしそんな状態で苦しんでいたとしても、それは決してあなただけではありません。自己憐憫は、自己破壊行動の最も難しい形態の一つなのです。なぜなら、社会の自己憐憫に対する見方が癒しの邪魔をしているからです。「もう立ち直りなさい」と考える私たちの社会は自己憐憫を哀れなものだと見ており、それは自己中心的な甘え、恥ずかしいもののように思われています。

もし自己憐憫に苦しんでいても、それについて罪悪感を抱いたり、自分を責めたりする必要はありません。そのことによってあなたが哀れな人や悪い人になるわけではなく、あなたが必要とする愛を自分自身に与えていないというだけのことです。あなたは自分が無力で無能だと感じているということでしょう。あなたは自分が持つ力や価値に注目するのではなく、自分のことを敗者として眺めているのです。そのような行為が、あなたの望むものを手に入れる邪魔をしています。

次回自分をかわいそうだと感じていることに気づいた時は、自分はそのように感じるだけの価値があると認めてください。そう感じることは正しいという事実を認めてください。それを他人に認めてもらう必要はありません。今の自分をそのまま認めて、あなたが被害者意識から抜け出て力を発揮できるようになる積極的な行為を見つけるのです。それが、自分の最も高次の幸せと一つになって生きることの助けになるでしょう。

もしあなたが自分をかわいそうに感じるような状況にいるなら、次のような質問をして自分の力を取り戻してください。

1. どうして私はこの状況を引き寄せてしまったのだろうか？（自分を責める方法を探すのではなく、それを生み出した時のあなたのパワーを探してください）
2. 私はこのことから何を学ぶことになっているのだろうか？
3. この苦しみは私に何を知らせようとしているのだろうか？
4. これから私にどんなポジティブなことがやってくるのだろうか？
5. 今ここで物事をよりよい状態に変えるために、私に何ができるだろうか？

あなたには、自分をいい気分にさせる力があります。あなたは素晴らしい存在であり、夢に見ることは何でもできるでしょう。あなたからそれを奪い取ることは誰にもできません。なぜなら、あなたの心をコントロールできる人は存在しないからです。

自分から奪うのはやめる

自己剥奪は、自分に楽しみを与えない行為です。これは、あなたの望むものが何であれ、自分はそれを受け取るのにふさわしくないと考えていることの表れです。楽しみなどを自分自身から奪っている時、あなたは自分には最善のものを得る価値がない、ほしいものを手に入れる価値がない、自分は幸せや愛を得るのにふさわしくないと考えています。

もしこのような苦闘をしているなら、あなたは自己愛と利己主義の区別がついていないのでしょう。これについてはツール17ですでに説明しているので、ぜひもう一度読み直してください。自己剥奪は依存症のようなものだと理解することが大切です。私たちは自分から取り上げることで〝よい人〟になったように感じ、その結果として得られる自尊心の虜になるのです。それは、麻薬中毒者が麻薬を摂取した時の安らいだ気持ちに溺れてしまうのと同じです。

でも、この感情にだまされないでください。自分から取り上げる行為はあなたの人生を破壊します。それは真の自尊心の粗末な代用品にすぎず、あなたをダメにするものです。あなたが自分から奪うのをやめた時、現実から引きこもったり罪悪感を抱くようなことが起きても驚かないでください。そうなったとしても、実行する価値はあるのです。続けていけばやがてその変化に慣れていき、自分に対して愛を示すことが気持ちよくなることでしょう。

自分の価値を否定しない

自己卑下は自分の価値を否定する、〝過小評価〟という形の自己破壊行為です。自分を軽視している時、私たちは自分の価値を低く評価し、他人と比較して自分は劣っているという態度をとります。さらに、自分の価値に対するいかなる注目もなかったものにします。

もしあなたが自己卑下によって苦しんでいるなら、次のことを理解してください。自己卑下とは、自尊心に打撃を与えないように、自分に対する他人の見方を操作するための手段です。この回避行為の背後にある基本戦略は、先制攻撃を仕掛ける――つまり、人からされる前に自ら自分の弱点に対して攻撃しようというものです。

あなたが他人の前で自分を過小評価するのは、「先に自分を攻撃しておけば、人はそうしようとは思わないはず。むしろほめ言葉をくれるだろう」と気づいているからです。このように、あなたは他人から愛を得るために自分を過小評価している可能性があります。このパターンを理解し、それによって得られるものはないと結論づけるまで、あなたはそれをやり続けるでしょう。

自己卑下は多くの場合、子供の頃に周囲の大人から不当なほど高い期待をされたことに起因します。その高い期待に添えなかった時、「自分は十分ではない」という思いが生まれたのです。基準を満たせなかった初期の頃の経験から、私たちは「自分は欠点のある不適切な人間だ」と感じるようになりました。そのために、恥という土台の上に人格を作り上げ、自分は不十分だという恐れにつきまとわれるようになったのです。自分は何かを受け取るのに値するという考えと激しく闘っていることに、ここであなたは気づくかもしれません。

他人から不十分だと思われることへの恐れによって、私たちは常に先延ばしするようになります。ぐずぐず引き延ばすことは、成功に伴う高い期待から私たちを守ってくれるからです。私たちは、失敗を恐れて先延ばしするのではなく、挑戦を避けることで自分の限界と直面しないようにしているのです。私たちは自分が不十分だと思われるのを恐れているので、注目を引かないようにし、他人から期待されないようにします。失敗した時に激しい反発がないように、前もって謝ろうとするかもしれません。心から自分は不十分だと思っていて、自分にいいところがあるとはまったく信じていないのです。たとえほめられたとしても、その言葉を信じることはできないでしょう。

もしあなたが自己卑下しているなら、自分に誇りが持てて、気持ちよく感じられることに注意を向けることが大切です。何かプロジェクトを始める前に自分を批判したい気持ちが生じたら、しようとしていることが何であれ、「その結果に語ってもらおう」と自分に誓いましょう。自分のことをほめたり謙遜したりする必要はありません。最も重要なのは、自分についての考えを改善するような行動を起こすことです。

おごれる者は久しからず

自己破壊的な行為の八番目の形態はプライドですが、それはナルシシズムというマスクの下に隠れていることがよくあります。プライドは、あなたが他人より優れているという信念によるものです。一般に信じられているのとは異なり、プライドとナルシシズムは自己愛の形態ではありません。実際、それはまったく反対のものです。私たちは自分にひどく自信がない時、それを過剰補償する方法として高いプライドを持つようになります。

この過剰補償は、自己破壊の一つの形になります。なぜなら、プライドは「自分は怖がっていて、一人きりで、自信がない」という本当の声を黙らせるだけでなく、周囲の人々までも追い払ってしまうからです。プライドは愛や注目や崇拝をもたらすどころか人からの拒絶を招き、それによって、私たちは見捨てられたように感じることになるでしょう。

プライドは傲慢さやうぬぼれ、自己陶酔としても知られますが、あなたがそのようなものと闘っているなら、それがどこから来たのか理解することが大切です。プライドも自己卑下と同様に、自尊心に打撃が与えられないように自分に対する他人の認識を操作するための手段です。この回避行為の背後にある基本戦略は、自分の特別さや完璧さをしゃべり続けることによって、他人の注意をあなたの不安や弱さからそらすというものです。自分には価値がないと感じるのを避けるための方法が、自慢話といううわべだけの厚いコートで自分の不安を隠すことしか見つからないのです。

プライドに苦しむ人はほとんどの場合、子供時代に両親のような大切な人から批判されたり、否認されたりする経験をしています。彼らは幼い頃、自分に与えられる報酬や罰は大人がどのように自分を認識したかの結果だと理解しました。それゆえ、自分を完璧で素晴らしいと見てもらえるように周囲の大人を操作しようと思い始めたのです。彼らは、そうすることでもっと多くの愛がもらえると思っています。限られたポジティブな注目を得るためなら、他人の悪口さえ言うでしょう。

プライドは、必ずしも明らかなやり方で現れるとは限りません。たとえば「こんなにたくさんラブレターをもらってうんざり。もういい加減にしてほしいわ」といった不満の言葉でプライドを覆っている人もいます。このような言葉は、自慢ではなく慎み深いものに思われるかもしれません。でも実は、他人が私たちを特別で素晴らしい人だと結論づけるよう意図されたものなのです。もしあなたがプライドと悪戦苦闘しているなら、自分の実際の不安に光を照らしてあげてください。「私は何を恐れているのだろうか？」と自分に問いましょう。自分に正直になり、あなたの本当の姿を知ってください。

もし自分の完全なところしか愛せなければ、私たちは自分を本当に愛することはできません。ですから、不完全なものも受け入れることを学ばなければなりません。自分の不完全さを認められるほど寛大になった時、他人も私たちのことをもっと好きになるでしょう。何より、一日中うわべを取り繕う毎日を続けるのは、骨が折れるに決まっています！

人にどう思われるかを気にする心理

人は誰でも、自分自身や他人についてネガティブな思いを抱くことがあります。あなたが他人の意見を気にしている時、彼らも同じように人の意見について気にしていることを思い出してください。彼らもまた、あなたにどう思われているかを心配しているかもしれないのです。それに、たとえ誰かがあなたのことをネガティブに思ったとしても、それが世の終わりというわけではありません。「誰かが私のことを悪く考えていたら、一体何が起こるというのだろうか？」と自分に尋ねてください。もし他人があなたについてどう思っているかを心配するのをやめたいなら、あなたが何を癒す必要があるのか、この質問への答えが教えてくれるでしょう。

他人が考えていることに気をもむのはとても一般的なことです。それは、愛され、受け入れられたいというニーズから生じるものです。ですから、他人の考えに対する心配を手放すには――特にプライドを手放すには――自分を愛して受け入れる方へと少しずつ進んでいくことです。

自分を愛することに取り組み始めると、「自分の最も高次の幸せのために生きる」と約束しなければならない時が必ずやってきます。その時、自己破壊的な思考や行動を手放すのは避けられないでしょう。そして、まさに今が、それをする時なのです。

これは、一晩で起こることではありません。一気にすべてをしようとする必要はありません。

少しずつ自己破壊的な行動を自分の助けになる行動に置き換えていけば、あなたは自分を痛めつけなくなるところへたどり着けるでしょう。あなたはこの変化を恐れているかもしれませんが、あなたには準備ができています。自分の最も高次の幸せに役立つ選択をする覚悟、自分を愛する準備がすでにできているのです。

ツール26 ガラクタを一掃する

自分の中にスペースを作る

あなたの中には、自分を愛するための十分なスペースがありますか？　もしないようなら、そのためのスペースを作るという大切な一歩を踏み出しましょう。それは象徴的な一歩で、ガラクタを捨てるようなものです。この場合のガラクタとは、あなたの理想とする生活のビジョンを邪魔しているものと定義できるでしょう。

あなたの役に立たないものを人生から一掃するのは容易なことではありません。そのためには勇気が必要です。人生がガラクタでいっぱいだと自己愛が入り込む余地がない、というのが事実です。次のように考えてみてください。もしあなたの最善の幸せに役立たないものでスペースが占領されていれば、それだけ役に立つものの置き場が少なくなります。心や身体であれ、タンスや家であれ、同じことが言えるでしょう。

まずは、自分の生活を客観的に見ることから始めてください。あなたの身体は太りすぎではありませんか？　頭が混乱していませんか？　住まいは散らかっていませんか？　予定がいっぱいすぎませんか？　あなたの幸せに役立たないものはありませんか？　自分の人生を見渡しながら、次のように尋ねてください。「この思考、人物、場所、物は私が望んでいる生活のビジョンに近づけてくれるだろうか？」。もし答えがイエスなら、そのままでかまいません。でも、多くの場合はノーという答えが響き渡ることでしょう。もしそうなら、「これ（その対象）は私の人生で何をしているのだろう？」と正直に自分に問いましょう。その洞察を得たら、すぐ行動に移してください。自分にもう必要のないものは処分する時です。

あなたの幸せに役立たない古い物や古い習慣、古い信念や人々を一掃したら、スペースが生まれます。この新しいスペースは、自分の幸せに役立つものでそこを満たすようにというあなたへの招待状です。この本の大半では、あなたの意識や身体にもはや役立たなくなった内側の古いものを取り除き、別のものに置き換えるということについてお伝えしています。今こそ、あなたの現実の外側にある別の側面に目を向ける時なのです。

自分の持ち物を整理する

では、あなたの生活の物質的側面から始めていきます。自分の周りのガラクタを片づけましょう。ガラクタとは、あなたの理想的な生活の実現を邪魔するものであることを思い出してください。もしあなたの現実が物質的にごちゃごちゃしているなら、それはあなたの内面を映し出しています。もしあなたの物質的現実が殺風景で、コントロールされた退屈なものなら、それもまたあなたの内面を映し出しています。

物質的な世界は自分の意識が映し出されたものですから、自分の幸せや健康に役立つ環境を創造することは、紛れもなく自分を愛する行為です。おそらくそれは、タンスの中を整理したり、部屋の壁を好きな色に塗ったり、汚れた車を洗ったり、車庫の中を整理したり、家具の位置を変えたりするといった簡単なことでしょう。でもひょっとすると、生活空間をすべて変えることになるかもしれません。自分の最も高次の幸せにとって何が役立ち、何が役立たないのかについて、正直になってください。

気が重いかもしれませんが、どこかで始めなければなりません。あなたが片づけているスペースにある一つひとつの物をじっくり見ながら、次のように自分に尋ねましょう。「これは私の最も高次の幸せに役立っているだろうか？　これは私に幸せを与えてくれるだろうか？　これは私が望む生活のビジョンに近づいたと感じさせてくれるだろうか?」。もし答えがイエスなら、そのままにしておいてください。もし答えがノーなら、それを手放す時です。

「まだ捨てる準備はできていないけれど、自分の幸せのビジョンには合わない」とわかっている物は、箱に入れて押し入れにしまい、後で決断することにしましょう。そして、今ここで幸せになることが、あなたの持つすべての〝物〟よりも重要であることを覚えていてください。

私たちの中には、物質的なガラクタに囲まれている人もいれば、何もないことでスペースが乱れている人もいます。これは矛盾しているように聞こえるかもしれませんが、実はそうではありません。強迫性障害になり、乱雑さの代わりに、統制された単調で生命感のない世界を創造する人もいるのです。もしあなたの環境が面白みも動きもないようなものなら、ポジティブな感情を持てるものを加えて活気を与えてください。今こそ、あなたが思い描く最高の生活を映し出すような現実を創造しましょう。

有害な人に別れを告げる

続いて、自分の人生にいる人々についても調べましょう。自分自身を愛していないと、私たちは自分を嫌いにさせるような人を引き寄せてしまいがちです。あなたの幸せに役立っていないような人はいませんか？　あなたを助けるのではなく、弱らせたり利用したりする人はいませんか？自分の幸せに役立たない人との関係を終わらせたいと感じているなら、今がその時です。特に、虐待するような人との関係を終わらせることが重要です。

自分の人生にいる人を切り捨てるのを正しくないように感じるなら、相手に対してあなたの感じていることを正直に言った方がいいかもしれません。ただし、あなたが自分によく似た人たちを引き寄せているということを、頭に入れておいてください。彼らは自信がないので、あなたからのメッセージを受け取ると、防御の姿勢に入るでしょう。

ですから、相手を責めるような言い方は避けてください。ただあなたがどんなふうに感じているかを話すのです。彼らはあなたの言うことを受け入れてくれない、あるいはあなたの望むような反応をしないかもしれませんが、それは問題ではないことを覚えていてください。あなたは彼らの愛がほしくて自分を表現しているのではなく、彼らのためにそうしているわけでもありません。あなたは、自分のためにそうしているのです。

ストレスはガラクタ

自己愛のために、あなたの生活から取り除くべき最も重要なものはストレスです。なぜなら、ストレスはガラクタだからです。ストレスは純粋な抵抗です。ストレスを感じたら、「私が抵抗しているのは何だろう?」と自分に尋ねましょう。

一般的に信じられているのとは異なり、ストレスは環境——時間がないとか、物をしまう場所がないとか、誰も助けてくれないというような状況など——によって引き起こされるわけではありません。私たちは多くのことをストレスのせいにしていますが、ストレスは、環境に対する自分の思考の結果として生じるのです。

ストレスに満ちた思考を手放すには、それを認識して、追い払わなければなりません。そのためには、まず自分がどのように感じているのかに注意を払います。ネガティブな感情に気づいたら、「どんな思考が心の中を通過しているだろうか?」と自分に尋ねましょう。もし自分の思考に波長を合わせるのが難しければ、時間を遡って考え、最初に嫌な感じがした状況を確かめます。それから、「その状況について、私はどんな思考を抱いていただろうか?」と自問しましょう。

ネガティブな思考を識別できたら、その思考の一つを選んでください。あなたの心からネガティブな思考を取り除く一番いい方法は、「この思考がなかったら、私はどんな人間になるだろうか?」

と自分に問うことです。そのネガティブな思考を持つ能力がないとしたら、あなたとあなたの人生はどんなふうになるか、しばらくイメージしてみてください。

次に、その思考を新しいものに置き換えて、「どうすれば、新しい思考が元の思考よりももっと真実になるだろうか?」と尋ねてください。たとえば「私は今日中にこれをすべてやり終えなければならない」という思考であれば、まずそれを置き換えて「私は今日中にそれをやり終える必要はない」と考えてみます。それから、この新しい文章を支持するあらゆる証拠を探すのです。

では、今日中にすべてやり終える必要がないことを支持する証拠の例を挙げてみましょう。

1. 私は自分にこのプレッシャーをかける唯一の人間だ。私がそれをやり終えなければならないと決めたのだから、私にはこの期待から自分を解放するという選択もできる。
2. この仕事を終えた瞬間、私は次にやらなければならない別の仕事を見つけるだろう。だから、実際にすべてをやり終えることなど不可能だ。
3. もし今日中にそれをやり終えようとすれば、ストレスから病気になり、他のことは何もできなくなるだろう。だから、もし私にそれをする力がなければ、今日中にすべてやり終える必要はない。

4．もし今日それをすべてやり終えなかったとしても、私は死なないだろう。だから、これは生きるか死ぬかという状況ではない。

あなたにストレスを与える思考とは逆のものを支持する証拠を、できるだけたくさん考えてみてください。あなたにストレスを引き起こすものが何であれ、それについて気分がよくなるような思考を選びましょう。ストレスを減らすような思考があなたの抵抗を和らげてくれ、結果として、あなたに幸せがもたらされます。

今この瞬間を生きる

ほとんどの人が、生産性という考えにのめり込んでいます。なぜなら、私たちは生産性が人を成功させると思っているからです。私たちは「成功とは、自己価値や他人からの注目、究極的には愛をもたらすものだ」と考えるように条件づけられています。それが、私たちの生活に混乱を招いているのです。私たちはいつも先のことばかり考えています。このことが心配とストレスのサイクルを生み出し、現実的にコントロールできる唯一のもの、すなわち「今この瞬間」を経験できなくさせてしまっています。

今この瞬間に集中することは、生活からストレスを一掃する最もいい方法の一つです。その時、あなたは今という瞬間から過去や未来のガラクタを取り除いています。

毎日、「今」に戻る練習をしましょう。自分のストレスの感覚を認識できれば、ストレスを引き金として利用することもできるでしょう。次に紹介するエクササイズをやってみてください。

1. 引き金が引かれたと感じたら――つまり、ストレスを最初に感じたら――、それを今この瞬間に戻るためのきっかけとして使います。

2. 思考から注意をそらし、今この瞬間自分の周りにあるものに集中してください。何回か深い呼吸をして、吸ったり吐いたりすることだけに注意を向けましょう。呼吸に集中すれば、直ちに今に戻れるはずです。

3. 自分の五感に波長を合わせてください。今あなたの目の前にあるものを見てください。周囲の音に耳を澄ませましょう。どんな香りがするか嗅いでください。着ている服の布の感触や床を踏みしめている感じを味わいましょう。あなたが存在するまさにこの瞬間の経験とつながってください。

4. 目を閉じて、今この瞬間自分の内部で起こっていることに集中します。たとえば身体をスキャンして、各部分がどのように感じているかに波長を合わせてみましょう。足先から順に、脚、骨盤、胸、首、頭、腕、手……と注意を移していきます。何も判断せずに、身体の各部分に波長を合わせた時の感覚とともにいてください。

5. 次に、今この瞬間の感情に波長を合わせましょう。何の判断もせずに、あなたが感じていることとともにいてください。そして、それを観察します。

生活をシンプルにする

自分の生活を整理しようとする時、やり方によってはストレスになってしまい、ますます散らかった状態を招くかもしれません。では、いい解決法は何でしょうか？　それは、生活をシンプルにすることです。そのためには、ゴールよりもプロセスがとても重要になってきます。なぜなら、生活を本当にシンプルにするには、自分の優先順位を考え直し、時間をかけて修正していく必要があるからです。生活をシンプルにする際の最初の目標は、あなたにとって何が最重要かを識別し、最も優先順位の高いものにまず取り組むことです。この時、自分にとって重要でないものはすべて除外してください。

生活が複雑になればなるほど、ストレスを感じるようになります。ですから、生活のあらゆる面をシンプルにしていきましょう。義務、仕事、財政、スケジュール、人間関係、環境、目標など、あらゆる面をです。自分の直感を信じてください。生活のどの領域をシンプルにする必要があるのか、あなたはすでに知っているはずです。もしわからなければ、生活のどの領域が最もストレスになっているのか、自分に尋ねてください。そこが、シンプルにする必要のある部分です。生活をシンプルにする際の目標は、不必要なものを生活から取り除くことです。あなたの幸せに役立つものは必需品であることを忘れないようにしましょう。

シンプルな生活の支持者は、最小限の物しか持たない〝ミニマリスト〟になる必要があると主張しますが、それは事実ではありません。彼らの幸せは最小限の物だけで生きることであり、それはそれでかまいません。それをあなたが好むなら、気高い生き方と言えるでしょう。でも、もしかするとあなたは、この世界が提供する豪華なものに囲まれた時に最も幸せを感じるかもしれません。とすると、ミニマリズムの域まで生活を簡素化するのはおそらくシンプルに生きたい願望からではなく、そのように生きるべきだという思いからということになるでしょう。快適さを楽しみたい人にとって、ミニマリズムは剥奪感を味わう経験にしかなりません。

これまでのところをまとめるなら、自分を愛する人の生活には、自分の幸せに役立たないものを置く場所はありません。そのようなものを一掃する時間をとれば、あなたの役に立つもののためのスペースができるのです。まもなくその場所に、新しい物事やアイディア、新しい人たちが引き寄せられてくるはずです。そして、自分の幸せに役立つものに囲まれて、あなたの考えうる最高の幸せを創造できるでしょう。

ツール27 インナーチャイルドを受け入れる

生き続けている子供時代のストーリー

かつては誰もが子供でした。子供の頃、あなたは未来の生活の基盤を築いたのですが、それはあなたが学んだレッスン、受け入れた信念、子供として経験したことに基づいたものでした。このようなレッスンや信念や経験には素晴らしいものもありますが、あなたの自己概念にトラウマを与えるような、有害なものも含まれます。

やがて私たちは大人になり、子供の頃のストーリーは終わったと思います。けれど、実はそうではありません。子供は、私たちの中にまだ生きているのです。その子の知覚や信念が、私たちの考えや感じ方、行動の仕方に影響を与えています。子供の頃、辛い出来事に遭った時、私たちはどのように対処していいのかわからず、その苦しみから抜け出せなくなりました。CDに傷がつくと音飛びするように、私たち本来の全体性はそこから前に進むことができなくなってしまったのです。こうして昔の思考や感情や経験が自分の中で凍結してしまい、多くの人はこの苦しみの感情を無視したり、抑圧したりしながらなんとか日々を過ごしています。

あまりにも辛すぎると、精神機能を維持するために、自分の中にある痛みを経験した部分と関係を絶ってしまう場合さえあります。要するに、内なる自分を葬り去るのです。当時は確かに役立つ対処メカニズムだったかもしれませんが、痛みを押さえつけることは最終的に、自分を殺しかねません。自ら勇気を持って、内側で動けずにいる子供に意識を向け直した時、初めてその痛みは癒されるでしょう。私たちは、この子供が言っていることに耳を傾け、彼らを愛する必要があるのです。

どんなに愛されて育とうと、まったく愛されずに育とうと、誰もが自分の内側に子供だった頃の本質を維持しています。私たちには成長する部分と、子供のままの部分があるのです。子供の部分、すなわちインナーチャイルドは、私たちの感情的自己のシンボルです。あなたは子供の時に必要なものを得られずに成長しました。それを癒す鍵を握るのは、大人のあなたなのです。

インナーチャイルドをお世話する

もし他人が愛に満ちたやり方であなたの未発達の部分を育んでくれるのを待っているなら、あなたは感情的にずっと孤児のままでしょう。誰かが自分を救ってくれるのを待っていれば、無力のままでいるしかありません。それではいつまでも癒されないでしょう。

自分自身の癒しを促す最もいい方法は、自分に内在する子供を意識的にお世話することです。自分は無力で愛されていないと感じて怯えている、あなたの子供の部分を愛することから始めましょう。

そのための、とても効果的な方法があります。自分の子供時代の写真を探してください。それをじっくりと眺めた時、どんな感じがしますか？　その写真は子供の頃の自分について何を語っていますか？　当時あなたが感じていた真実を表していますか？　それとも、大人として維持しなければならない見せかけの自分を表していますか？

写真を一枚選んで額縁に入れ、毎日見られるところに飾っておけば、自分の中の子供が愛を必要としていることを思い出せるでしょう。もし写真が見つからなければ、子供時代の自分を想像してみてください。どんな感じに見えますか？　あなたの世界はどんなだったか、子供としてどう感じていたか、思い出しましょう。

実際の写真でも心の中のイメージでもかまわないので、その子供がいつもあなたと一緒にいると思ってください。自分に対して有害な決断をしそうになったら、「自分の中にいる子供に対して、私はこんなことをするだろうか？」と自問してみましょう。毎日自分に対してしていることは、インナーチャイルドに対してしているのと同じことだと理解することが重要です。

インナーチャイルドと対話を続けることも、とても役に立ちます。一日を通してインナーチャイルドに話しかけ、元気かどうかチェックしましょう。どう感じて何を考えているか、その子に尋ねてください。何が必要で、何がほしいか聞いてみましょう。大人のあなたがすべきことについて、アドバイスをお願いしてもいいかもしれません。

子供はとても率直で、曇りのない澄んだ視点を持っています。ですから、彼らの意見は私たちの幻想を打ち破る貴重なものなのです。インナーチャイルドと対話する時、あなたは真の感情を表現しようとしています。もし自分の思考や感情を抑圧する習慣が身についているなら、今ここでインナーチャイルドがそれを表現することを許しましょう。

インナーチャイルドとのワーク

では、内なる子供とさらに深くワークをしていきましょう。紙を二枚とペンを用意して、あなたのそばに置いてください。

＊　＊　＊

目を閉じて、安全な場所をイメージしましょう。草原のような場所でも、空想的な景色でもかまいません。屋内でも、屋外でもいいでしょう。できるだけ細かなところまで想像してください。その場所が安全で、素晴らしい感じがすることを確かめます。

では、この安全な場所のどこかに子供時代の自分がいると想像しましょう。あなたは遠くから子供時代の自分を見ています。その子は何才くらいですか？　何をしていますか？　どんな印象ですか？　幸せそうですか、それとも悲しそうですか？　少しの間、その子をただ観察してください。

準備ができたら子供のところへ歩み寄り、自己紹介をしましょう。あなたがどんなに愛しているかを伝えてください。もう怖れる必要はなく、言いたいことは何でも言っていいと言ってあげましょう。そして、あなたに知ってほしいことを表現するように伝えてください。それから、一つになろうと誘い、抱きしめてくれるようお願いしましょう。その子があなたを抱きしめた時、子供があなたと融合していき、あなたの身体の一部になる様子を想像してください。

それでは目を開けて、一枚目の紙とペンをとってください。利き手ではない手でペンを持ち、あなたと一つになった子供に、自分の人生の絵を描いてもらいましょう。子供の思うままに描いてもらいます。邪魔せずに、絵を通して自分を表現させるのです。その絵が芸術的に素晴らしいことを期待しないでください。それは単なる一つの表現です。子供が描いているものに対して何の判断もしないようにしましょう。あなたの手を使って、ただ描いてもらってください。子供が描き終えたらその絵を脇に置き、二枚目の紙を用意します。

再び、利き手でない方の手を使って、今度は手紙を書くように頼みましょう。あなたに言う必要のあること、言いたいことを何でも書いていいと伝えてください。無理やり書かせるのではなく、愛にあふれた方法で促しましょう。子供の気が進まないようなら、その子が自分自身を表現できると思えるように、導いてあげる必要があるかもしれません。

子供が書き始めたら、邪魔をしないで、自分の手から言葉が流れ出るままにしておきましょう。書き終えた感じがしたら、質問を始めます。やり方としては、質問をして、利き手でない方の手を使って子供に答えてもらいます。質問の例を挙げましょう。「今日はどんな気分?」「何について考えている?」「何を恐れている?」「必要なものは何?」「何がほしい?」「父親についてどう思っている？」「母親についてはどう？」「兄弟や姉妹についてはどう思う？」「私のどんなところを変えてほしい？」「あなたのために何をしてほしい？」。答えについては頭で考えないようにし、自然にやってくるのに任せましょう。あなたが受け取る答えは、とても子供じみたものかもしれません。

子供があなたの質問に答え終わったら、目を閉じて、自分が安全な場所に戻ったところを想像してください。子供に、あなたから離れるようにお願いしましょう。

では、再びあなたの前に子供が立っているとイメージしてください。子供の背の高さまでしゃがみ、両手をとって、勇気を出して伝えてくれたことに感謝してください。彼らが恐れていたことはすべて終わり、もう勇敢である必要はないと教えてあげましょう。

それから、彼らに何かほしいものはないかと尋ねてください。頼まれたものは何でも与えてあげましょう。たとえばもう二度とあなたに置き去りにされたくないという望みなら、「決してそばを離れないから、話したい時にはいつでも話していい」と約束してください。もしおもちゃがほしいならおもちゃをあげて、子供がそれで遊ぶのを眺めていましょう。子供が疲れたら、温かなベッドに寝かせてください。

あなたと子供が次に会う時まで別れる準備ができたら、彼らに言っておきたいことを話してください。そして、子供を抱きしめましょう。その子が望むだけ抱きしめてあげてください。あなたがいつでもそばにいることを伝え、安心させましょう。そして、子供が眠りに落ちる様子や遊びに出かける様子を思い描きましょう。

ゆっくりした深い呼吸を四回してから、あなたの注意を部屋の中へと戻します。目を開けたら、子供が描いた絵と手紙を見てください。あなたのインナーチャイルドが用いたイメージや言葉の中に隠れている意味を探しましょう。どんな印象を受けましたか？　自分自身について何か発見しましたか？　自分のインナーチャイルドに対してどのように感じますか？　子供時代の感情を大人になった今も持ち続けていることがわかったでしょうか？

＊　＊　＊

自分がどう感じているのかはっきりと知りたいと思ったら、いつでもこのテクニックを使えます。なぜなら、子供は感情的な自己を象徴的に表したものだからです。子供は私たちが表現する必要のあることを、正確に表してくれるでしょう。

時間をかけて知り合う

初めてインナーチャイルドとワークする時は、彼らの怒りの防御システムにぶつかったり、まったく反応が得られないこともあります。私たちを十分に信じられるようになるまで、子供は姿を見せないかもしれません。これまで彼らとつながりを持っていなかったのですから、当然でしょう。彼らは自分が必要とする愛やお世話を受けることに慣れていませんから、突然私たちが興味を示せば疑いを抱くのが当たり前なのです。

ですから、子供が自分を表現しても安全だと信じてくれるまで、あなたは何度かこのプロセスを行う必要があるでしょう。どうかあきらめずに続けてください。インナーチャイルドはあなたの愛を試してくるかもしれません。子供時代の自分に手紙を書き、「もっと早く来て、助けたりお世話をしてあげたりできずごめんなさい」と伝えることは、子供に心を開いてもらうのに役立ちます。インナーチャイルドに対して自分を表現する時は、できるだけ正直になってください。インナーチャイルドはどんな嘘でも見抜きます。彼らとワークを続けていけば、とても傷ついた疑り深いインナーチャイルドでさえやがては進んで自分を表現するようになり、ずっと願っていた愛を楽しめるようになるでしょう。

インナーチャイルドを受け入れると、自分の感情と結びつくことができます。これまで断ち切っていた自分の一部と再び一つになれるのです。そのことは、自分自身の世話をして、必要なものを自分に与えることの助けにもなるでしょう。世の中から退いていたあなたのその一部は、あなたの奥深くに存在しています。この子供時代のあなたは「世の中は安全ではなく、そこで自分のニーズを満たすことはできない」と結論づけ、隠れてしまったのです。

それを知らずに、このインナーチャイルドの感情を通してあなたは世の中とつながってきました。必死に大人のような振る舞いをしている傷ついた子供の見方によって、大部分を生きてきたのです。あなたのインナーチャイルドに、自分を表現し、ニーズを満たすための時間を少し与えてあげてください。その子がずっと望んでいた愛を与えるのです。そうすれば、インナーチャイルドと大人の自分を統合できるでしょう。その結果、これまで経験できなかった全体性の感覚がもたらされます。あなたは孤児のインナーチャイルドに、愛にあふれた家族を提供できるのです。自分を愛するとは、あなたが過去に与えてもらえなかったものを、自分に対して与えるということです。

ツール28 境界線を定める

境界線についての考え方

私たちが自分の境界線を引こうとする時、正しいか間違っているか、望ましいかどうか、他人が健全だと思うかどうかという知的な考えに従ってしまうと、とても難しくなるでしょう。それは結局、身体的な境界線、感情的な境界線、精神的な境界線、スピリチュアルな境界線、性的な境界線……と細分化されることになります。

私はこの概念を単純化し、理解しやすいように次のように考えました。あなたの境界線は、要は感情によって定められるのです。どんな種類の境界線であれ、それが侵害されたかどうかはあなたの感情が教えてくれるはずです。

たとえば誰かがあなたを傷つけるようなことを言ったら、それはその人があなたの感情の境界線を越えてきたという意味であり、あなたは心を痛めるでしょう。このことは、あなたが境界線を見直す必要があるか、あるいはもっとしっかり守る必要があることを示しています。境界線を越える別の例としては、誰かにパーティーへ誘われて、乗り気がしないのに行こうとするパターンもあります。気乗りしないのは、自分で境界線を越えたというサインです。常に自分の感情とつながっていることが重要だというのは、そういった理由からです。自分という人間や自分が望むものについて恥じている時、私たちの境界線は非常に弱くなっており、他人からも恥ずかしい思いをさせられることでしょう。

境界線を「その人の個性を定義づけ、幸福や人格、願望やニーズといった個人的な真実を宇宙の他の部分と区別する、想像上の線である」と考えることも、その理解に役立つでしょう。自分の感じていることに耳を傾けず、自分自身を尊重していない人は、自分の境界線を越えています。同じように、他人の感情を尊重していなければ、他人の境界線を越えているということです。これはとてもシンプルです。

ですから、心から耳を傾けること、感じることの練習が大切です。あなたの感情が何と言っているかにぜひ耳を傾けてください。それは、あなたの個人的な真実について話しています。個人的な真実は、あなた以外の誰にも定義できないものです。なぜなら、あなたの身体の中へ入ってあなたの代わりに感じることなど誰にもできないからです。

でも奇妙なことに、多くの人が他人の境界線を定めようとしています。社会も、私たちの境界線がどうあるべきかをずっと言い続けてきました。実のところ、あなたの境界線がしっかりしているかどうかはあなたが育った社会と密接に関係しているのです。

自分を見捨てるのをやめる

次の重要なポイントは、自分を信頼する学びは一つのプロセスであり、無理に急ぐものではないということです。もしあなたの人生が困難な課題、誤った道、あらゆる種類の苦痛にあふれているなら、突然目を覚まして「自分を信頼しよう」と決心できるものではありません。それよりむしろ、自分を愛すること、信じることができるようになるために、少しずつ考え方や生き方を変えていくことが必要不可欠です。

自己信頼への旅においてあなたにできる最も重要なことの一つは、自分を守るために健全な境界を作り、自分自身を頼りにすることです。自分を信じられなくなる理由は、あなたに自分自身を見捨てる傾向があるからです。それは、自分の感情に耳を傾けなかったり、尊重しないこと——つまり、境界線を越える行為によって起こります。あなたが自分を信頼していないなら、自分のネガティブな感情から逃げ出すこともよくあるはずです。自己信頼の目標は、「STop Abandoning Yourself（自分を見捨てるのをやめる）」の頭文字であるSTAYを学ぶことなのです。

あなたはネガティブな感情にどう対処していますか？　その感情から逃げ出していませんか？　あるがままのその感情とともにいられると言い切れますか？　ほとんどの人にとって、答えはノーでしょう。なぜなら、ネガティブな感情を抱き始める時はいつでも、自分の一部が逃げ出そうとすることへの不安と恐れが生じるからです。その一部が逃げ出さないように、あなたは異なる感情を抱こうと努力し続けることでしょう。

では、現実を直視しましょう。多くの人は、気分のいい時だけ自分と一緒にいたいと思っています。もし気分が悪ければ、気分を変えるために何かをするでしょう。時には、自分の感情から逃避するために、自己破壊的な嗜癖に耽ることもあります。それは、自分を見捨てるのと同じことです。

あなたは自分を見捨てるような人を信頼できますか？　答えは、もちろんノーでしょう。それならば、自分を信頼するには、ネガティブな感情を抱いた時に自分自身から逃げないことを証明する必要があります。それには自分の感情と向かい合い、無条件でありのままの自分と一緒にいることです。このやり方は、インターネット上の『Healing the Emotional Body』（感情体を癒す）という動画で教えています。

ネガティブな感情を経験している時に自分を見捨てる習慣を壊せたなら、いつも自分自身と一緒にいると信じられるようになるはずです。自分の中に、深い安らぎの感覚を得られるに違いありません。

あなたの境界線を明らかにする

自己啓発の専門家や心理学者は、健全な境界を築くことがいかに重要かを語るのが大好きです。けれど、そもそも境界線とは何なのでしょうか？　境界線は私たちが自分と世界をどのように関連づけるかというガイドラインであり、個人の信念や意見、態度、過去の経験、社会的な学びが混ざり合って構築された、その人の振る舞いに関するルールです。

個人的な境界線は、人との関係において、外からやってくるものと内から出ていくものの両方に影響します。個人的な境界線はまた、その人の好き嫌い、善悪についての考えを明らかにして個人を定義づける助けとなります。これらを明らかにすることは、自分に対する他人の接し方のうち、あなたが許せるものと許せないものを知るのに役立つでしょう。

ここで、あなたの境界線が健全ではない時のサインを紹介しましょう。

- イエスと言いたいのにノーと言ったり、ノーと言いたいのにイエスと言っている。
- ノーと言うと、罪悪感が湧く。
- 他人を喜ばすために、あなたの誠実さや価値観に反した行動をとる。
- 言いたいことがあるのに、はっきり言わない。
- 自分を受け入れてもらいたいために、他人の信念や考えに従う。
- あなたを不当に扱った人を非難しない。
- 自分が望んでいないのに、身体的接触や性的行為を受け入れる。
- 他人の願望やニーズを満たすために、何かを中断させられたり心を乱されたりするのを許す。
- 役に立つと思われたい気持ちから、尽くしすぎる。

◆他人の問題や苦労にあまりにも関わりすぎる。
◆人があなたに対して、あるいはあなたの目の前で不快になるようなことを言うのを許す。
◆人間関係において、自分の感情的なニーズをはっきり伝えない。

境界線の侵害に注意する

最大の問題は、他人があなたの境界線を侵害するということではなく、私たち自身が自分の境界線を侵害しているということです。私たちは他人に自分の境界線を侵害させることで、実は自分で自分の境界線を侵害しているのです。これは自分に対する裏切り行為です。もしあなたが自分の境界線を侵害するなら、あなたは自分を見捨て、自己嫌悪に支配を許したということです。

境界線の侵害といえばレイプのようなものを思い浮かべるかもしれませんが、そのほかに人が遠のくというパターンもあります。これは、あなたとつながりのある人が身を引いていくというようなケースです。感情的にとても傷つけられますから、これも境界線の侵害に含まれます。

でも実際、境界線の侵害とは一体どんなものなのでしょうか？　なぜ、一度境界線を定めてそれで終わりにできないのでしょうか？　それは私たちのほとんどが、子供の時に、恥ずかしさから本当の自分であることをやめてしまったためです。私たちは家族や社会に適合するために、周囲に受け入れられるアイデンティティ、つまり偽の自分を作らなければなりませんでした。それは、期待される人間になり本当の自分を恥じるという、生存のための戦略でした。もしあなたの両親があなたの価値を認めてくれないような人たちなら、あなたはおそらく健全な境界線は持っていないでしょう。自分の境界をいつも越えているか、そもそも境界などないかもしれません。

一般的なシナリオを紹介しましょう。子供は両親が働いてばかりで自分と一緒にいてくれないと、怒りを感じ始めます。そして、怒りを表現するものの、結局それは説得力を失うことになります。というのも、親が「私は他の親よりもあなたと多くの時間を過ごしているはずよ」と言ってくるからです。それを聞いた子供は、感謝していない自分のことを恥じるのです。そして、自分が感じたことは真実ではなく、自分の感情を恥じるべきだと学びます。

さらに子供は、怒りが受け入れてもらえないことも学びます。そうして、怒りを表現せずにいつも「ありがとう」と言う偽の自分を生み出すのです。時が経つと、ありのままの自分は幸せで、いつも感謝していると思い込むようになります。彼らは自分が心の奥底で怒っているという事実を決して認めようとはしません。

では、どうすれば偽の自分を生み出したことに気づけるでしょうか？　一つの方法は、他人からネガティブに思われるのを恐れていないかどうかを調べることです。自分に対して、次のような質問をしてみましょう。「自分が本当に望んでいるものをわかっているだろうか？」「自分が何を考え、何を信じ、どう感じるべきかを他人に決めさせていないだろうか？」「本当はしたくないことをして、ノーと言いたいのにイエスと言っていないだろうか？」「自分の本当の気持ちを人に知られるのを恐れていないだろうか？」「人からネガティブに思われるのを恐れていないだろうか？」

何が私たちを苦境に陥らせているのか

自分のために境界線を定めてそれを守り続けることがなぜ難しいのか、その理由となりそうなものを考えてみましょう。

1. 私たちには自分よりも他人のニーズや感情を優先する傾向があるから。

2. 私たちは自分に権利があるように感じていないから。

3. 私たちは自分自身について正確に知らないから。

4. 私たちは「境界線を設定すると人間関係が危うくなる」と信じているから。

5. 私たちは健全な境界線の築き方を学んでいないから。

実のところ、多くの人が「あなたの感じたことは、本当に感じたことでない」あるいは「正しい感じ方ではない」と言われてきました。同様に、「あなたの見たものは、本当に見たものではない」「あなたがほしいと思ったものは、本当にほしいものではない」または「ほしいと思ってはいけないものだ」と言われてきたのです。このように、私たちは自分にとっての真実は無価値なものだと何度も言われながら生きてきました。そのせいで、自分自身を信じられなくなってしまったのです。

境界線に関して最も重要なのは、自己信頼です。境界線は、自分を見捨てることなく、自分のためにそこにいることと関係します。多くの人は自分を見捨てるという習慣的なパターンに陥っていますが、これが自分を信頼しない本当の原因なのです。

私たちは自分が感じていることを理解してくれる人と一緒にいたいと思っていますが、自分では感情を理解する時間をとろうとしません。すると、結局自分自身との関係は打算的なものになってしまいます。それが問題を生み出さない時にだけ、自分の真実に耳を傾けるのです。困難を引き起こすか否かにかかわらず、いつも自分の感情や真実に耳を傾けようとしていないことが、まさに避けたいと思っている困難を引き起こしていることを、私たちは理解していません。

重要なのは、自分がどう感じているかを知らなければ、自分が誰で、何が好きで、何を信じていて、何がほしいのかを知るのは不可能だということです。健全な境界線を持っている人は、自分自身を失わずに人との関係性を築くことができます。自分にとっての境界線があやふやな時は、他人も同じように感じるということを覚えておきましょう。

親密になることに対して壁を作る人は、健全な境界線を持っていません。その不健全な境界線は、世の中に抵抗すると同時に、他人からどうしてほしいかを語っています。最終的に、私たちは他人の行動をコントロールすることはできません。私たちがコントロールできるのは、自分が何をし、何をしないか、そして、他人からの影響で自分がどんな経験をするかということだけです。

健全な境界線を築く

健全な境界線は無抵抗の性質を持っていますので、ワンネスの状態です。それは、他人をコントロールすることではなく、あなた個人にとっての幸せや願望、真実を明らかにしてそれに従うことと関係しています。もし世の中に抵抗していれば、そのどれも手に入れることはできません。自分は誰で、何を望み、どう感じているかを世の中に決めさせている場合もまた、それらは手に入らないでしょう。健全な自己の感覚を持つことは、あなただけでなく宇宙の役にも立つことです。最終的には私たちは一つなので、あなたの幸せはみんなの幸せなのです。

ここで、あなたを正しい道に戻し、自分の境界線を尊重するための方法を紹介しましょう。本当はやりたくないことに対してイエスと言ってしまい、嫌な気分になったと仮定します。そんな時次のようにすると、自分の境界線を見直して、新たに築くことができるはずです。まず、他人が自分に対してすることや言うことで、やめてほしいことを十個選んでリストにしてください。あなたの人生にいる人を一人ずつ挙げて、その人についてどう感じるかを書き出してみるのも、このリスト作りに役立つでしょう。

リストができたら、すべての項目に対して次の三つの質問をしてください。

◆他人に境界線を侵害させることで、私は自分の境界線をどのように侵害しているのだろうか？

◆このことについて、私はどのように感じているのだろうか？

◆私が本当にほしいものは何だろうか？

自分にとって何が真実か、何が本当にほしいのかがわかったら、自分の境界線を維持して守るための行動を起こしましょう。周囲の人に毅然とした態度で自分の状況を説明し、一歩も引かないでください。

ただし、境界線は時間とともに見直し続けていく必要があります。境界線はいつも同じままとは限りません。たとえば誰かとの新しい関係がスタートしたり、赤ちゃんができたりすると、それ以外の人に与えられる時間ははるかに限られるようになります。境界線を見直すことは、自分を愛し、自分に誠実であり続けるために重要なことです。今日の自分の状態を見直すには、先ほど紹介した三つの質問を使ってください。

私たちは、みんなが健全な境界線を持てるように助け合うこともできます。それには、周囲の人たちに「自分の感じるままに感じてよく、私に対してどんな感情を抱いてもいい」という許可を与えることです。私たちはいつも、知らず知らずのうちに他人の境界線を越えてしまいがちです。なぜなら、多くの人にとって、自分を主張し望みや感情を表現するというのはとても難しいことだからです。このような人たちが健全な境界線を築けるように助けるのは簡単です。あなたが「私の愛や承認を失うことを恐れずに、自分が本当に感じていることを話してほしい」とお願いすればいいのです。そうすることで、彼らに本当の自分でいてもいいという許可を与えることができます。その結果、あなたと彼らの両方から、かなりの苦痛の種が取り除かれることでしょう。

ツール29 本当の目的に近づく

自分の愛する世界を創造する

人生のある時点で、誰もが「私は人生で何をすべきなのだろうか？」と自問することでしょう。これは、私たち全員がしなければならない決断、誰もが何らかの方法で行う決断です。すべての人は意識的あるいは無意識的に、何かを〝する〟ことにします。それはあなたの好きではないことかもしれませんし、意図的に選んだことでもないかもしれません。でも、あなたは何かを〝する〟のです。この章では、あなたが本当の目的に少しでも近づけるように、このテーマについて考えてみましょう。

より大きなスピリチュアルな視点から見れば、あなたの人生の道はあなたが本当はどんな人であるかを反映するものです。つまり、あなたの人生を制限するものは、自分で課したもの以外存在しないということです。実のところ、あなたは本当に自由で、自分の人生をいつでも変えられるのです。その責任者はあなたです。もしあなたがキャリアの方向性や人生の目的において幸福でない場合、正しい方向に戻るための行動を起こすかどうかはあなた次第です。

あなたはすでにこのことを理解しているかもしれませんが、もしそうでなければ、次に述べることは否定しようのない真実です。すなわち、自分がいかに生きたいか、何になりたいのか、何をしたいのかを決めていなければ、他人や他の何かが代わりに決めてしまうということです。すでにそれが起こっている場合、あなたは自分自身の価値や喜びに従って生きてはいません。そうする代わりに、遺伝的素因や育ち、社会的条件づけ、環境、他人の意見といった潜在意識下で影響を与えるものに譲歩して生きているのです。

このようなものに自分の人生を支配されたい人がいるでしょうか？　少なくとも私は嫌です。あなたも同じであることを期待します。私はこのような外的影響にあなたの人生を支配される必要はないと言いたいのです。あなたが求めている真の知恵はすでにあなたの中にあり、それに耳を傾けることを学べばいいだけです。

ここで私が言っているのは、誰もが持っている直感についてです。あなたの内側の価値感は、本当の自分の声である直感を通して表現されます。直感とつながることが、自分は本当はどんな人間であるかを見つけ出し、本当の自分に人生の舵取りを任せるための最善の方法なのです。

このプロセスは、あなたに恐怖感を抱かせるかもしれません。なぜなら、あなたの内側の価値感は、外側から信じるように導かれたものとは矛盾するからです。さらに、周囲の人たちの価値感にも反するかもしれません。それでも勇気を持って自分の内側の価値感に従おうとすれば、これまで経験したことのない自由や喜び、達成感を味わえるでしょう。

あなたの魂とつながる

あなたの魂についてお話しするいい機会です。魂とは、あなたの本質です。魂は、あなたが誰であるかを探す必要はありません。なぜなら、魂はあなたがどんな人で何を愛しているのか、あなたの最も強い願いは何かなど、すべてを正確に知っているからです。私たちは見失った自分の魂を探すためにこの地球に生まれてきたわけではありません。実際、幼い子供たちは自分の魂に従って生きています。人目を気にするようになり、外側の価値感や意見や忠告を受け入れるようになった時、私たちの魂は抑圧され、輝きを失い始めるのです。そうして多くの人が、この内在する気づきを取り戻そうとして残りの人生を生きています。この章では、そのためのプロセスについてお話ししましょう。

魂のような深遠なものとつながることは少し怖い感じがするかもしれませんが、あなたが本当の願望や本当の自分を見いだしてそれを受け入れるまで、真に愛されることはありません。真の愛とは、他人や社会から利益を得るための見せかけの愛ではなく、自分自身の真実の姿に対する愛のことです。ありのままの自分を愛してもらうことに匹敵するものなど、この世に何一つ存在しません。

ですから、人生で何をすべきか決めようとする時、まずは自分がどこにいるのかを見いだすことが重要です。今この瞬間幸せかどうか、自分に尋ねましょう。これは、単なる満足感についての質問ではありません。幸せかどうかという質問には、次のようなことすべてが含まれるのです。「人生に情熱を感じているだろうか?」「日々の仕事よりも、休暇に出かけることの方がワクワクしていないだろうか?」「自分という存在を愛しているだろうか?」「この瞬間、地球上のここにいることを喜んでいるだろうか?」「今住んでいる場所が好きだろうか?」「自分の人間関係を楽しんでいるだろうか?」

よい悪いという判断を抜きにして質問に対する答えを得られたら、あなたがいたい場所へ行き、生きたい人生をスタートさせることができるでしょう。今のところそれはそう簡単なことではないかもしれませんが、幸いにして、間違いをすることは不可能なのです。私たちが人生で犯す間違いや誤った決断の背後には、幻想や怖れが存在します。もしあなたがそれをさらに深く見てみるならば、すべての誤った決断や間違いには学ぶべき貴重なレッスン、解放を求める魂が潜んでいることに気づくでしょう。

自分自身の価値や優先順位を見つけることには、多少のリスクが伴います。あなたは勇気を持って自分の才能を信頼し、外側のものではなく内側の知恵こそが安全をもたらすことを信じなければなりません。自分が本当はどんな人間かを思い出すに足りるだけ、勇敢になる必要があるのです。

生来の情熱を再発見する

人々が生きたい人生を生きていない主な理由はネガティブな信念にあることを、受け入れましょう。ネガティブな信念についてはこれまでの章で何度も取り上げてきました。信念とは単なる思考ですが、何度も繰り返すうちに現実になっていくのです。私たちは条件づけによって信念を作り上げ、その多くが仕事や人生の目的に制限を与えています。

あなたは次のような馴染みのあるマントラを信じているかもしれません。「こんなことで生計は立てられない」「楽しむことは無責任な行為だ」「大学を出ていなければ役立たずだ」など……。これらは若い時に権威的な人物から叩き込まれたものですが、私たちはこのような制限を与える信念や価値を信じることによって、自分の願望から目を背けてしまうのです。あまりに多くの人が自分の願望とのつながりを完全に失っていますが、幸いにしてあなたの輝きはまだ存在しています。ですから、それを見つけて点火すればいいだけです。

本当の自分と再びつながるための最もいい方法は、生まれつきの好みを思い出すことです。子供の頃に大好きだったもののリストを作りましょう。生来の才能をリストにして、大きくなったら何になりたかったかを思い出してください。

リストを作ったら、次のように自分に尋ねましょう。

「なぜそれを好きだったのだろうか？」「どうして大きくなったらそれになりたいと思ったのだろう？」「今でもそのことを楽しんでいるだろうか？　そうでないなら、それはなぜだろうか？」「それをやめた理由は何だったのだろう？　誰かのせいだろうか？」「それをやめた時、どんな気持ちだっただろうか？」

では、そこから今日まで早送りしてください。今までの人生のうちあなたのお気に入りの部分はどこか、また、それを気に入っているのはなぜか、自分に尋ねましょう。その部分をとても楽しめた本当の理由を明らかにするため、できるだけ詳細に答えてください。それから、次のように尋ねます。「現在、自分の人生で情熱を持っているものは何だろうか？」「その情熱が人生の中心になっているだろうか、それとも自分の情熱を後回しにしているだろうか？」

このプロセスは、あなたにとって何が本当に楽しいことなのかを理解し、条件づけられた論理的な大脳の考えと本当の情熱とを区別する助けとなるでしょう。機械的な性質を持っている大脳は、時に喜びや情熱といった感情を最小にしてしまうのです。

もしあなたが「情熱は自分の人生に必要ではない」と言っているようなら、あまりにも大きな犠牲を払っていることを知るべきです。あなたが目的を持って生きていれば、情熱は人生の一部になるはずなのです。自分の情熱に従うことが突然あなたを情緒的に不安定にさせたり、精神的に参らせたりすることはありません。それはむしろ、あなたが自分の最大の可能性を生きられるようにしてくれます。

あなたがこれに気づいていない場合、そんなに遠くへは行けないでしょう。なぜなら、知性で到達できる場所は限られているからです。目標の達成を決心するのと実際に達成することは違います。前者はあなたの知性によってできますが、後者はできません。正しい方向へ向かっている結果として、あなたは情熱を感じます。その情熱が人生のある部分から消えてしまうと、あなたは欠乏感を感じ、新しい決断をする時だと気づくでしょう。それが、方向を変えるべき時なのです。

宝物を見つけ出す

ありのままの自分でいれば、あなたがすべきことは探さずとも自然に現れてくるでしょう。でも、「自分の人生の目的は何だろうか?」と思いを巡らすのはいいことです。次に紹介するのはそのために作られた面白いエクササイズですが、これには自分の感情に耳を澄ますことが必要になります。

＊　＊　＊

紙を一枚用意して、あなたの人生の目的を思いつく限り書き出してください。頭に浮かんだ答えは何でも書きましょう。強い感情的反応を引き起こす答えが出てくるまで、何度も繰り返してください。つまり、それを見てあなたが泣きたくなるような一つの答えを見つける、ということです。

それ以外のすべての思考を取り除くことになるので、少し時間がかかるでしょう。あなたの心に真に訴える答えは、本当のあなたが表明したものです。途中、この本当の答えが与えるような大きな衝撃は得られずとも、わずかに感情の波が打ち寄せるような答えを二、三個発見するかもしれません。作業を続けながら、そのような答えにはしるしをつけるようにしてください。そうすれば、必要に応じて後から戻って答えの置き換えができます。あなたと共鳴するこれらの答えはあなたの目的を反映していますが、その一つひとつは完全なものではありません。でも、そのような答えが出てくるのは、だいぶ近づいている証拠です。ですから、作業を続けましょう。本当の自分を反映したものを書いた時、あなたはそれがそうだとわかります。

答えを見つけたら、自分がその目的に従って生きているかどうか自問してください。その答えがノーなら、次のように尋ねましょう。「その目的に従って生きるために、今ここで何ができるだろうか？」「たった今発見した人生の目的に、自分が情熱を感じるものを統合する方法はないだろうか？」

もし可能なら、思い切ってそれをやってみましょう。もしできなければ、そうするチャンスがやってくることを意図してください。そのチャンスは突然やってくるかもしれません。あなたはそのやり方を知る必要はありません。やり方は自ずと与えられるので、あなたはただ、自分が望んでいることと、なぜそれを望んでいるのかを知っていればいいのです。そして、チャンスがやってきたら勇気を持って飛び込みましょう。

＊
＊
＊

目的を見つけようとする際、間違った選択をすることを恐れないでください。あなたがリスクを負って本当の自分が望むことをやってみようとするなら、その行為はきっとあなたに喜びをもたらします。もし喜びを感じられなかったとしても、いつでも考えを変えて新しいことを試せます。もしかするとあなたは、是が非でも危険を避けようとする人かもしれません。きっと、安全策をとるのが知的なことだと言われてきたのでしょう。でもここで、「なぜチャンスをつかもうとしないのか?」と自分に尋ねてみてください。私たちはみんな、いつの日か死んでしまいます。私たちの命は永遠ではありません。たいていはただ無事に死の扉へと到着するために、何の冒険もしようとしません。でも、そのような人生を生きた人は、最後に後悔することでしょう。

探検家のような心

もし自分の能力や楽しみから完全に切り離されている気がするなら、新しいことを試してみるまたとないチャンスです。ぬるま湯状態から抜け出せるようなクラスに参加するか、そのような趣味を始めましょう。あなたの心にはすでに、興味のあるものが浮かんでいるかもしれません。

あるいは、興味があるかどうかにかかわらず、とにかく何かを始めてみるのもいいでしょう。何をしたらいいか迷っているようなら、人にアドバイスを求めてください。

これまでずっと友人が誘ってくれていたイベントに、あなたを引きずって連れていってもらいましょう。インスピレーションを感じたことは何でもやってみてください。そこで起こりうる最悪の事態は、挑戦したものが好きになれないということだけです。もしそうなったとしても、あなたは前より自分のことがわかるでしょう。ですから、探検家のような考え方をしてください。新しいことに挑戦すれば、これまで知らなかった自分の新しい部分が目覚めるのです。

今までこの世界でなされたすべてのことは、ただ一つの理由から――すなわち、その人がそれをすれば気持ちがよくなると思ったから――なされたのです。もし楽しむために生きているなら、それはその人が、楽しんでいる時に自分の気分がよくなると思っているからです。同様に、もし他人を助けるために生きているなら、人を助けることで気持ちがよくなると思っているからで、目的のために生きているなら、目的を持てばいい気分になると思っているからです。

もうおわかりだと思いますが、あなたの今までの行為はすべて、幸せの探求のために行われました。では、どうして回り道ばかりして、幸せを人生の本当の目標にしないのでしょうか？　あなたが回り道をやめ、幸せそのものを目標にし始めれば、自分の究極の願望を実現する道を歩んでいることに気がつくでしょう。

一日一日をあなたの最後の日のように生きてください。そうすれば、必ず楽しみを探し出せるはずです。その時あなたは、毎日を本当の自分に従って生きていることでしょう。私たちは、永遠などというものはない変化する世界に生きています。私たちはこの世に生まれ、自分の喜びに従いながら、天職を探すことになっているのです。ですから、どうか本当の目標に向かって進んでください。

情熱に従う時、どのように感じるか

意義ある目的の探求において、魂が願望の実現と同じエネルギーレベルで振動するというのは素晴らしいシステムです。魂はあなたの喜びのレベルで振動しますから、喜びを感じている時、あなたは自分の内側と共鳴していることになります。

これはとても重要なことです。なぜなら、あなたの人生がひとたびハイアーセルフと共鳴し始めると、自分の幸せと一致するあらゆる状況とエネルギー的に調和するようになり、あなたは目の前で展開することを見ているだけでよくなるからです。感情をあなたの人生を導く唯一のコンパスとし、それに従う勇気さえ持てれば、あなたに幸せをもたらすチャンスや人々、出来事や状況などが人生に現れてくるでしょう。

あなたの究極の情熱である「それをするのに何の努力もいらない活動」に、運命のようなものを感じても驚かないでください。あなたは努力の中にこそ美徳があると教えられてきたかもしれませんが、それは間違っています。努力の波動的な定義は、悪戦苦闘です。もし悪戦苦闘していると感じたら、それはあなたの魂が導こうとしている方向とは逆方向へ進んでいるサインです。

あなたが本当の目的に向かって進む時、骨折りや献身さが必要になることもあるかもしれませんが、そこに喜びを感じられることでしょう。その喜びによって、あなたの行為から悪戦苦闘と呼ばれるものが消えるのです。あなたが費やす何時間もの時間は、まるで数分のように感じられるはずです。今とは違うどこかにいたいと思うこともなくなるでしょう。

人生の目的は、自分の贈り物を与えること

では、あまり知られていない秘密を打ち明けましょう。自分の人生の目的を探している時、私たちはしばしば間違いを犯します。なぜなら、私たちはこの世界でしなければならない、あるい

は手に入れなければならないと思うものを探しているにもかかわらず、目的というのは「私たちがこの世界に与えなければならないもの」の形でやってくるからです。その贈り物を与えることによってのみ私たちはそれを受け取ることができ、世の中で真の自分を表現できるようになるのです。

あなたはこの贈り物を与えても、何かを失うようには感じないはずです。むしろ、今までで最も多くのものを人生から受け取っているように感じることでしょう。ですから、毎日自分に対して次の二つの質問をしてください。「私はこの人生で、何を与える運命なのだろうか？」「今日私を通してやってこようとしているもの、表現されようとしているものは何だろうか？」

「与えるものが何もない」という心配はしないでください。なぜなら、この地球に生まれたすべての存在の魂の中に、世の中と共有すべきたくさんの贈り物が埋め込まれているからです。自分の持っている贈り物が明らかな人たちもいて、彼らはこの世に生まれた瞬間からその贈り物を共有せずにはいられません。一方で、自分の持つ贈り物がはっきりしていない人たちもいます。彼らはそれを持っていることさえ疑っているかもしれません。でも、贈り物を持たずに生まれてきた魂は一つもないと私が保証します。

表現されるのを待っている一つひとつの贈り物は、世の中のバランスにとって等しく貴重なものです。それぞれの贈り物が全体にとって必要なのです。このような贈り物は、義務という小包ではなく、喜びの小包として配達されます。そして、私たちはこの自分に喜びをもたらすものを分かち合うことになっています。

目的を見つけるとは、自分の愛するものに対してハートを開き、それを他人と分かち合うという簡単なことです。バスケットの選手が試合で素晴らしいジャンプシュートをする時、それは世の中への贈り物になります。その選手にとってのゲームをする喜びは、世の中と共有する彼の贈り物がバスケットという表現であることを示しています。

同様に、作家が新しい本を出版する時、それは世の中への贈り物になります。小説家にとっての物語を書く喜びは、世の中と共有する贈り物が本を書くという表現であることを示します。誰かが情報を伝える時、それも世の中への贈り物です。教授にとって、自分が真実と思うことを話す喜びは、世の中と共有する贈り物が教えることだというしるしです。シェフにとって、美味しい食事を作る喜びは、料理が世の中と共有する贈り物であることを示しています。

この世で私たちがすることになっているのは、一つかもしれませんし、たくさんかもしれません。目的は職業という形で表現されない場合もあるでしょう。目的を達成してもお金をもらえなかったり、世間で認知されない場合もあるかもしれませんが、それでも目的の一部であることに変わりはありません。たとえば母親にとって、子供の世話をする喜びは、世の中と共有する贈り物が子育てであることのしるしです。父親もまた、子供との関わりにおいて同じような喜びや目的、驚異を感じます。

すでに紹介したようなはっきりした形をとらない贈り物もあります。それは、雄弁さ、抽象的思考、話を聞く能力、数学的理解、絶対音感などといった贈り物です。たまたま自分の持つ贈り物が好きな職業や趣味にぴったりだったと言う人はたくさんいます。たった一つの贈り物が多くの素晴らしい職業とつながる場合もよくあるようです。けれど、たとえ職業と結びつかなくとも、その贈り物の重要性に変わりはありません。何であれあなたが自分の贈り物を表現している時、あなたは人生の目的を実現しているのです。

エゴの声に惑わされず、大好きなことをする

人生の目的が職業を通して表現されることが多いのは、現在の社会がお金を稼ぐこと、一日の大半をそれに当てることを要求しているからです。お金を稼いでいる時に惨めでいるより幸せでありたいため、私たちは大好きなことをする見返りにお金を受け取るような選択をします。これは明らかに、自分を愛する人が行う選択です。

このような選択をエゴに邪魔させないでください。エゴは、目的とは単に喜びにあふれた行為をすることだという考えが気に入りません。なぜならエゴは、真の目的の追求によって自分の果

たす役割がなくなるという疎外感を抱いているからです。エゴはあなたに対するコントロール権を失わないように、大好きなことをする大切さに気づかせまいと努力します。そして、「自分のしていることを楽しんでいれば、人生は無意味なものになる」とあなたに信じ込ませようとするでしょう。

さらにエゴは、「世界を救うような英雄的行為に関わっていなければ、自分の目的は実現できない」という嘘をつきます。でも、エゴの無意味な話に耳を傾けないでください。それは真実からかけ離れていることばかりです。

エゴは、あらゆるものを数量的に測るのが大好きです。エゴにとっては、大きければ大きいほどより価値があるからです。けれど、宇宙の観点からすれば、国際NGOに加わって議会の動きを変えることと、苦しんでいる人の手を握ってあげることの重要性は何ら変わりません。目的の価値はそれがどれくらい多くの人に影響を与えるかということとは無関係で、ある目的が他の目的よりも重要だということはありえないのです。

おわりに

未来の私へのラブレター

蝶に生まれ変わる

繭という暗闇の中で丸まっている毛虫に、簡単に羽が生えてくるわけではありません。その過程は変態と呼ばれますが、毛虫はまずドロドロの液体状に変容します。毛虫は完全に形を失い、それから蝶として現れ出るのです。人生に夜明けが訪れて、私たちが新しい人間として生まれ変わる過程にも、同じことが言えるでしょう。私たちは一度完全にバラバラになります。そして、暗闇が人生のすべてになってしまい、二度と太陽の光を目にする日は来ないかもしれないと恐れを抱きます。でも、必ずその日はやってきます。私が生きた証拠です。

自己愛についての本書を締めくくるのにぴったりな方法は一つしかありません。それは、未来の私から現在の私へ、新しいラブレターを書くことです。ツール11で紹介した、何年も前に書いた最初のラブレターと同じように、この新しいラブレターが私の未来を作り上げてくれることでしょう。

＊＊＊

親愛なるティール

あなたの過去の苦しみが現在を覆い尽くし、未来までも凍りつかせました。それはあなたを過去へ引き戻そうとしました。でもあなたは、自分の世界が崩壊した時でさえ呼吸を続けました。その勇敢な精神ゆえに世界は窓ガラスのように粉々になって、あなたとヒマワリとの間にあった窓ガラスはもはや存在しません。幻想も障害も取り払われ、ヒマワリを直接目にするチャンスだけが残ったのです。

痛みは、人生がまったく違う道へと流れ出す前の中継点です。今の人生の流れに抵抗したり、変えられないものを変えようとしているなら、あなたは溺れてしまっています。かつて窓ガラスでヒマワリを締め出したように、人生を締め出しているのです。あなたが流れに身を任せようとした時、初めて空気を吸い込むことができます。世の中が深い悲しみによって破壊された時、あなたは自分の命を奪わずに、勇気を持って流れに乗りました。その勇敢さゆえに、あなたはヒマワリを見ることができたのです。私は、あなたのそういうところを一番愛しています。

あなたが絵筆を持って座り、様々な色でキャンバスを染めながら、どんな絵になるだろうかと思いを巡らしている様子が目に浮かびます。すべてが素晴らしいものになると、私が約束します。素晴らしいという言葉の定義を百万倍にしてほしいくらいです。あなたの夢はすべて実現するでしょう。あなたは世の中にポジティブな変化を創造しました。多くの国にセンターを創設し、プログラムを始めました。ヘッドウェイ基金は世の中に挑み、見事に勝利したのです。それは、食品業、ヘルスケア、司法制度、教育制度、動物福祉、環境保護、保育、科学技術、終末期ケアなどにおける変化の先駆けとなりました。

あなたの人生で最高の日は、鮮やかな色の服をまとったあなたがスーツ姿の無表情な男性ばかりのオフィスへ入っていき、あなたの考えた司法制度のプログラムがほとんどの刑務所で適用されるという書類にサインをした日です。あなたはその日が人生で最も素晴らしい日になると、ずっと知っていました。そして、いよいよそれが実現したのです。あなたの触れるものすべてが金《ゴールド》に変わるように思えることもあるでしょう。

あなたの息子は自分の感情をよく理解した大人になり、いつも自らの喜びに従って生きています。彼はあなたのことをとても愛していて、あなたの料理が大好きです。あなたのコミュニティも変わらずに存在し、ともに年齢を重ねてきました。あなたとの生活によって人生に壮大さと多くの意味が与えられたので、彼らはどこかへ行きたいなどとは思っていません。

あなたは、自分が願ったよりもはるかに多くの成功を手にしました。この手紙ですべて紹介するのは無理なので、これからの年月であなた自身に経験してもらうとしましょう。あなたはついに自分の愛し方を学びましたが、今日自分に対して感じている愛は、何年か後に感じる愛とは比べものになりません。私は、あなたが知っている以上にあなたのことを愛しています。あなたは素晴らしい人間で、私は誇りに思っています。たとえあなたが施設で人生を過ごしたとしても、私はあなたを愛し、誇りに思います。たとえ何も達成しなかったとしても、やはり私はあなたを愛します。

満月の夜、あなたは夜空を見上げて二つのお願いをしました。一つは自由と幸せを見つけること、もう一つはその見つけ方を他人にも教えることです。その願いは実現しました。あなたは幸せを見つけ、自由を見つけたのです。そして、自らがお手本となって、その見つけ方を他人にも教えていきました。自由とは、本当の自分を取り戻し、人生が与えた苦しみを喜びに変えることで得られます。幸せとは、母なる大地から芽吹き、見事に咲き誇った花々の中に見られる最も鮮やかな色彩です。

惨めな状況というのは、成熟するためのチャンスにほかなりません。人生とは私たちの認識を超えたものであり、私たちは世界が私たちを二分した方法を絶えず探し出そうとしているのです。私たちを再び永遠に一つにするために、困難な状況は押し流され、あなたは憎しみや敵意の中にあっても人生の美しさは損なわれていなかったと知るでしょう。むしろ、そのような状況からこそ美しさがもたらされたのだと。

二〇一四年九月一日

愛を込めて……

あなたより

訳者あとがき

著者ティール・スワンは、「スピリチュアル・カタリスト（精神世界の改革者）」と呼ばれています。生まれつき超常能力を持っていたために、両親からも受け入れられず、そのうえカルト集団によって、六歳の時から十九歳で逃げ出すまで十三年間にわたり精神的・肉体的虐待を受けました。自由の身になってからは、過去のトラウマを癒して自分を愛するためのワークに取り組み、現在は、講演者やヒーリングアーティストとして自分の学んだことを多くの人たちに伝えています。

私とティール・スワンの出会いは二〇一四年の秋でした。初めて彼女について知った時、その生い立ちにどれほどの衝撃を受けたことか。カルト集団での強姦や売春や電気ショック、さらに度重なる自殺未遂などあまりにもすさまじい話に思わず目を背けてしまいました。けれど、その一方で、これほどまで恐ろしい経験をした彼女が自分を愛せるようになったのであれば、誰もが自分を愛せるようになるに違いない、その方法がぜひ知りたいという思いに強く駆られたのです。

まるでその願いに応えてくれるように、二〇一五年春にアメリカで本書が出版されました。『Shadows Before Dawn』（夜明け前の暗闇）という原書タイトルは、まさにこれまでの彼女の人生を彷彿させるもので、その本には自分を愛せるようになるための29の方法が紹介されていました。それは決して理論上のものではなく、ボロボロになった人生の残骸のようだった彼女自身が、自分を愛し、幸せを感じられる人間に変わることができたツールの集大成でした。

本書を読んでぜひ翻訳したいという衝動に駆られ、すぐに出版社へ紹介しましたが、この時は自分がこんなに苦しむことになろうとは想像もつきませんでした。この翻訳に取りかかってから、「何が書いてあるのかさっぱりわからない、まったく翻訳が進まない、ティール・スワンの冷たさが怖い」などなど、ありとあらゆる抵抗や恐れが次々に現れてきたのです。「自分を愛するための方法が書かれている本を訳しながら、こんなに苦しむなんて……」と思い悩みながら、どんどん追い詰められていきました。

翻訳を終えて数ヶ月が経った今、なぜこのような状況が起きたのか、そもそもなぜこの本に自分がこれほどまで惹かれたのか、ようやくわかった気がしています。自分を愛するには、まずありのままの自分を知り、自分が見たくないと思っている一面としっかり向かい合う必要があるのでしょう。ティール・スワンの言葉には、これまで巧妙に隠していた私のそんな部分をぐいっとつかみ、明るみへと引っ張り出す強烈さがありました。それは、今までスピリチュアル系の書物で感じていた優しくふわったとしたエネルギーとはまったくの別物で、ズバッと切り込みを入れるような力でした。当時は「これが果たして愛なのだろうか？」と疑問にさえ思いましたが、今では「これこそとてつもなく大きな愛なのかもしれない」と感じています。そして、その愛によって私の魂が揺さぶられ、自分に必要なプロセスが起こったのではないか、と。

ティール・スワンが一番大切にしているのが、「Authentic——本物であること」、つまり、ありのままの自分を受け入れ、それを自分自身や他人に表現することです。「自分に起こっていること、自分の本当の気持ちを誰にも言ってはいけない」と信じたせいで、彼女の子供時代は悪夢に変わりました。そのため、現在は私生活をありのままにブログで公開し、自分の光と影の部分をすべて隠さずに見せています。それは、私たちがグルに対する幻想から目覚め、すべての人が光と影を持っていると知り、痛みを感じているのは自分だけではないことを理解してほしいという願いからでもあります。ブログには、彼女が今も依存症に苦しんでいることから、夫から別離を切り出された際には不安発作や自殺願望さえ感じたというようなことまで、あからさまに書かれています。そんな自分自身と向かい合い、現在もさまざまなヒーリングワークやセラピーも受けながら自分を愛するワークを続けているのです。そこには、どんな過去であろうと、これから何が起ころうと私たちは幸せを選択できるのだ、それは自分が責任を持つものなのだという強い信念が感じられます。同時に、「さあ、あなたは自分の人生をどう生きたいの？」という質問を私たちに突きつけている気がしてなりません。

ネットを見るとすぐにわかりますが、「過去をでっち上げた大嘘つき、精神病だ、カルトリーダーだ」などと彼女を中傷する記事も数多くあります。それに対して傷つきながらも、世の中にポジティブな変化を起こすために勇敢かつ大胆にメッセージを発信し続ける姿は、まさに改革者と呼ぶにふさわしいでしょう。この本を通して、多くの読者の方々がティール・スワンの勇敢な魂に触れ、それが癒しと変容をもたらすようにと願っています。

最後になりますが、この本に対する熱意を買ってくださり、まだ無名であったティール・スワンの本の出版を勇断してくださった、ナチュラルスピリットの今井社長に深くお礼を申し上げます。

また、この日本語版を無事に出版できたのは、編集者の光田和子さんと秋田幸子さんのおかげです。本当にありがとうございました。ティール・スワンやこの本の持つ威力、そして癒しの力について、光田さんと交わした数多くのメールは私の宝物です。光田さんの熱い思いと細やかなアドバイスがあったからこそ、このような素晴らしい本が生み出されました。そして、秋田さんは、この本の持つポテンシャルパワーをずっと信じてくださり、いつも温かく応援してくださいました。翻訳中、辛くて諦めそうになるたびに、秋田さんが後ろでしっかりと支えてくださっているのを感じ、なんとか夜明けを迎えられるところまで到達できました。

この本と出会い、たくさんの励ましや協力を得ながら、この日を迎えられたことに心から感謝いたします。

二〇一六年夏

奥野節子

❖ 著者紹介

ティール・スワン　*Teal Swan*

形而上学のフィールドに新風を吹き込む、世界的なスピリチュアルリーダー。生まれながらにクレアボヤンス、クレアセンシェンス、クレアオーディエンスなどの並外れた超感覚能力を持つ。

幼少期から 13 年間にわたって身体的、精神的、性的な虐待を経験し、19 歳の時に虐待者から逃れて、癒しと変容のプロセスに取り組み始める。

現在はインターネット動画、出版物、インタビュー、アート作品、ワークショップなどを通して許しや幸せ、自由や自己愛を手に入れる方法について教えながら、自分が学んだことを多くの人たちと分かち合っている。

地球上のすべての人が自由で喜びにあふれた健康的な生活を送れることをビジョンとし、2012 年には世の中のポジティブな変化を促すことを目的とした会社「ヘッドウェイ」を設立。自らの生い立ちや現在の活動を紹介するドキュメンタリーフィルム『Open Shadow』も製作中。

ホームページ　▶　http://www.TealSwan.com/

❖ 訳者紹介

奥野 節子　*Setsuko Okuno*

北海道生まれ。高校の英語教師を経て、ジョージ・ワシントン大学大学院修了。訳書に『エンジェル・ガイダンス』『「自分のための人生」に目覚めて生きる DVD ブック』（ダイヤモンド社）、『ネイティブスピリットオラクルカード』（JMA・アソシエイツ）、『喜びから人生を生きる！』『もしここが天国だったら？』（ナチュラルスピリット）、その他多数がある。

自分を愛せなくなってしまった人へ

～ 自らに光をともす２９の方法 ～

●

2016年8月17日　初版発行
2019年4月11日　第2刷発行

著者／ティール・スワン
訳者／奥野節子

装幀／斉藤よしのぶ
編集・DTP／光田和子

発行者／今井博揮
発行所／株式会社ナチュラルスピリット
〒101-0051 東京都千代田区神田神保町3-2 高橋ビル2階
TEL 03-6450-5938　FAX 03-6450-5978
E-mail: info@naturalspirit.co.jp
ホームページ http://www.naturalspirit.co.jp/

印刷所／創栄図書印刷株式会社

ISBN978-4-86451-214-5 C0011